中国当代语言学丛书

T in

C hinese

P honetics

语 音 讲 义

胡方　著

上海教育出版社
SHANGHAI EDUCATIONAL
PUBLISHING HOUSE

出 版 者 前 言

"中国当代语言学"丛书是上海教育出版社的重点出版项目之一。本丛书于 1990 年春由游汝杰(复旦大学)、张洪明(美国威斯康辛大学麦迪逊校区)和唐发铙(本社)策划,并开始组稿和编辑工作。当初拟定的丛书编辑宗旨如下:

> 中国语言学在 20 世纪二三十年代开始摆脱传统小学的樊篱,进入现代语言学的新阶段。半个多世纪以来,中国语言学已经积累了可观的研究成果,特别是最近十多年来,许多领域在海内外又有了长足的发展。这套丛书希望总结中国当代语言学各个分支学科领域的研究成果,特别是反映最新的研究进展,以期收到承前启后、继往开来的效果,促进中国语言学的现代化。丛书作者则不限国别地域,不限门户学派,唯求高明独到,力争每一本书都能达到当代该学科的最高水平。

1992 年 6 月组稿者将丛书的编辑宗旨、计划和撰稿人名单告知当时在美国访问的朱德熙先生,请他为本丛书撰写总序。朱先生十分赞赏丛书的编辑宗旨,并且认为撰稿者也都是"一时之选",欣然答允为序。孰料朱先生病情日益加剧,天不假年,未及提笔就不幸逝世。丛书的总序也因此暂付阙如。

从 2000 年开始,刘丹青(中国社会科学院语言研究所)、张荣(本社)也参加了丛书的编辑工作,编委会工作由游汝杰主持,编辑和出版的方针也有所调整。本丛书原拟五年内出齐,结果未能如愿,因为有的作者忙于其他工作,未能按计划完成书稿;有的作者虽然已经完成书稿,但是希望有时间反复修改,使之完善,而不想匆匆交稿。考虑到学术研究需要艰苦的劳动和大量的时间,限定出版时间,不利保证书稿质量。又考虑到学术研究的特点是学无止境、与时俱进、推陈出新，丛书的出版工作也应该是册数开放、不设时限、常出常新。基于上述认识，我们将不设本丛书终止出版的时限，即没有出完的一天。我们不想追求轰动效应，只要优秀书稿不断出现，我们就不断出版。

本丛书将成为一套长期延续出版的丛书。希望本丛书的编辑和出版方针，能对学术著作的出版工作走上健康发展的道路有所贡献。

上海教育出版社

2003 年 10 月

Preface

The series *Contemporary Chinese Linguistics* is one of the important projects of Shanghai Educational Publishing House. The planning of the series and the soliciting of contributions began in the spring of 1990 with the joint efforts of Rujie You (Fudan University), Hongming Zhang (University of Wisconsin at Madison) and Fanao Tang (Shanghai Educational Publishing House), who were brought together to edit the series by such following common grounds.

Not until the twenties and thirties of 20th century could Chinese linguistics break down the barriers of the traditional Chinese philology and enter its modern stage. Since then, and especially in the last ten years, rapid progress has been made in various different fields of Chinese linguistics and considerable wealth of research achievements have been accumulated. The series tries to present these achievements so as to stimulate the further research.

In June 1992 the editorial committee apprised Prof. Dexi Zhu of the target and the policy of the series with a name list of contributors and invited him to write a preface for the series. Prof. Zhu appreciated the target of the series and the contributors, and promised to write a preface. But his cancer situation turned worse and worse day by day, and did not allow him to write it. So the preface remains unfinished, it is a great pity.

Prof. Liu Danqing of Sciences and Mr. Zhang Rong, the editor of the Shanghai Educational Publishing House, joined the editorial committee from the year of 2000, and the policy of editing and publication has been adjusted since then. We planned to publish the serials within 5 years at the beginning, but the plan was not realized because some authors were too busy with some projects else, and did not finish writing according to the schedule, while others who had finished the manuscripts would like to revise them to perfect. Considering academic study needs hard work and a plenty of time, if we set deadline, the quality could not be guaranteed, and it is the feature of academic study that there is not limit to knowledge and the old should be weeded through while the new should be brought forth, we will not restrict the number of series volumes and their dates of publication. We would not like to pursuit sensational effort, and what we want to do is to publish qualified manuscripts whenever we have.

This series will be published successively in China. We hope our policy and publication would make contribution to the publication of academic works healthily in China.

目　　录

第一讲　实验语音学的研究旨趣 ……………………………… 1

1.1　语音基本单位 ……………………………………… 6

1.2　语音的变异性 ……………………………………… 15

1.3　走向证据导向的研究范式 ………………………… 20

第二讲　实验语音学方法 ……………………………………… 31

2.1　实验科学的一般方法 ……………………………… 31

2.2　语音分析技术 ……………………………………… 41

2.2.1　声学分析 …………………………………… 42

2.2.2　进一步分析的技术 ………………………… 47

2.3　从描写语言学出发 ………………………………… 60

第三讲　元音 …………………………………………………… 70

3.1　元音的声学 ………………………………………… 73

3.2　声学与发音的关系 ………………………………… 84

3.3　元音的动态理论 …………………………………… 98

3.4　元音的特征 ………………………………………… 143

第四讲　辅音 …………………………………………………… 177

4.1　发音部位 …………………………………………… 179

4.2　阻塞音 ……………………………………………… 186

4.2.1　塞音 ………………………………………… 186

　　　　4.2.2　擦音、塞擦音 ⋯⋯⋯⋯⋯⋯⋯⋯⋯ 223

　　4.3　响音 ⋯⋯⋯⋯⋯⋯⋯⋯⋯⋯⋯⋯⋯⋯⋯ 232

　　　　4.3.1　鼻音 ⋯⋯⋯⋯⋯⋯⋯⋯⋯⋯⋯⋯⋯ 232

　　　　4.3.2　边音 ⋯⋯⋯⋯⋯⋯⋯⋯⋯⋯⋯⋯⋯ 239

　　　　4.3.3　r 音 ⋯⋯⋯⋯⋯⋯⋯⋯⋯⋯⋯⋯⋯ 245

第五讲　声调 ⋯⋯⋯⋯⋯⋯⋯⋯⋯⋯⋯⋯⋯⋯⋯⋯ 256

　　5.1　声调与声调语言 ⋯⋯⋯⋯⋯⋯⋯⋯⋯⋯⋯ 256

　　5.2　声调的特征 ⋯⋯⋯⋯⋯⋯⋯⋯⋯⋯⋯⋯⋯ 261

　　5.3　声调作为音节产生的一个组成部分 ⋯⋯⋯ 272

参考文献 ⋯⋯⋯⋯⋯⋯⋯⋯⋯⋯⋯⋯⋯⋯⋯⋯⋯⋯ 285

后记 ⋯⋯⋯⋯⋯⋯⋯⋯⋯⋯⋯⋯⋯⋯⋯⋯⋯⋯⋯⋯ 290

第一讲　实验语音学的研究旨趣①

语言学属于人文科学(humanities)范畴,其研究旨趣以描写语言事实并进行总结见长,是一种归纳推理导向的研究范式(a generalization-based approach)。实验语音学,顾名思义,属于实验科学范畴,其研究旨趣在于以生理、物理、心理实验为基础对语言中的语音现象进行描写或者解释,是一种证据导向的研究范式(an evidence-based approach)。无论采用哪种研究范式,科学研究的核心任务都是为人类提供新知识,也就是创新。那么,在语言学的研究中,尤其是面对汉语与极其丰富、复杂多变的汉语方言,以及更加复杂多变的中国境内的少数民族语言、跨境语言的语音现象研究,实验语音学可以提供什么样的新知识? 语言学研究为什么需要实验语音学呢? 这是面向普通语言学与语音学的一个理论问题:传统人文学科如何与日新月异的实验科学相结合? 一方面,我们看到语言研究、语音研究出现在越来越多的科学领域,以及人工智能、工程与教育、病理、司法等应用领域,各类跨学科研究蓬勃发展;另一方面,只要我们不是完全转向其他科学或交叉领域,比如转向心理学、认知科学、数据科学、各类应用技术视角,对于语言学学科来说,就始终存在一个问题,那就是如何把新的科学发展纳入语言学本体研究。本书就是这样一个尝试,立足语言学本体,以汉语与汉语方言的材料为主要研究对象,讲述实验语音学对于语言学研究的意义,讲述如何运用实验语音学在具体语言中开展全面的语音研究。

我们的目的是在创新理论基础、方法论的前提下实现对具体语言中的语音现象的系统研究,尝试为此提供实验语音学研究的框架与范

①　本章的一个早期版本以《汉语方言的实验语音学研究旨趣》为标题发表于《方言》2018 年第 4 期 385—400 页,并被中国人民大学复印报刊资料《语言文字学》2019 年第 2 期全文转载,见第 45—58 页。

式。全书共五讲,安排如下。第一讲阐明实验语音学的研究旨趣,指出实验语音学研究与传统口耳之学的区别涉及最基本的语言观、语音观的哲学层面的不同与方法论上的区别。第二讲是方法论,指出实验语音学研究是一个专门的学科,有自身的研究范式。第三至第五讲结合具体的研究实例,分章节论述元音、辅音、声调的实验语音学研究。我们尝试做到三点。第一,本书涉及诸多语音与音系理论,但不拘泥于任何现有的语言学理论框架,片面地去追求理论意义,而是立足于普通语音学原理,提倡采用更多生理、物理、心理的实验证据来描写具体语言中的语音现象。第二,本书以汉语与汉语方言为主要研究对象,但并不拘泥于汉语材料本身,而是将汉语、汉语方言、少数民族语言中的语音现象放在人类语言普遍性、世界语言多样性的背景下去观察。第三,本书一方面讲述实验语音学的基本知识与理论方法,另一方面通过研究实例启发思路。

汉语与汉语方言的语音研究是在高本汉(1915—1926)、赵元任(1928)开创的传统的基础上发展起来的。这个传统,简要地说,就是描写主义的传统,科学与人文并重。研究者主要基于口耳之学的听音辨音,记录汉语方言材料,整理方言音系,并结合汉语历史音韵,厘清汉语方言的发展关系、地理分布特点。这一传统的研究范式为我们了解汉语方言的基本面貌和特点提供了宝贵的第一手资料,1949年以来,尤其是在改革开放之后,汉语和汉语方言语音学取得了丰硕的研究成果,比如:(1)北京大学中国语言文学系语言学教研室编的《汉语方音字汇》;(2)中国社会科学院语言研究所李荣主编的41本全国各地方言词典;(3)中国社会科学院语言研究所李荣、熊正辉、张振兴等主持的中国语言地图项目;(4)北京语言大学曹志耘主编的《汉语方言地图集》等。

语音学研究也有源远流长的口耳之学的传统,自20世纪以来,其学科发展渐渐走上了一条实验科学的道路,而且越来越呈现出跨学科的特点。不用说言语科学、语音工程、人工智能等领域的研究,即便是语言学领域的语音学研究,也普遍遵循实验科学的一般范式,对语音进行采样测量,对数据进行统计分析,进而对语音现象进行描写与解释。实验科学在传统语音研究领域的发展,为我们观察人类语言中的语音现象提供了新的理论视角与方法工具。

那么,实验语音学究竟提供了怎样的新方法呢?首先是语音数据的采样,尤其是作为语言物理外壳的语音音频数据的采集,现代科技的发展为我们提供了极大的便利,以前需要专业录音设备才能完成的任务,现在可以在便携电子产品上轻松实现。

新技术不仅提供新的方法,而且在语言研究的哲学层面带来理论性的基础变革。自结构主义以来的语言学传统区分了“语言”(language)与“言语”(speech)这一对概念。按照定义,前者是抽象的语言能力(即生成学派术语中的 linguistic competence),后者则是具体的产出(即生成学派术语中的 linguistic performance)。语言学研究的是“语言”,而不是“言语”。吊诡的是,语言学研究的材料都是“言语”。可是,用“言语”来研究“语言”,在语言学的研究中设定如是,是不需要进行论证的。就语音研究来说,作为语言基本单位的音位(phoneme)概念,语言学直接就认为人脑中有个抽象的“音位”或更抽象的一组“区别特征”(distinctive features);而同时,“音位”的物理产出物“音素”(phone)则只是一些对语言学核心任务来说不大重要的“变异”(variations)。更为关键的是,在学科立论(argumentation)上,也不需要从具体的言语产出(speech production)去对语言学上的音类(即人类储存在大脑中的语音类别)进行论证。而实验语音学则认为这是需要论证的,抽象的音类是建立在对采样数据的科学论证基础上的;因此,丰富的实验语音细节(fine-grained phonetic details)改变了我们的语音观、语言观。

实验语音学为具体语言中的语音研究带来的创新之处,从表面上看,最显著的就是对数据的测量、统计了。那么,我们的任务就是做测量、做统计,通过数据的可视化来图解语音范畴或者语音现象么?比如经常见到这样的一类研究,某方言声调的实验语音学研究,测量了若干个人的声调的基频曲线,通过某种采样、平均、归一的方法画出来,据说这样便和声调的五度值(Chao, 1930)对应了;然后便是结论,讨论一下和传统的口耳之学的方言学记音有什么异同。这是非常危险的一种研究,因为语音的声学参量与语言学意义上的语音范畴之间并不是一种简单对应的关系。更有一些复杂点的设计,增加发音人中男女、年龄或者其他社会属性的不同，再复杂一些的，增加另一个方言的类似情况，然后就开始谈语音的性别差异、年龄差异甚至语音演变等，那就更加危险了。语音的物理参量的采样、测量、统计本身并没有错，数据可视化也是实验语音学研究中常见的手段。但是，实验语音学并不是为了测量而测量，为了统计而统计。实验语音学遵循实验科学的一般方法，最为关键的是，实验语音学的测量与统计必须有语言学意义上的考量。本讲第一节将结合研究实例来谈这个问题。同时，我们将引出语音研究的核心问题之一，那就是语音基本单位的问题。与物理学研究的核心问题之一是回答物质世界的基本单位是什么一样，语音学研究的一个核心问题是回答什么是人类语音的基本单位。实验语音学提供的语音细节为我们探究这一语言学基本问题带来了新的可能性。

关于实验语音学对具体语音现象研究的用处，一个被广泛接受的说法是"补口耳之缺"。这是从田野语言学或描写语言学的角度说的，或者更宽泛一些，是从语言学的传统立场上说的，即前文所说的"通过言语来研究语言而不需要进行论证"的语言观。从事具体语言调查研究工作，尤其是非母语的田野调查工作的学者对实验语音学最大的需求可能就是这个"补口耳之缺"了，因为即便是调查经验最丰富的学者，有时也会遇见自己不熟悉、很难记的音，或者很难确定某个音的音值。这个时候，就会感到非常需要借助实验语音学来确定或者帮助证明一下这个音。但是非常遗憾，实验语音学有时候往往不能直接回答这个问题，因为二者的语言观、语音观是不一样的。在实验科学视野下，语音的本质不再只是一个抽象的概念，不是用音位、音位变体或者区别特征等概念可以完全概括的，因为语音是变异的，是可以采样、观察的。下文第二节就结合赣语辅音声母的例子探讨语音的变异性问题。而下文第三节则明确指出，实验语音学就是要提倡采用证据导向的研究范式，对一切语音现象作系统、全面的研究，并非只是研究一些僻见的语音现象。同时，通过举例说明，即使是并不复杂的西南官话的元音，采用基本的声学实验分析，也可以拓展汉语元音研究的视野，并为探讨语音基本单位提供证据支持。

因此，实验语音学对于语言学研究的创新就在于直面"通过言语

(speech)来研究语言(language)"这一语言学的二元论问题,从语音基本单位出发,全面检视语言中的语音现象。在一般语言学的理论框架中,作为语言基本单位的音位及其区别性主要是从听感的角度,通过思辨推理来定义的,即音类在语言或大脑中的表征(representation)是通过逻辑推理,而不是实际的发音生理、感知心理实验来论证的。在这个框架下,语言具有自主性(autonomy)。有一个著名的比喻:一副象棋,缺个子儿,无论是车、马,还是将、相,拿块石头代替即可。也就是说,重要的是系统与功能,具体语言单位的确切物理值对语言系统来说一点儿都不重要。在这种语言观背景下,实验语音学研究除了验证音类的音值之外,确实没有太多其他的用武之地,而且,验证音值根本就不是语言研究的核心问题。有意思的是,持这种语言观的学者往往觉得用实验的方法验证音值并不是件难事,因为他们往往认为语音与声学参数之间存在简单对应关系。但事实上,在实验语音学的研究范式中,音位或者更宽泛一点的音类,与研究中容易采样测量到的语音声学之间,并不存在直接对应关系,因为二者之间隔着语音产生(speech production)与语音感知(speech perception)两大科学问题。而且,研究表明:大脑中处理语音产生与感知是由不同的区域与机理控制的(Bouchard 等,2013;Mesgarani 等,2014)。事实上,在实验语音学领域,一直不断地有理论试图建立语音产生与语音感知之间的关系,阐释二者之间的相关性甚至一致性,比如语音感知的运动神经理论(The motor theory of speech perception,参见 Liberman 等,1967;Liberman & Marttingly,1985,1989;Liberman & Whalen,2000;Galantucci 等,2006)、语音产生的量子理论(The quantal theory of speech production,参见 Stevens,1972,1989)等。但是,语音产生与语音感知毕竟是由独立机制控制的,而二者之间的不一致性可能就是造成世界语言的语音多样性的原因之一,比如 Ohala(1981,1993)就试图从感知误差来解释语言中的语音演变,认为这是语音演变的主要原因。

人类语言的语音研究作为一个多学科共同关心的研究领域,其研究旨趣可以有不同的取向。比如可以是偏各个科学领域的实验性的,也就是把言语作为相关科学领域的实验材料,测试大脑中与语音相关的语言能力;可以是偏工程与应用领域的,也就是把言语能力作为教学、病理、司法、人工智能等相关领域的功能组成部分。当然,语言学领域的实验语音学研究是偏描写性的,总体任务就是用实验科学的方法描写人类语言中的语音现象,描写世界语言的语音多样性与普遍性。本书就是这样一种尝试,我们的研究对象主要是汉语与汉语方言,以及相关少数民族语言。我们采用的是偏描写的研究取向,但与传统的方言学描写不同;我们提倡一种"新描写主义"的方法,也就是实验描写主义。生成学派(Chomsky & Halle,1968)区分语音(phonetics)与音系(phonology),并认为语音学(phonetics)是研究语音的,主要是语言外部(linguistic external)的内容,音系学(phonology)是研究音系的,是语言内部(linguistic internal)的内容。我们的语言观与此不同,以实验科学为研究范式的新描写主义的语音研究在研究内容上大致包括语言的语音与音系,但旨趣有所不同。我们不认为语音学与音系学有区分的必要性,即大体采用Ohala(1991,1995)所倡导的取向。语音产生与语音感知是人类大脑的固有功能,在大脑中由相应的模块与机制控制,受语音产生与感知机制控制的音类在具体的语言中如何组织成系统,成为语法的一部分,便是语言的音系(phonology)了。我们所说的实验语音学的描写包括"从大脑至语言/言语"的整个过程。也就是说,我们所说的描写大致相当于生成学派术语中所谓的描写与解释,不同之处在于:生成学派的描写充分性、解释充分性都是强调语言内部的;新描写主义则强调更多的实验证据导向性。因此,当我们在谈论实验语音学测量、统计的时候,我们还是在谈论语言学,但这是一种跟原来的非实验传统有些不一样的语言学。

1.1　语音基本单位

实验语音学的终极目标是从科学上弄清楚:发音人在干什么。这是通俗的话语,换成科学术语,首先就是语言/语音的基本单位问题:它是相对连续的某一个整体,比如音节(syllable)或者莫拉(mora),还是离散的、抽象的一个一个音段(segment)/音位或者其他更基本、更抽象的组成成分？与语音基本单位同时存在的一个问题是语音单位的真实存在性问题，即它们在大脑／语言中的表征（representation）问题。

这不是个容易的问题。比如教语言（尤其是外语）的课本上一般都有章节介绍如何发音，但往往语焉不详，专业语言教师在教学的时候一般也不管这些，只是要求学生：跟我念！念熟练了，你就会了。再比如做田野语言学调查的专业学者，也是面对这样的情况：你不能奢望让你的发音合作人告诉你某个音是怎么发出来的，因为发音人根本不知道自己在干什么（比如实现哪个目标），他只是这么自然而然地就发出音来了。受过专业训练的田野语言学工作者，只有通过反复模仿发音人的发音，直至发音人完全认可，这个发音完全正确，没有异地口音了，才算过关；然后，语言学家便可以根据自己模仿的没有异地口音的发音来进行记音（transcription）了。从科学上讲，这里面牵涉到一个理论假设，即前面提到的语音感知的运动神经理论。简单地说，就是只有当你可以正确地发某个音的时候，你对这个音的感知才是正确的。但并非所有人都同意这个理论。事实上，这个理论在语音感知领域支持者不多，因为论断太绝对了，一般的语音感知其实并不需要同时唤醒发音器官的运动神经。语言学家们则反而会喜欢这个理论，因为传统口耳之学的语音学、描写语言学、方言学都是强调通过内省的发音训练正确感知陌生语言的语音，以达到正确记录语音的目标。语言学家们相信通过自己的口腔实践可以找到各类语音发音时的肌肉内省感（proprioceptive sensation），构音时发音器官的触碰感（tactile sensation）。不过，也有一些语音学家不大相信这些，因为他们认为声学-听感是更重要的相关物。比如，当你训练正则元音（cardinal vowels）的发音，[i-e-ɛ-a]等距离下降舌位时，他们认为下降的其实并不是舌头的位置，而是你的听感声学距离（参见胡方 2008 中的相关述评）。

问题的复杂性在于，语言发音这件事情牵涉的不仅仅是生理发音（发音器官的运动）这么简单，而是生理发音受运动神经控制（speech motor control）、感知声学调节的综合结果。而且，语音还受到更高层级的语言学与认知层面的制约，因为语音本身也是语言的语法的一部分。对于"发音人在干什么"这个问题,广义的回答包括以上诸多层面。在科学研究上首先需要厘清的是,我们是在哪个层面回答这个问题。一方面,我们可以从语音产生(speech production)的角度进行回答:在运动神经控制层面,就像每个人写字的笔迹不同,发同一个音,不同的发音人可以有自己特有的运动神经控制模式;运动神经控制的输出项就是可以测量到的发音动作,进而就是发音位置的不同,这就是我们一般所说的狭义的发音的不同。另一方面,我们也可以从语音感知(speech perception)的角度考虑,发音与声学上的不同是如何被感知的。

从目的论的角度看,发音是为了实现感知声学目标。但是,目的论把问题过于简单化了。其一,如前文所述,大脑中控制语音的产生与感知的机制是不同的(Bouchard 等,2013;Mesgarani 等,2014)。其二,发音与声学之间的关系不是一对一的,这种非线性关系,Stevens(1972,1989)将其理论化为发音与声学之间的量子特性(quantal nature)。其三,即便是量子特性,发音与声学关系也存在着发音人之间(inter-speaker)与发音人内部(intra-speaker)的变异(variations),而且还可能跟特定发音所涉及的生理解剖相关(Perkell,1996)。近些年的研究发现,个体的不同是发音与声学关系、产生与感知关系的一个重要变异源(Fuchs 等,2015)。目的论在语言学中很流行,因为语言学的论证一般是基于直观推理的,而不是实验科学。诚如雅可布森所言,"我们说话是为了让人听见,需要让人听见是为了被人理解"[①](Jakobson & Waugh, 1979),因而,从语言是交际工具这个角度出发,目的是决定性的。在目的论的逻辑看来,发音人自觉或不自觉地运用某种发音策略,所产生的语音具有客观的声学特性、感知特性,其目的是实现该语音的音系地位,即该语音在目标语言中的区别性。也就是说,语言学将整个发音过程简化为实现音位的区别对立性了。但是,具体是一个怎么样的过程?事实上,这是需要研究的。而且,更为复杂的是,发音人并不是想做

----

① 原文: We speak in order to be heard and need to be heard in order to be understood。

什么就能做到什么。比如,你会发现:怎么有些平调(level tone)的基频曲线(F_0 contour)有点降呢?怎么浊塞音在语图上不是100%有浊音杠呢?怎么单元音的共振峰轨迹(formant trajectory)有时也会有动程呢?

简言之,非实验的传统语言学是建立在语音的区别性之上的,具有区别性的音构成语言中不同的音类,整个现代语言学大厦便矗立在此基础之上。而基于实验的语音学研究则要回答这些音类是怎么样的,如何产生,如何感知,如何在语言中构成系统。复杂的问题可以从简单处入手,暂且先把发音策略、感知特性等科学问题放在一边,从语音声学(speech acoustics)出发,测量语音(phones or sampled segments)的声学特性,观察语言中的音类是怎么样的。这个过程,从语言学的角度看来,就是观察语音的区别特性如何实现!至于语音之间的区别特性是如传统语言学所定义的区别特征(distinctive features),还是如心理学领域的研究所发现的可能具有范例性特点(exemplar model,参见:Johnson,2007),这里不细究。不过,需要注意的是:在具体操作上,我们采样的是个体的语音;但是,我们要描写的其实是语音的类(phonetic category)和音系上的自然类(natural class)。我们知道这二者之间是不能画等号的。一方面,我们将语音基本单位的问题简化为从语言学的角度检视所采样的语音的声学参数;另一方面,我们需要时刻注意这里暗藏的陷阱。因此,我们需要经常提醒自己思考"发音人在干什么"这个核心问题:哪些声学特性在我们所研究的目标语言中是具有区别音类的作用的?哪些又是冗余的?并非所有的物理信息都有语言学的意义。

我们来看一个声调的例子(Zhang & Hu,2015)。

据刘丹青的调查,徽语祁门方言有6个声调(见平田昌司主编,1998:126):

阴平 11　阳平 55　上声 42　阴去 213　阳去 33　阴入 435

中古平、去、入今分阴阳,不过,阳入并入阳去,独立成调的阴入也不短促;上声不分阴阳,但有一部分古全浊上声字今读阳去。

在核实了记音的基础上,我们对祁门声调进行了声学采样。每个

声调用了 5 个单音节例字,例字既单念也放在载体句中,录音重复 5
遍。5 男 5 女共 10 位成年发音人参与了录音,他们均说地道祁门话,
没有言语或听力障碍。录音在田野调查中进行,在一个安静的房间内
通过 TerraTec DMX 6Fire USB 声卡和 SHURE SM86 麦克风直接录
到笔记本电脑中,声音的采样率是 11 025 赫兹,16 位。我们在 praat
5.3.48(Boersma & Weenink, 2014)中将每个采样例字的韵母段标注
为声调的承载段(Tone Bearing Unit, TBU)。在检视每个采样之后
我们将每个样本的基频曲线均分并提取 10 个点上的基频,我们用
Logarithm Z-score (LZ-score)方法对基频进行归一。如公式(1)所
示,x_i 代表采样点的基频值,y_i 是 x_i 的对数值,那么,LZ-score 值 z_i
就可以表示为 y_i 与对数均值之差除以标准差 s_y。 然后,我们将 LZ-
score 值进一步转换成以每个发音人为基础的相对值(Relative
Degree, RD):如公式(2)所示,z_{max} 和 z_{min} 分别是某个发音人的 LZ-
score 最大值和最小值;这样,计算的结果与转写声调的五度值(Chao,
1930)之间就有一个直观的参照。声调时长也用相对化(Duration
Relativization, DR)进行归一,如公式(3)所示,D_i 代表测量的实际
时长,M_i 代表 6 个声调的平均时长。

$$y_i = \lg x_i \,;\; z_i = \frac{y_i - m_y}{s_y} \tag{1}$$

$$RD_i = \frac{z_i - z_{min}}{z_{max} - z_{min}} \tag{2}$$

$$DR_i = \frac{D_i}{M_i} \tag{3}$$

图 1.1 总结了每个发音人的声调基频曲线均值以及男女发音人
均值,横坐标是采样的 10 个点,纵坐标是赫兹值。祁门的六个声调
阴平、阳平、上声、阴去、阳去、阴入用数字依次表示。男女发音人的
基频幅度均有 160 赫兹左右,其中,男发音人约在 100—260 赫兹之
间,女发音人约在 130—290 赫兹之间。在检视了每个发音人的声
调基频曲线之后,我们把按上述方法归一之后的基频曲线总结如
图 1.2。

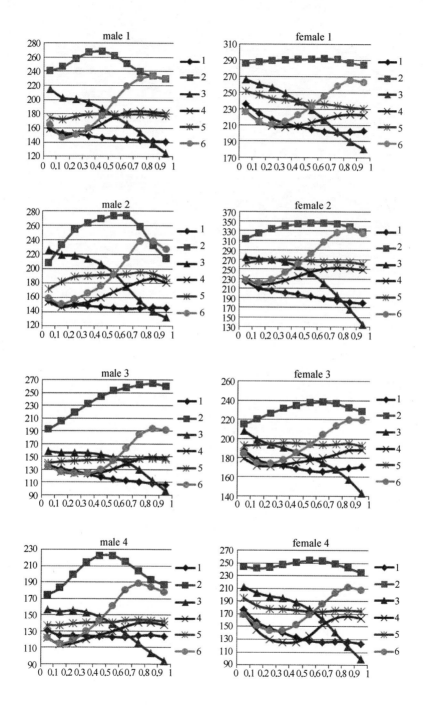

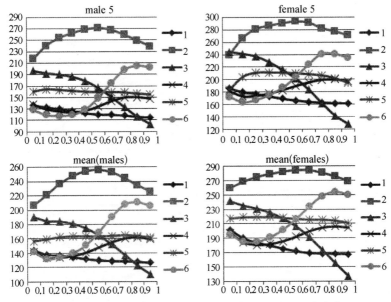

图 1.1　祁门声调的基频曲线(左:男发音人;右:女发音人)

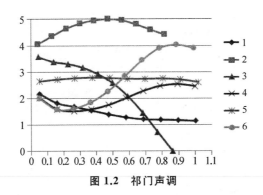

图 1.2　祁门声调

先来看祁门方言的三个平调。只有记为 33 的阳去的基频曲线大致是平的,男发音人均值约在 163 赫兹,女发音人均值约在 216 赫兹;当然,在不同的个体发音人中,也有一些变异的情况,比如在女发音人 1 中,它是下倾的,在女发音人 4 中,它有个下降的调头,在男发音人 2 和女发音人 5 中,它有个上升的调头,等等。记为 11 的阴平调在大部分发音人中都是下倾的,也就是说,从基频曲线看,它是个低降的调形:男发音人约从 144 赫兹下降至 131 赫兹,女发音人约从 202 赫兹下降至 175 赫兹。而记为 55 的阳平调从基频曲线上看则是个升降型曲折调形,根本不是平的。

那么,它们是平调么?我们认为是的。而且,我们认为正是因为祁门有三个平调,所以,其中有两个平调在基频曲线上才不实现为平的调形。音系特征有"偶值理论",声调也有所谓的高低调域论;但祁门的平调是典型的三值。中平实现为一条平实的基频曲线(plain level);低平略带缓降;高平在基频上特别高,发音人往往会运用特别的发声态"假声"(falsetto)来实现:男发音人的高平(即阳平调)最高基频均值是 256 赫兹,女发音人是 284 赫兹。需要注意的是,无论是假声,还是基频曲线上所见的曲折,都是发音人为了实现这一特高音调目标(pitch target)所使用的策略;而并不是假声这个发声态具有什么重要的语言学意义。也就是说,祁门方言的"高、中、低"这三个平调对立是通过发音人运用不同的发音策略来实现的。

当然,对这个问题的完全解释需要进一步的研究。基频虽然是声调最直接的物理关联物,但却并不直接等同于声调。我们检视一个语言或方言的基频样本时,应该思考的是它的声调区别是什么,它的声调区别是如何通过基频来实现的,而不是简单地根据基频曲线所反映的调形折算出一个五度值了事。在文献中与祁门类似的有尼日利亚的 Yoruba 语(Hombert,1976a、b)、泰语(Abramson,1962)。Yoruba 语仅有的三个声调从基频曲线上看也是低调降、中调平、高调升降(但基频没有祁门那么高),但它们都是音系上的平调;泰语的三个平调的调型与 Yoruba 类似,不过,泰语除了这三个平调之外,还有一个升调、一个降调,在声调音系上与祁门更接近,而且,Abramson(1972,1975,1976,1978)有一系列的文章讨论泰语声调的产生与感知问题,可以参考(另参见 Gandour,1978 对声调感知问题的述评)。

上声是祁门唯一的降调,其前半部分(约首 45% 时长)缓降,后半部分速降:男发音人约从 190 赫兹下降至 110 赫兹;女发音人约从 241 赫兹下降至 137 赫兹。而且,无论男女,上声的最低点就是声调的最低点,即调域的下限。因此,从这个意义上讲,上声记成 41 更妥一些。

祁门的另外两个声调阴去与阴入的调形是一样的,都是降升曲折型。而且,两个声调的调头几乎相同:在男发音人中,阴去的调头下降约 9 赫兹,阴入的调头下降约 10 赫兹;在女发音人中,阴去的调头下降约 17 赫兹,阴入的调头下降约 10 赫兹。两个声调的调形的区别仅在于上升的幅度,阴去上升不足 30 赫兹,而阴入则上升约 79 赫兹。也就是说,祁门的两个升调虽然调头相同,但高升调(阴入)升得高,低升调(阴去)升得低。祁门的升调明显不支持所谓的调域理论(Yip,1980;Bao, 1999),因为正如 Bao(1999)所明确指出的,调域理论认为一个语言的声调系统应该避免拥有相同的调头或调尾的声调,而祁门的两个升调恰恰如此,而且阴入调贯穿低–高两个调域。刘丹青(1998)将这两个声调记为曲折调,其中阴去 213,阴入 435,保留了语音细节;我们则认为在音系上可以将这两个声调记为升调,阴去 23,阴入 25。这里有两个理由:首先是两个声调的调头相同,都是低降升,而且低升调拥有一个略降的起始也是符合低升调的产生与感知特点的(Shen & Lin, 1991);其次,如果这两个声调记成降升调,祁门方言便没有升调,不符合类型学的一般规律。因此,基于剃刀原则,音系上还是处理为两个升调为妥。另外需要指出的是,刘氏的记音明显受到调域观的影响,阴去 213 在低调域,阴入 435 在高调域,站在调域理论的角度看,很完美,但是,这并不符合事实。

基频(F_0)曲线是声调的物理关联物,通过声学采样,我们可以看到这些基频曲线的形状,即调形:平的、升的、降的、升降曲折型的、降升曲折型的等。而在谈论这些物理测量的时候,我们思考的是语言的声调:这个语言或方言中的声调之间的区别在哪里?声调是个语言学概念,与直观的物理关联物基频不同,语言学概念具有一定的抽象性。因此,在检视基频曲线的时候,我们事实上是在分析这些拱度(contour)究竟是语音的,还是音系的。要完整回答这个问题,需要考察声调产生与感知的相关层面。从现在的技术手段条件下最容易采样到的物理的基频出发,想要谈论抽象的语言学的声调,至少还需要仔细考虑声调的心理感知问题。基频的感知是音高(pitch)。虽然人耳对于基频的感知接近于线性关系,因为语言中声调的基频一般都在100 到 300 赫兹范围内,也就是不到两个倍频程(octave)的距离,但是人耳对于基频上升与下降的感知是不同的,在语言中我们常常发现:基频升高 10 赫兹很容易被感知为明显的升调,但基频降低 10 赫兹则基本还是会被感知为平调;而调头、调尾及相关的感知问题可能更加复杂(Hombert,1978;Gandour,1978),在声学研究的基础上,这些声调感知方面的问题都是可以进一步探讨的。

因此,实验语音学研究的目的并不是简单地将音类具体化、数字化、图形化,因为可视的物理关联物并不等于语言学范畴。当然,借助音类(上例是声调)的物理关联物(上例是基频曲线),为我们直观地分析语料、寻找语音范畴之间的本质区别提供了方便。也就是说,语音细节可以帮助我们更好地理解音类之间的区别,从语音细节中理解人类语音产生与语音感知的限制,理解音类的语言学意义。这里还需要注意的是,尽管语音细节确实可以修正口耳记音中的一些偏差,但不要仅仅将实验语音学对语言学研究的意义停留在"补口耳之缺"这个表面层次,因为有些偏差在语言学意义上无关紧要,比如祁门的上声是记成 42 调还是 41 调。当然,也有一些偏差是具有一定的理论意义的,比如上文对于调域的讨论。

1.2　语音的变异性

在现在通行的普通语言学的理论框架中,一般把语音看作是均质的,即一个音就是百分之一百的那个音。如前文所述,普通语言学更偏重抽象层面的分析,无论是形式学派还是功能学派,基本还是只关心语言中抽象的那部分,即将语言视为人类的一种或内在的(innate)或交际驱动的抽象的能力(competence),将语言的具体产出视为一种执行(performance)。因此,音类、音位都是从感知、心理的角度根据直观推理定义的,在语言学中强调其区别性。但事实上,语音是变异的(variant),一个音并不一定百分之一百是那个音。

语音学已经逐渐发展为实验科学,拥有完全不同的世界观(语言观)。语音研究的核心任务虽然还是人脑中抽象的语言/语音能力,但是实验语音学在研究中直接面对大量具体的语音产出样本,主张从具体的采样中去研究抽象的语言/语音能力。也就是说,语音学关心的不只是语言的执行,而是"怎么执行",根据执行来建立音类的模型。与传统的非实验的语言学相比较,实验语音学提供了基于言语产生(speech production)的视角去观察语言学音类问题:可以根据"具体"的产出去思考"抽象"的音类,当然,其中要受到感知以及语音产生与感知之间的关系的制约。因此,在实验语音学的视角下,语音是变异的。比如在下文的语音分析中,我们经常会根据每个元音数十次的采样样本用置信椭圆来建立其分布的模型,这就是基于语音产生视角的音类概念,因为人不能两次发出同一个音而真的做到完全相同。

有些语音之间存在着范畴边界,有些并不存在范畴边界,比如一般认为元音的感知是连续的,而大部分辅音的感知则是范畴的。无论有没有感知上的范畴边界,语音的类别化在不同的语言或方言中都是带有个性的(language-specific)。以连续感知的元音为例,从高元音[i]至低元音[a]之间,汉语普通话在高低维度上只区分/i/与/a/,其他的对立是通过其他语音手段引入的,比如通过圆唇引入/y/,通过后响双元音引入/ɛ/,通过前响双元音引入/ai/、/ei/;日语则区分/i/、/e/、/a/;下文 1.3 中讨论的西南官话隆昌方言则在区分/i/、/e/、/a/的基础上通过元音动态化手段引入/ai/、/ei/;北部吴语方言则大多区分/i/、/e/、/ɛ/、/a/,并往往在高、半高位置进一步区分圆唇与否;欧洲的语言,比如德语则在区分/i/、/e/、/ɛ/、/a/的基础上通过时长手段再进一步引入长短元音对立;等等。

我们这里以在语言中经常呈现范畴感知特性的辅音为例,讲一个跨感知边界的例子。世界语言中的塞音、塞擦音以清浊、送气与否可以分为四类:清不送气、清送气、浊不送气、浊送气,印度的一些语言保持这种四向对立(Ladefoged, 2006: 146 - 151)。但在一般的语言中,塞音、塞擦音通常只有二类或者三类。汉语也是如此:中古汉语有三类(高本汉,1915—1926)。塞音、塞擦音三分在典型的吴语中得到了保留,即塞音、塞擦音今读清不送气、清送气、浊(不送气)三类(赵元任,1928)。在大部分汉语方言中,中古浊塞音、塞擦音按照一定的条件并入了清不送气、清送气,即塞音、塞擦音今读清不送气、清送气两类。

那么,浊塞音、塞擦音消失了吗? 在音系的层面,答案是肯定的:浊塞音、塞擦音作为音类已经消失了。大致地说,在闽语中,中古浊塞音、塞擦音今读不送气清音；在客赣方言中，今读送气清音；官话方言如普通话，复杂一些，但也大致遵循"平送仄不送"之类的演变规则。而且，在保留浊塞音、塞擦音的方言如吴语、老湘语中，浊音也似乎正在消失，因为一般只能在音节间的位置，才能观察到浊塞音、塞擦音的浊音杠，而在单念这些所谓的浊塞音、塞擦音时，发音人的声带并不振动。在曹剑芬（1982，1983）之后，一般大家都知道，除了伴随的低声调之外，吴语方言的浊塞音的浊感主要归因于后接元音的气声化。

那么，浊的塞音、塞擦音是被说这些方言的说话人从人脑中删除了么？还是被类别化到其他相关的音类中去了？以汉语官话方言为例，汉语官话方言将塞音、塞擦音类别化为清送气、清不送气二类。那么，浊塞音、塞擦音哪里去了？我们认为并不是从说话人的脑中删除了，而是被类别化入清不送气音类了。理由有二：其一，清不送气塞音、塞擦音在语流中不重读时容易实现为浊；其二，在学习外语时，浊塞音、塞擦音这个似乎被屏蔽的语音范畴就会浮现出来。同样是将塞音、塞擦音类别化为二类，英语与汉语官话方言是不同的：英语区分清、浊。因此，汉语官话区的人学习英语的一个重要任务就是练习浊塞音、塞擦音的发音；不练习或者练习不好的话，他们就会拿清不送气音去代替浊音。此外还有一个挑战，英语的清塞音、塞擦音一般实现为清送气，只有在 s 后才实现为清不送气。在英语母语者看来，清送气、不送气是同一个音类，它们根据语音条件自然出现；但是汉语官话区的英语学习者是不同的，清送气、不送气是泾渭分明的二类。因此，他们在 s 之后也容易发成清送气音。怎么办？s 之后浊化的观点在国内英语教育界占有很大的市场，即英语教师们要求学生们在 s 之后清塞音、塞擦音要浊化，很大一部分汉语母语者的英语专业的学生就是这么学习英语的，而且效果也还不错（梁波，2017）。这种语音事实与教学法的错位，从另一个角度就折射出跨范畴语音在不同语言里类别化过程中的语言个性问题。

因此，在大部分汉语方言中，塞音、塞擦音今读清不送气、清送气二类，浊音作为音类已经消失了。而且，浊塞音、塞擦音作为语音范畴一般并不在自然语音产生中出现，只有通过语流弱化、外语学习等特殊情况，从逻辑推理层面去论证浊塞音、塞擦音却并没有从说话人的脑子里删除，而是隐含在相关的音类之中。有意思的是，在一些汉语方言中，虽然塞音、塞擦音也被类别化为清不送气、清送气二类,但是作为语音范畴的浊塞音、塞擦音在自然语音产生中还是继续出现的。因此,这里可以通过实验证据来讨论塞音、塞擦音在语言或方言中类别化的问题。

这些方言来自被视为有"送气分调"现象的赣西北方言(李如龙、张双庆,1992;刘纶鑫,1999)。赣语的塞音、塞擦音今两分,即一般认为中古的浊塞音、浊塞擦音作为音类已经消失,演变成了现在的送气清音。我们通过对南昌、新建、安义、湖口、星子、都昌、修水、德安、武宁、永修等十个县市共计 30 位发音人的采样调查发现,在赣西北方言中,虽然塞音、塞擦音也是两分,但是浊塞音、浊塞擦音作为语音范畴却并没有消失,而是与送气清音合并了。也就是说,在发这个塞音、塞擦音的音类的时候,这些方言的说话人并不是在发一个送气清音,或者在发一个浊音;而是他们并不区分这两个语音范畴,在他们的发音目标中,这两个语音范畴是同一类。因此,你会观察到,浊塞音、塞擦音一会儿实现为清送气,一会儿实现为浊。

我们这里用永修方言这个典型的例子来说这个问题。如图 1.3 所示,把目标词"鼻"放在载体句"X,这个 X 字"中进行音频数据采样,永修方言的一位男性发音人,把第一个 X 位置单念的"鼻"实现为清送气,但是却把第二个 X 位置载体句中的"鼻"实现为浊不送气塞音。这

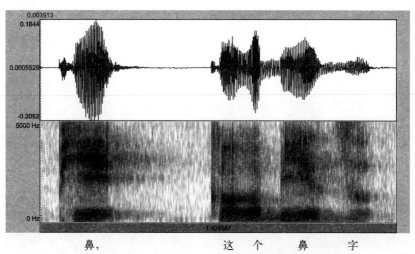

鼻,　　　　　　　这　个　鼻　字

图 1.3　永修方言"鼻"/pʰi ʔ3/的发音:单念与载体句

说明永修并不区分[pʰ]与[b]，它们都属于同一个音类/pʰ/，只是在单念的时候容易实现为[pʰ]，在语流中容易实现为[b]。为了更全面地了解/pʰ/的变异，接下来，我们进一步分析了永修方言双唇塞音声母拼-i韵母的情况。我们统计了三位永修发音人的声学样本：测量了清不送气声母、清送气声母的例字，其中，清送气声母的例字包括来源中古次清声母字与中古浊声母字。

清不送气声母/pi/共四个例字，每个例字重复三遍，除去三个错漏样本，共得到33个有效样本。在单念的时候，永修的/pi/中的塞音声母[p]嗓音开始时间（VOT）均值是16毫秒，标准差是8毫秒；韵母时长均值208毫秒，标准差65毫秒。对于清不送气双唇塞音来说，这个VOT是偏大的，因为我们在测量其他的方言或语言时，这个数值一般是小于10毫秒的。当目标例字处于载体句中时，除了两个例子，其他31个样本均不发生塞音浊化现象，即他们在音节间时，还是清不送气塞音。我们分别测量了这31个样本的闭塞段时长均值为97毫秒，标准差13毫秒；VOT为11毫秒，标准差6毫秒；韵母时长为185毫秒，标准差43毫秒。这里有意思的是，在音节间时，清不送气塞音[p]的VOT均值缩短为11毫秒，接近其他方言或语言的数值。另一点是，不管处于什么声调、舒声音节还是促声音节，从较小的标准差值可以看到，闭塞段的时长相当稳定。而且，将近100毫秒的闭塞段从另一个侧面反映了，较长的闭塞段时间可能是保持音节间清不送气塞音的一个特征条件；因为在清不送气塞音浊化的两个特例中，音节间的闭塞段全部浊化，而时长只有50毫秒左右，音节结构与下面要讨论的送气塞音类似。

来自中古的次清声母与全浊声母字的例字也各有四个，不过并没有发现在永修的发音人中有任何差别。因此，我们将这两类数据放在一起讨论；但是，我们倒是发现三个发音人中，有一个是与另两个不同的。因此，我们分开来讨论。其中两个发音人的情况是这样的，除去错漏，共有40个有效样本：在单念时，均实现为清不送气塞音[pʰi]。[pʰ]的VOT均值是42毫秒，标准差16毫秒；韵母时长均值是210毫秒，标准差65毫秒。在载体句中时，均实现为浊塞音[bi]。[b]的VOT均值是−57毫秒，标准差12毫秒；韵母时长是212毫秒，标准差

42 毫秒。也就是说,在单念时,/pʰ/实现为[pʰ],用较大的 VOT 值与不送气的[p]相区别;而在音节间时,/pʰ/实现为[b],用 VOT 负值与不送气清塞音[p]相区别。另外一点与清不送气塞音不同的是,当/pʰ/处于音节间时,闭塞段时长较小,均值 57 毫秒,即在音节间的闭塞段,声带是始终保持振动的。

另一个发音人的/pʰi/在单念时[pʰ]的 VOT 明显大于前面两个发音人,24 个样本的均值为 68 毫秒,校准差 26 毫秒,显示更强的送气特征;相应的韵母时长均值为 253 毫秒,标准差 67 毫秒。而且,这种强送气特征在音节间得到体现:只有在 3 个样本中,/pʰ/实现为[b];而在另外 21 个样本中,/pʰ/还是实现为[pʰ],其中,闭塞段时长均值为 63 毫秒(标准差:14 毫秒),VOT 均值为 64 毫秒(标准差:21 毫秒),韵母时长均值为 219 毫秒(标准差:43 毫秒)。

从以上讨论可见,除说话人内部的差异(intra-speaker variations)以外,说话人之间的差异(inter-speaker variations)也是很重要的一个变异来源。事实上,方言间的变异情况会更加复杂,以这里讨论的赣西北方言塞音、塞擦音为例,我们相信中古次清声母与全浊声母合流为一个音位是这片方言共同创新(shared innovation)的起点。但是,合流之后的这个音类经过长时间的演变,现在不同方言、不同说话人中是如何实现的,会呈现出复杂的多样性,尤其是当它与声调发展问题交织在一起时,更是增添了复杂性。因为不是本文的主题,此处不赘。这里强调的是,语音是变异的,不仅仅连续感知的语音范畴具有变异性,各个语言或者方言对于跨范畴的语音的类别化也是带有个体性的。以此处讨论的塞音、塞擦音音类来说:吴语类别化为清不送气、清送气、浊三类;英语为清(含送气、不送气)、浊两类;官话方言为清不送气(隐含浊)、清送气两类;赣西北方言则为清不送气、清送气(含浊)。

1.3 走向证据导向的研究范式

传统语言学领域对实验语音学的一个常见的误解是认为只有那些不常见的、奇怪偏僻的语音才需要做实验,似乎实验语音学是专门针对疑难杂症的。但这并非事实。实验语音学并不是只对僻见的语音现象感兴趣,不是说只有发现哪里有内爆音(implosive)、哪里有嘎裂音(creaky voice)了才有意义。事实刚好相反,内爆、嘎裂本身并没有什么意义,内爆了、嘎裂了又如何才是有语言学意义的。比如上文谈到的祁门高平调假声的语言学意义,并不在于假声本身,而是在于它是说话人实现高平音高目标的发音策略之一。

实验语音学研究所有的语音现象,是在新的语音观、语言观的指导下,使用实验科学的方法,全面研究具体语言中的语音问题。元音问题详见第三讲专门讨论,这里简要地说一个单、双元音的问题。传统的汉语方言研究以声(母)、韵(母)、(声)调为纲,一般不进一步分析辅音音位、元音音位、声调音位等。声调的音位问题可能相对简单;由于汉语方言一般也没有复辅音,因此声母与辅音音位也基本类同;但是,韵母与元音音位则区别大了。其中一个主要的议题就是复合元音的问题。单、双元音都是汉语方言中常见的元音,双元音又可分为降峰双元音、升峰双元音等。除了普通话的元音音位问题有多篇文章进行讨论之外,方言语音的文章很少涉及元音音位问题,一般就是总结出多少韵母,而进一步的元音研究则往往根据韵母表中的单元音韵母。但这里存在着很大的问题。主要是因为关于双元音的性质问题,文献中很早便有讨论(Pike,1947;Lehiste & Peterson,1961;Holbrook & Fairbanks,1962)。大致说来,有两种观点:一种观点认为双元音是一个单独的元音,它的核心在语音上是复杂的(Malmberg,1963;Abercombie,1967;Catford,1977);另一种观点则认为双元音就是两个元音成分或者一个元音成分和另一个半元音成分的组合序列(Sweet 1877;Jones 1922)。也就是说,前者将双元音视为单一发音事件,只有一个动态的目标;而后者则将双元音看成是两个发音事件,从一个静态的目标过渡到另一个静态的目标。在汉语研究中,也早有学者注意到双元音的性质问题。比如赵元任(1928:65-66)早就指出:吴语中只有降峰双元音才是"真复合元音",升峰双元音不是。事实上,无论在历时或共时层面,降峰双元音可以和相应的单元音形成交替(alternation),在语言中是常见的。比如晋语、吴语等方言中经常见到/ai/与/ε/、/au/与/ɔ/之间的交替。基于声学与发音的材料,胡方(2013)明确指出:升峰双元音拥有两个目标,因此[ia]应该视为[i]与[a]的序列;而降峰双元音则只有一个动态的目标,因此[ai]并不是[a]与[i]的序列,而是一个整体的元音,与单元音[a][i]等构成音位对立。不过,我们并不认为我们的这个结论一定就放之四海而皆准,也并不期待如此;相反,我们期待不同的方言可能会有不同的情况。比如说,我们认为普通话或者北京官话的双元音/ai/是一个动态目标,是一个整体的元音音位,而英语的双元音/ai/,可能就是[a][i]的序列。听北京人或者相关官话方言背景的人说英语,他们说不好英语的/ai/,而是用[ɛ]代替,比如"arrive"就说成[əˈɹɛv]。这是很有意思的一个语音现象,北京话或者普通话有双元音/ai/,但是在说英语的双元音/ai/的时候,不用自己语音系统里面有的双元音/ai/,而是用了一个在北京话/普通话中并不符合 CV 音节拼合关系的单元音[ɛ]来代替;这便说明在北京人的大脑/语法中,他们认为普通话的/ai/与英语的/ai/是完全不同的东西。

这里举一个西南官话的例子(邱玥、胡方,2013)。从方言比较的角度看,西南官话一般没有什么僻见的音类,没有太多特别之处。我们就用隆昌话元音的例子,来说明如何通过语音数据的采样,借助看似简单、枯燥的声学测量,将以前口耳之学中只能意会的一些内容展示出来,然后便可以讨论单、双元音的问题,讨论语音的基本单位问题,进而帮助厘清关于汉语元音音类的一些事实。

隆昌话属西南官话江贡小片,有韵母 36 个,如表 1.1 所示。

表 1.1　隆昌话韵母表

ɿ	ʅ	a	o	e	ɚ
ai	əi	au	əu		
an	ən	aŋ	oŋ		
i	ia	ie	io	iau	iəu
ien	in	iaŋ	ioŋ		
u	ua	ue	uai	uəi	
uan	uən	uaŋ			
y	ye	yen	yn		

我们对所有的韵母进行了声学录音采样,选取含有隆昌话目标元音的单音节字,并尽量选取阴平调、零声母或唇音声母字,嵌入"__,读__三遍"的载体句中。录音在实地调查中进行,有效样本是五男四女九位发音人,均为 20—25 岁的青年,从小在隆昌县长大,母语为本地方言,也学过普通话和英语,属于典型的隆昌青年口音。录音使用 Sony D50 线性录音棒,采样率为 16 000 赫兹;录音重复五遍。由于没有显著差异,本文将载体句中 2 个位置的目标元音音段数据统计在一起分析,即每位发音人每个目标元音的有效样本数据为 10 个。这里,我们主要讨论隆昌话的 9 个单元音[ɿ ʅ i u y a e o ə]与 4 个降峰双元音[ai əi au əu];在降峰双元音与升峰双元音的对比中,我们选取[ai au]与[ia ua]这两对语言中最常见的双元音。而且,讨论集中在共振峰模式,略去时间结构。

隆昌单元音在声学元音图中的分布见图 1.4 所示,图中纵轴是元音的第一共振峰(F_1)、横轴是第二共振峰(F_2),单位:赫兹,置信椭圆为两个标准差(关于声学元音图与置信椭圆的详细信息,我们会在元音的章节介绍,也可参见胡方,2014)。如上所述,男发音人的共振峰数据来自五位发音人,每个单元音各自共有 50 个样本;女发音人的共振峰数据来自四位发音人,每个单元音各自共有 40 个样本。

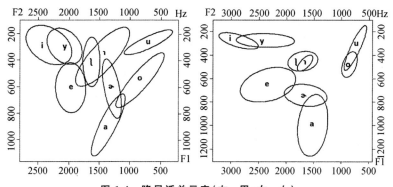

图 1.4　隆昌话单元音(左:男;右:女)

从图中可以看到,隆昌话的单元音构成一个典型的三角形分布,前高元音[i]、后高元音[u]、央低元音[a]分别处于顶点位置。隆昌话的元音高低分三个层级,除了高元音[i y u]、低元音[a]之外,还有半高元音[e o]。这里需要指出的是,虽然标为[e o],但事实上与正则元音相比较,他们实际上位于半高、半低之间,即不区分半高、半低。隆昌话除了在前高位置有圆唇与否的对立,其他前元音都不圆唇,后元音都圆唇。与普通话类似,隆昌方言的两个舌尖元音[ɿ ʅ]在声学元音图中位于高、央的位置,但比高元音略低。另外,也是与普通话类似,隆昌有一个儿化的央元音[ə]。

因此,如果只看单元音,隆昌话的元音系统非常简单、整齐。但事实上,隆昌还有四个降峰双元音[ai au əi əu]。图1.5和图1.6分别比较了男、女发音人的双元音首尾成分与相应的单元音在声学元音图中的分布;其中,实线椭圆是单元音,虚线或点线椭圆是双元音的首尾成分,箭头则简化示意双元音共振峰模式的变化方向。

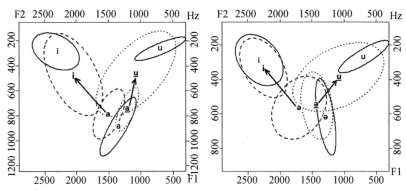

图1.5　隆昌话双元音[ai au](左)、[əi əu](右)与单元音[i u a ə]的比较(男)

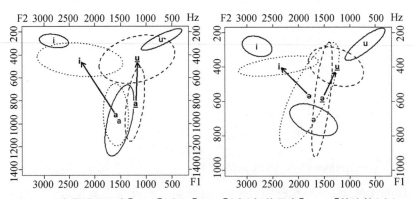

图1.6　隆昌话双元音[ai au](左)、[əi əu](右)与单元音[i u a ə]的比较(女)

之所以比较双元音首尾成分与对应的单元音,是想知道双元音如何实现其声学目标。虽然不能说单元音就是双元音成分的声学目标,但是两者之间的比较提供了一个很好的参照。从图中可以看到,双元音[ai au]中的首成分[a]与其相应的单元音[a]相比分别偏前和偏后,这应该是受到各自的尾成分的影响,显现出一定程度的逆协同发音,但是他们的椭圆的大小与单元音[a]类似,而且重叠明显;也就是说,这说明双元音[ai au]的发音是从一个类似于单元音[a]的声学位置开始的,即其声学目标是比较清楚的。相比较而言,双元音[ai au]的尾成分[i u]和对应的单元音[i u]位置差距很大,椭圆几乎不重合,说明并未到达目标位置,而且椭圆面积显著增大,说明数据分布的离散度增加、可变性增大;也就是说,双元音的[ai au]的发音似乎并没有一个明确的尾成分声学目标,其尾成分的位置是由双元音的动态特性所决定的。与双元音[ai au]类似,[əi əu]的尾成分也没有一个明确的声学目标。而且,[əi əu]的首成分[ə]的可变性也非常大,虽然[əi əu]中的[ə]的椭圆与相应的单元音[ə]的椭圆还是重叠的,但是双元音[əi əu]中的首成分[ə]的离散度显著增加,尤其在女发音人的数据中,这个特点更加明显。

综上所述,隆昌话的降峰双元音[ai au əi əu]并不如其标音所示,是由两个目标组成的;相反,声学材料的分析表明,他们更像是一个动态的目标。[ai au]由一个接近于单元音[a]的声学位置开始,但不需要实现其尾目标[i]或[u];相反,由于受到双元音自身的动态特性制约,在不到目标的位置就结束了;[əi əu]也类似,而且从其变异性更大的首成分[ə]的分布来看,其动态特性更加重要。因此,我们认为降峰双元音应该如单元音一样,是隆昌话元音音位对立的组成部分;如果把这四个双元音也增加到如图1.4所示的隆昌元音图中,那么隆昌元音的高低对立维度和/或圆唇对立层次就会复杂得多。

升峰双元音则全然不同。如图1.7所示,虽然有不同程度的可变性,隆昌升峰双元音[ia ua]的首尾成分(实线或点线椭圆)与其对应的单元音[i u a]的椭圆(虚线)大部分重合,并且均值点的位置非常接近;因此,声学材料支持将隆昌话的升峰双元音看作是由两个相对稳定的声学目标组成的,其发音过程中就是从一个稳定的目标位置过渡

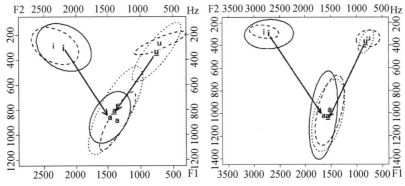

图 1.7　隆昌升峰双元音[ia ua]与单元音[i u a]的比较（左：男；右：女）

到另一个稳定的目标位置。也就是说，[ia ua]就是[i]与[a]、[u]与[a]的序列。

实验语音学测量所提供的语音细节为我们观察语言中的具体语音现象、评估语音基本单位提供了可能性。语音也具备了具体、变异的特性，不再像以往概念化似的那般抽象。一个语音目标，无论其是一个语音单位还是一个区别性的特征，它可能并不是绝对抽象、均质的，而是相对具体、变异的，都可以从产生与感知的角度对他们进行研究。一方面，我们强调，无论使用何种测量技术手段，我们最关心的始终是语音的语言学意义；而另一方面，我们提倡使用全新的方法论与研究范式去描写汉语方言、少数民族语言与跨境语言中的语音现象。新在什么地方呢？最核心的就是这是一种以实验证据为基础的研究（an evidence-based approach），而不是纯粹基于归纳推理的范式（a generalization-based approach）。现代学科意义上的语音学学科的发展可以以 1886 年国际语音学会（International Phonetic Association）的成立为起始标志。但是经过了 130 多年，语音科学并没有发展成为一个界限清楚的学科；相反，随着近几十年科技的迅猛发展，语音研究事实上形成了一个众多学科交叉的局面。因此，国际语音学会常设理事会举办的四年一届的语音科学大会（International Congress of Phonetic Sciences）将语音科学设定为复数形式。语音研究是语言学、语言教学、言语病理学、言语信息工程、人工智能等诸多科学、医学、工程学、人文科学领域共同关心的问题。仅就语音的本体研究而言，其核心科学问题是解释人类所拥有的语音能力,按照现在的理解,就是人体所具有的语音产生与语音感知这两项生物功能,在方法上可以有偏生理、偏心理、偏工程模拟的种种研究旨趣。我们提倡的是偏语言学本体意义的研究旨趣,也就是关心人类的语音能力在具体的语言或者方言中是怎么实现的,而不是将语音语料视为探索人脑语音能力的刺激项。我们尝试立足普通语音学原理,继承汉语研究优良的描写主义的传统,实践一种新的实验描写主义。

参考文献

Abercrombie, D. 1967. *Elements of general phonetics*. Edinburgh: Edinburgh University Press.

Abramson, A. S. 1962. The vowels and tones of Standard Thai: Acoustic measurements and experiments. *International Journal of American Linguistics*, 28 (2), Part Ⅱ; Also *Publication Twenty of the Indiana University Research Center in Anthropology, Folklore, and Linguistics*, Bloomington.

Abramson, A. S. 1972. Tonal experiments with whispered Thai. In Valdamn, A. (ed.), *Papers on Linguistics and Phonetics to the Memory of Pierre Delattre*, pp. 31 - 44. The Hague: Mouton.

Abramson, A. S. 1975. The tones of central Thai: some perceptual experiments. In Harris, J. G., & Chamberlain, J. (eds.), *Studies in Tai Linguistics*, pp. 1 - 16. Bangkok: Central Institute of English Language.

Abramson, A. S. 1976. Thai tones as a reference system. In Gething, T. W., Harris, J. G., & Kullavanijaya, P. (eds.), *Tai Linguistics in Honor of Fang-Kuei Li*, pp. 1 - 12. Bankok: Chulalongkorn University Press.

Abramson, A. S. 1978. Static and dynamic acoustic cues in distinctive tones. *Language and Speech*, 21(4), 319 - 325.

Atkinson, Q. D. 2011. Phonemic diversity supports a serial founder effect model of language expansion from Africa. *Science*, 332: 346.

Bao, Z. 1999. *The Structure of Tone*. Oxford: Oxford University Press.

Boersma, P., & Weenink, D. Praat: doing phonetics by computer [Computer program]. Version 5.3.68, retrieved 20 March 2014 from http://www.praat.org/.

Bouchard, K. E., Mesgarani, N., Johnson, K., & Chang, E. F. 2013. Functional organization of human sensorimotor cortex for speech articulation. *Nature*, 495 (7441): 327 – 332.

Catford, I. 1977. *Fundamental problems in phonetics*. Edinburgh: Edinburgh University Press.

Chao, Y.-R. 1928. *Studies in the Modern Wu Dialects*. Peking: Tsinghua University Research Institute Monogragh, 4.

Chao, Y.-R. 1930. A System of Tone-Letters, *La Maitre Phonetique* 45, 24 – 47. Reprinted in *Fangyan*, 2, 81 – 82, 1980.

Chomsky, N., & Halle, M. 1968. *The sound pattern of English*. New York: Harper and Row.

Fuchs, S., Pape, D., Petrone, C., & Perrier, P. (eds.) 2015. *Individual differences in speech production and perception*. Peterlang.

Galantucci, B., Fowler, C. A., & Turvey, M. T. 2006. The motor theory of speech perception reviewed. *Psychonomic Bulletin & Review*, 13 (3): 361 – 377.

Gandour, J. T. 1978. The perception of tone. In Fromkin, V. A. (ed.), *Tone: A Linguistic Survey*, pp. 41 – 76. New York: Academic Press.

Holbrook, A., & Fairbanks, G. 1962. Diphthong formants and their movements. *Journal of Speech and Hearing Research*, 5: 38 – 58.

Hombert, J.-M. 1976a. Consonant types, vowel height, and tone in Yoruba. *UCLA Working Papers in Phonetics*, 33, 40 – 54.

Hombert, J.-M. 1976b. Perception of tones of bisyllabic nouns in Yoruba. *Studies in African Linguistics*, *Supplement*, 6, 109 – 121.

Hombert, J.-M. 1978. Consonant types, vowel quality, and tone. In Fromkin, V. A. (ed.), *Tone: A Linguistic Survey*, pp. 77 – 111. New York: Academic Press.

胡方 2008 《论元音产生中的舌运动机制——以宁波方言为例》,载《中国语音学报》第1辑,第148—155页,北京:商务印书馆。

胡方 2013 《降峰双元音是一个动态目标而升峰双元音是两个目标:宁波方言双元音的声学与发音运动学特性》,《语言研究集刊》第十辑,第12—37页,上海:上海辞书出版社。

胡方 2014 《宁波话元音的语音学研究》,北京:中国社会科学出版社。

胡方 2018 《汉语方言的实验语音学研究旨趣》,《方言》第4期,第385—400页。中国人民大学复印报刊资料《语言文字学》2019年第2期全文转载,第45—58页。

Jakobson, R., & Waugh, L. 1979. *The Sound Shape of Language*. Harvester Press. 96 – 97.

Johnson, K. 2007. Decisions and Mechanisms in Exemplar-based Phonology. In Solé, M.J., Beddor, P., & Ohala, M. (eds) *Experimental Approaches to*

Phonology. In Honor of John Ohala, pp. 25 – 40. Oxford University Press.

Jones, D. 1922. *Outline of English phonetics (2nd Edition)*. New York: E. P. Dutton.

Ladefoged, P. 2006. *A Course in Phonetics (5ᵗʰ ed.)*. Boston, M.A.: Thomson Wadsworth.

Lehiste, I., & Peterson, G. E. 1961. Transitions, glides, and diphthongs. *Journal of the Acoustical Society of America*, 33: 268 – 277.

李如龙、张双庆(主编) 1992 《客赣方言调查报告》,厦门：厦门大学出版社。

Liberman, A. M., Cooper, F. S., Shankweiler, D. P., & Studdert-Kennedy, M. 1967. Perception of the speech code. *Psychological review* 74 (6): 431 – 461.

Liberman, A. M., & Mattingly, I. G. 1985. The motor theory of speech perception revised. *Cognition*, 21 (1): 1 – 36.

Liberman, A. M., & Mattingly, I. G. 1989. A specialization for speech perception. *Science*, 243 (4890): 489 – 494.

Liberman, A. M., & Whalen, D. H. 2000. On the relation of speech to language. *Trends in cognitive sciences*, 4 (5): 187 – 196.

梁波 2017 《跨语言音姿对比的二语语音教学原则研究》,北京大学外国语学院博士论文。

刘丹青 1998 《祁门方音》,见平田昌司(主编),《徽州方言研究》,中国语学研究《开篇》单刊 No.9,东京：好文出版,第 126 页。

刘纶鑫(主编) 1999 《客赣方言比较研究》,北京：中国社会科学出版社。

Malmberg, B. 1963. *Structural linguistics and human communication*. Berlin: Springer-Verlag.

Mesgarani, N., Cheung, C, Johnson, K, & Chang, E. F. 2014. Phonetic feature encoding in human superior temporal gyrus. *Science*, 28, 343 (6174): 1006 – 1010.

Ohala, J. J. 1981. The listener as a source of sound change. In C. S. Masek, R. A. Hendrick, & M. F. Miller (eds.), *Papers from the Parasession on Language and Behavior*, pp. 178 – 203. Chicago: Chicago Linguistic Society.

Ohala, J. J. 1991, Aug 19 – 24. The integration of phonetics and phonology. *Proceedings of the XIIth International Congress of Phonetic Sciences*, Vol. 1, pp. 1 – 16, Aix-en-Provence.

Ohala, J. J. 1993. Sound change as nature's speech perception experiment. *Speech Communication*, 13, 155 – 161. [Also reprinted in: G. Fant, K. Hirose, and S. Kiritani (eds.) *Analysis, perception and processing of spoken language. Festschrift for Hiroya Fujisaki*, pp. 155 – 161. Amsterdam: Elsevier, 1996.]

Ohala, J. J. 1995. Experimental phonology. In John A. Goldsmith (ed.), *A

Handbook of Phonological Theory, pp. 713 – 722. Oxford: Blackwell.

Perkell, J. S. 1996. Properties of the tongue help to define vowel categories: hypotheses based on physiologically-oriented modeling. *Journal of Phonetics*, 24, 3 – 22.

Pike, K. L. 1947. On the phonemic status of English diphthongs. *Language*, 23: 151 – 159.

平田昌司(主编) 1998 《徽州方言研究》,中国语学研究《开篇》单刊 No.9,东京：好文出版。

邱玥、胡方 2013 《隆昌话的元音》,《语言研究集刊》第十辑,第 38—51 页,上海：上海辞书出版社。

Shen, X-N. S., Lin, M. 1991. A Perceptual Study of Mandarin Tone 2 and 3. *Language and Speech*, 34 (2), 145 – 156.

Stevens, K. N. 1972. The quantal nature of speech: Evidence from articulatory-acoustic data. In P. B. Denes, & E. E. David Jr. (Eds.), *Human communication: A unified view*, pp. 51 – 66. New York: McGraw Hill.

Stevens, K. N. 1989. On the quantal nature of speech. *Journal of Phonetics*, 17, 3 – 46.

Sweet, H. 1877. *A handbook of phonetics including a popular exposition of the principles of spelling reform*. Oxford: Clarendon Press.

Wang, C., Ding, Q., Tao, H., & Li, H. 2012. Comment On "Phonemic Diversity Supports a Serial Founder Effect Model of Language Expansion from Africa", *Science*, 335: 657.

叶晓锋 2011 《汉语方言语音的类型学研究》,复旦大学博士论文。

Yip, M. 1980. *The Tonal Phonology of Chinese*. Ph. D. dissertation. Massachusetts Institute of Technology.

Zee, E., & Lee, W. 2007. Vowel Typology in Chinese. *Proceedings of the 16th International Congress of Phonetic Sciences*, pp. 6 – 10, Saarbrücken, Germany.

Zhang, M., & Hu, F. 2015. Tone features in Qimen Hui Chinese dialect. *Proceedings of ICPhS 2015*, Glasgow, Scotland.

张倩 2013 《信丰(铁石口)客家方言的元音格局》,《语言研究集刊》第十辑,第 52—63 页,上海：上海辞书出版社。

Zhang, Q., & Hu, F. 2015. The Vowel Inventory in the Xinfeng (Tieshikou) Hakka Dialect. *Proceedings of the 18th International Congress of Phonetic Sciences (ICPhS 2015)*, Glasgow, Scotland.

第二讲 实验语音学方法

第一讲简述了语音研究的实验科学视角下的语言观问题,也就是语音观的问题。中心思想是:语音是变异的,因而需要采样具体的语音产出,通过观察语音在具体的语言与方言中的表现去研究抽象的语音能力问题和相应的语言学问题。实验语音学测量的目的并不是为了统计,定量并非目的。实验分析提供语音细节,为我们评估抽象的语音能力问题实现了方法论的可能性。对具体语言中的语音现象开展实验语音学研究是一个专门的学科,有自身的研究范式,是用来系统、全面研究所有语音问题的,而不是对其他语言学子学科的理论问题的简单图解,也不只是用来解决其他语言学子学科所不容易解决的疑难问题的。

本讲简述方法论问题,分为三个小节:第一节讲述实验语音学研究所需要遵循的实验科学的一般方法,以及实验语音学研究设计中的一般原则与相关实际问题;第二节讨论常用的技术手段,包括声学分析,以及部分常用的生理语音设备;第三节讨论如何在传统语言学、方言学描写的基础上全面、系统地开展实验语音学的描写。

2.1 实验科学的一般方法

语音是变异的,因此实验语音学的方法并不如传统的语言学研究一般是基于一个理想的发音人的语感的。实验语音学的研究基于对目标语音或者语音现象的采样(sampling)。

现代语言学的一个核心概念是语音之间的音位(phoneme)对立,以及形成这种音位对立的区别特征(distinctive features)。音位与区别特征的概念首先是基于心理感知的,母语者感知到语音之间存在不同,而且这种不同在该语言中形成区别意义的对立性。因此,在语言调查与语言描写中,最重要的便是记录音位,而主要的方法就是通过对一位理想发音人的面对面的调查。理想的发音人对语音之间的同与不同有判断权，语言调查所要描写的，就是理想发音人的语感。如果说发音人认为[b]与[pʰ]没有区别意义的作用，那么他们就只是一个音位的两个变体(allophones)。发现了音位区别之后，调查者的任务当然是将其记录下来。这种记录，或称转写，用英文术语均是transcription，使用国际音标(International Phonetic Alphabet：IPA)，国际语音学会(International Phonetic Association：IPA)设立的用来记录、描写全世界语言的语音的通用符号。

语言调查与语言描写对调查者的依赖性非常大。首先，记录的准确与否取决于调查者的学识与天赋。调查者不仅需要接受系统严格的语音学"口耳"训练，具有相关语言与语言调查的知识，而且天赋也是重要的。比如国际音标中的元音训练是以正则元音(cardinal vowels)为标杆的，但是即使学会了所有的"标杆"元音，它们并不对应于实际语言中的元音，调查者需要根据这些"标杆"去记录、描写所感知到的实际语言中的元音的音值。再比如记录声调，如果对音高不敏感，记错高低、甚至升降，都是常见的。其次，语言调查的经验也很重要，一方面是对目标语言相关的经验，另一方面是调查的经验。比如寻找理想发音人就不是一件容易的事情，因为发音人都会有年龄、性别、性格、背景等区别，而他们的口音也都包含这些内容。因此，调查者的经验就非常重要。传统的汉语方言调查习惯找年长的说话人作为调查对象，比如退休的教师、地方政府工作人员，或者其他有一定文化程度的年长者。这里有两个问题。其一是个人语言能力差异。有些教师因为职业关系，语言能力较强，判断力也好；而另有一些，尤其是非官话区的，反而因为受到职业影响，说话时官话腔严重，与本地口音差别很大。其二是老龄效应(aging effect)，尤其是男性，因为老龄化，发音器官在生理上会发生变化。控制这些容易影响语言面貌的因素，需要调查者拥有一定的田野工作经验。

以实验语音学为方法论的新描写主义对语言的描写以传统的语言调查与描写为基础，用证据导向的方法对语音现象进行描写，揭示非实验方法看不见的语音事实。比如对汉语方言的语音现象进行全面的实验语音学研究并不是要推翻传统方言学研究的炉灶，用另一套术语把语言事实重新叙述一遍。我们提倡用实验语音学所提供的语音细节检视语言学核心问题,以语音的基本单位为研究的出发点。方言语音的实验研究与传统方言学研究的区别首先在于,实验研究认为语音及语音之间的区别不仅仅是抽象的概念印象,而且它同时是具体的,是可以通过具体采样进行观察、分析、建模的。因此,描写语音进而探讨语音的相关属性与性质,需要对语音进行采样:从语音产生的角度,可以通过一定的采样方法对语音的生理、物理特性进行描写;从语音感知的角度,则可以探索、验证语音的感知属性。

语言学的采样的目的是对抽象的语言能力的采样,语音学的采样的目的是对抽象的音系能力或语音范畴的采样。这就是说,需要通过采样的具体测量对抽象的语言、语音能力进行观察、评估、描写。会说一种语言或者方言的人数众多,而且一个说话人能够产出的言语在理论上是接近无限的。因此,通过有限的采样对无限的、抽象的语言、语音能力进行评估,需要遵循实验科学的一般方法。

统计评估要求数据是随机采样的,但是人文社会科学的采样是很难做到真正的随机的。首先,调查中很难对所有说某种方言的人群进行随机挑选发音人;其次,对所选发音人的语音产出的采样也无法做到随机;其三,实验室设计的采样语料往往带有不自然的色彩;第四,采样的过程(比如各种录音)也往往是不自然的。明白了方法的局限,有助于在研究过程中小心求证。尤其是"说有易,说无难",由于无法做到采样的随机性,更是应该慎之又慎。因此,在语音研究中,通过采样的数据分析,观察到某种现象,往往可以放心总结;但是,如果没有观察到某种现象,一般很难证明该现象不存在。

语料采样可以基于较自然的口语样本,比如媒体各类节目播报、访谈节目、电话互动等。而且,随着进入大数据时代之后,语料采样在技术上将越来越自然、随机。不过,由于自然口语语料处理费时费力,且夹杂诸多不便控制的因素,尤其是大数据语料,往往夹杂大量的无用的、甚至是干扰性的信息,因此语音学研究往往更偏向使用实验室语料。比较常见的有三类设计。第一类是朗读字词表,可以是自然的字、词,也可以是无意义的、甚至是不合音系的"非法"音节,但均包括研究目标对象。目标可以是单念的(citation),也可以放在载体句中(carrier phrase or sentence)。考虑到具体的实验需要,也可以在目标之外插入非目标对象。根据实验需要，目标项可以按某种顺序排列，也可以随机打乱或者伪随机排列。第二类是口语化设计，比如设定议题让发音人自述，比如场景模拟、对话设计，比如看图说话、地图任务等。第三类是朗读句子、语篇，自然度介于前两类之间。

这里举一个焦点与语调的例子。虽然汉语的焦点并不是一个句法单位，但句子的语义焦点往往实现为语音上的句重音，即在语调韵律上表现为某种突显，语用层面的焦点更是如此。焦点与语调虽然属于副语言学（paralinguistic）或者非语言学（nonlinguistic）的内容，但由于语调韵律影响语流的自然度，更有一部分语调韵律现象具有句法消歧的功能。因此，无论是在语言学、语音学研究领域，还是在言语工程领域，焦点及相关语调韵律都是近年来的一个研究热点问题。本文并不打算全面谈论这个问题，而是试图通过这个热门的议题，结合一个小研究，来看一看如何遵循实验科学的一般理念来对要研究的对象进行细化、采样、分析，来探讨一下这样的实验室设计语料可以得出什么样的结论？又有什么样的局限？

首先，焦点与语调是个很大的题目，牵涉的内容很多、情况复杂，在没有太多文献参考的情况下，Hu(2002)将研究对象聚焦在一个可控的特定议题中，即普通话疑问词的韵律。因为在普通话里，疑问词具有两个词汇功能：一是在特殊问句中充当疑问代词，一是在是非问句或者条件从句中充当非定指代词（indefinite pronoun）。虽然，普通话特殊问句拥有标记小品词"呢"，是非问句则是"吗"，然而，两种问句的标记小品词都是可以省略的。因此，一个问句就可能因此产生歧义。例如，"谁"有两个可能的解释，一是表疑问的"谁"，一是非定指的某个人。在例(1a)和(1b)中，"谁"只有一种解释，在前句中表疑问，在后句中是非定指代词，因为两个句子都是有标记的；然而，句(1c)就可以有两种解读，因为疑问词"谁"在这里是歧义的。

（1）a. 谁来了呢？

疑问代词 / 来-体标记 / 特殊问句标记

b. 谁来了吗？

非定指代词 / 来-体标记 / 是非问句标记

c. 谁来了？

疑问代词(非定指代词)/来-体标记

此外,除了疑问词的词汇歧义(lexical ambiguity),普通话的疑问句还与回声问具有歧义性,因为普通话疑问句中的疑问词并不像英语一样会移位到句首,而是固定在原位(in situ)。因此,疑问句与相应的回声问并没有办法区分开来,因为它们的词序是相同的。也就是说,(1c)还可以是回声问。

前面提到,语调一般只具有副语言学意义,而焦点的实现也有多种可能性的途径,包括词汇、句法手段,即使通过语音手段实现,说话人也可能使用不同的策略。但当我们把研究对象聚焦在上述的疑问词韵律问题时,有理由期待承载着焦点与否的疑问词应该会有不同的语音(韵律)表现形式,尤其是当句子可能产生歧义的情况下。当然,理想的研究方法是,在足够大的自然语流语料库中穷尽性地分析所有例句,这样便能够更客观地观察到足够多的情况。然而,在理想研究条件比较难实现的时候,我们可以使用实验室语料,不过需要时刻提醒自己的是,实验室语料不是自然语料:不仅是后面的分析、结论阶段需要注意,而且一开始的实验设计便应该考虑这一点,从材料(目标语料)、语境、实验程序等方面一并考量。

材料　两个疑问词,"谁"(表疑问/非定指某个人)和"什么"(表疑问/非定指某事、物),被选作实验目标词,因为它们拥有相同的词调拱度:"中高(MH)"。虽然"谁"是个单音节词,而"什么"是个双音节词。为了控制语调的影响,在设计的实验用句中,目标疑问词分别出现在句首、句中和句末,如例(2)所示。

(2) a. 谁来了？

疑问代词(非定指代词)/来-体标记

b. 你看见谁来了？

你/看见/疑问代词(非定指代词)/来-体标记

c. 张三买了什么？

张三/买-体标记/疑问代词(非定指代词)

(2a)和(2b)中疑问词后的动词结构,以及(2c)中疑问词前的动词结构,也是实验中需要测量的目标成分。(2a)和(2b)中的动词结构"来了"与相邻的疑问词拥有相同的词调拱度:"中高(MH)",(2c)中的动词结构"买了"也拥有一个相似的词调拱度:"低高(LH)";这样便方便与目标疑问词的词调拱度进行数据比较。如前所述,以上句子都是三重歧义的:特殊问句、是非问句、回声问。而且,本文区分两种类型的回声问:一种回声问是用在当听者没听清楚说话人所言,要求对方重复;另一种回声问是用在听者虽然听清楚了说话人所言,但是对说话人所言感到惊讶,要求对方重复。另外,如前文所述,如(2)中的歧义句是可以分别通过添加不同的问句标记解歧的,对语音研究来讲,幸运的是两个问句标记,特殊问句标记"呢"或者是非问句标记"吗",都是高平调。这样一来,对于(2)中所列的三个句子,我们为每个句子都设计了代表六种不同类型的六个句子。而且,对于所要测量的目标成分,疑问词、相应的动词结构以及问句标记,我们都控制了它们本身的词调拱度。

　　语境　我们为每个不同类型的句子都设计了一个对话语境,以尽可能地提高所要采集的语料样本的自然度。我们为特殊问句和是非问句设计了不同的回答,而回声问则被设计成是对相关陈述的回应。为了区分两类不同的回声问,我们将不同的补充性的描述话语放在括号内,分别置于目标回声问的旁边,以此为发音人提供足够的信息。完整的测试句与语境设计如下所示。

　　测试句与语境设计(黑体表示目标句;圆括号内是对不同回声问语境的说明,不需要朗读;黑体并不在实际测试卡片中显示,也就是说发音人并不知道哪个句子是实验所需要的;录音前,允许发音人事先熟悉卡片上的对话内容,以便使对话尽量自然。)

　　　　a. 甲:谁来了呢?
　　　　　乙:张三来了。
　　　　b. 甲:**谁来了吗?**
　　　　　乙:不,他没来。
　　　　c. 甲:**谁来了?**
　　　　　乙:张三来了。

d. 甲：**谁来了？**

乙：不，他没来。

e. 甲：张三来了。

乙：**谁来了？**（乙没听清楚甲说的话。）

f. 甲：张三来了。

乙：**谁来了？**（乙以为张三不会来，所以虽然听到甲说"张三"来了，但还是很惊讶地问了一下。）

g. 甲：**你看见谁来了呢？**

乙：我看见张三来了。

h. 甲：**你看见谁来了吗？**

乙：对，我看见他来了。

i. 甲：**你看见谁来了？**

乙：我看见张三来了。

j. 甲：**你看见谁来了？**

乙：对，我看见他来了。

k. 甲：我看见张三来了。

乙：**你看见谁来了？**（乙没听清楚甲说的话。）

l. 甲：我看见张三来了。

乙：**你看见谁来了？**（乙以为张三不会来，所以虽然听到甲说"张三"来了，但还是很惊讶地问了一下。）

m. 甲：**张三买了什么呢？**

乙：张三买了一本书。

n. 甲：**张三买了什么吗？**

乙：不，张三没买什么。

o. 甲：**张三买了什么？**

乙：张三买了一本书。

p. 甲：**张三买了什么？**

乙：不，张三没买什么。

q. 甲：张三买了一本语言学的书。

乙：**张三买了什么？**（乙没听清楚甲说的话。）

r. 甲：张三买了一本语言学的书。

乙：张三买了什么？（张三不是学语言学的，因此，乙虽然听到了甲说的话，但还是很惊讶地问了一下。）

发音人和实验程序　没有特别需要的情况下，我们一般首选没有言语能力缺陷的成年人的主流口音，这里也不例外，一共采录了四个发音人的语料，两男（M1 和 M2）两女（F_1 和 F_2），年龄都是将近三十岁。M2、F_1 和 F_2 都在北京城区出生、长大，M1 生于山东，15 岁时随家里迁移到北京城区，四个发音人在家里及一般的生活、工作环境中都说普通话。录音时，四人均是香港城市大学的研究生。

所设计的每组对话都打印在一张 A4 一半大小的纸上。录音前，对总共十八组对话进行人工随机化，以确保相似的对话不会依次出现。对于每一组对话，一个发音人朗读第一个句子（一个问句或者是一个陈述），第二个发音人朗读第二个句子（对问句的回答或者是对陈述句进行回声问）。十八组对话完成之后，两个发音人调换角色，如此重复五遍。录音在香港城市大学中文、翻译及语言学系语音实验室的专业录音室内进行，采用的录音机是索尼 PCM－R700 数字录音机，话筒是 Shure SM－58。所采集的话语样本用 Kay 公司 CSL4400 语音分析软件进行分析。对于每个目标句，我们分别测量了(1) 疑问词、目标动词结构的最低和最高基频值，问句标记的基频值（如果目标句中有问句标记的话）；(2) 疑问词、目标动词结构、问句标记的时长；(3) 疑问词、目标动词结构、问句标记的音强峰值。

对发音人、实验过程、分析过程的交代有助于读者评估研究所发现的结果与所得出的结论。简要地说，结果显示，特殊问句和是非问句中的疑问词和相应的动词结构成分有语调上的不同。在特殊问句中，疑问代词是句中焦点，从而吸引语调重音。因此，疑问代词本身的词调拱度（MH）得到了保留，有时还得到加强，然而句中相应的动词结构的词调拱度（MH 或 LH）则被削弱，有时甚至弱化成平调（M 或 L）。比较典型的情况是，在特殊问句中，不管疑问词在句中处于什么位置，句首、句中还是句末，疑问词上的基频最高值要远远大于句中相应动词结构上的基频最高值，而且疑问词的基频上升幅度也要比相应动词结构的基频上升幅度大得多。而在是非问句中，情况则刚好相反，相比疑问词,动词结构具有较高的基频最高值和较大的基频上升幅度。

图 2.1 至图 2.3 是发音人 F_2 的一组特殊问句和是非问句的基频曲

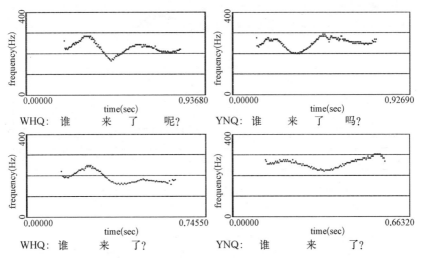

图 2.1　特殊问句和是非问句的基频曲线例图(疑问词位于句首)。左上:谁来了
呢?右上:谁来了吗?左下:谁来了(特殊问)?右下:谁来了(是非问)?

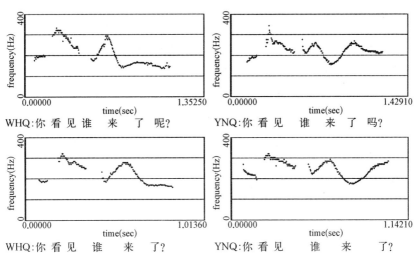

图 2.2　特殊问句和是非问句的基频曲线例图(疑问词位于句中)。左上:你看见
谁来了呢?右上:你看见谁来了吗?左下:你看见谁来了(特殊问)?右
下:你看见谁来了(是非问)?

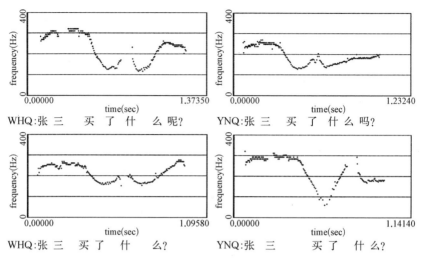

图 2.3 特殊问句和是非问句的基频曲线例图(疑问词位于句末)。左上:张三买了什么呢? 右上:张三买了什么吗? 左下:张三买了什么(特殊问)? 右下:张三买了什么(是非问)?

线图。每张图中,上面的两幅曲线图显示的是带问句标记的例子,下面的两幅曲线图显示的是不带问句标记的例子;其中,图 2.1 的例子中,疑问词处于句首位置;图 2.2 的例子中,疑问词处于句中位置;图 2.3 的例子中,疑问词处于句末位置。简便起见,图中用英文缩写 **WHQ** 表示特殊问句,**YNQ** 表示是非问句。

  具体的量化数据参见原文,这里我们要探讨的是:根据这些材料,可以得到什么结论,不可以得出什么样的结论? 材料显示:所有的发音人都倾向保持或增强特殊问句中的疑问词本身之词调拱度(升调),然而都倾向削弱是非问句中疑问词本身之词调拱度。同理,对于句中相应的动词结构,在特殊问句中,其本身之词调拱度倾向削弱,而在是非问句中,其本身之词调拱度则倾向保持或增强。也就是说,从我们的材料中观察到了我们所假设的情形,即研究结果支持我们最初的假设:在汉语普通话中,疑问词是特殊问句的句子焦点而动词结构不是焦点;而对于是非问句而言,句中疑问词不是焦点,相反,句中动词结构才是焦点。其在语音层面的表现就是:焦点成分是句子的语调重音所在,因而其本身之词调拱度能够得到保持,有时得到增强;然而非焦点成分之词调拱度则会被压缩弱化,有时甚至弱化成一平调。

因此,结论就是:焦点突显,非焦点弱化。而且,无论有没有疑问标记词"呢""吗",均是如此。那么,我们是否可以说:普通话的焦点的韵律表现一定如此呢?逻辑上是不成立的,因为采样的数据非常有限,采样的说话人非常有限,采样的过程是实验室的(可以称之为实验室性不自然),不能排除没有观察到的可能性。事实上,如果我们仔细查看数据,也可以发现:由焦点、非焦点效果所引起的句子成分的基频拱度之保持、扩张,或者压缩、弱化,存在着一定程度的说话人内和/或说话人间的差异。也就是说,不同的说话人或者同一说话人在不同的说话环境中可能存在程度的不同。一般来说,如果焦点成分在前,句中非焦点成分基频拱度的压缩要比焦点成分在后的情况下要厉害(参见 Gårding,1987)。

研究还发现:在表惊讶的回声问中,发音人普遍地倾向提高整个句子的调域,以及扩展疑问词的基频拱度上升幅度,以此来表达"惊讶"这个情绪意义。而表示听话人未听清楚说话人所言的这类回声问,其语调表现基本上介于特殊问句和表惊讶回声问之间,没有明确的表现。但是,同样地,我们无法去推论或者下结论:表惊讶的回声问一定如此;因未听清楚而发问的回声问一定不如此。另外,我们没有发现有证据表明焦点与非焦点的区分在语音上与时长或者音强相关联,这同样不表明他们一定没有关联。

逻辑问题看似简单,但在实际研究中往往被忽视。而且,人文学科往往习惯于推理思维,层层演绎归纳,侃侃而言;实验科学则一般不做太多的不是直接基于所观察到的材料的推理。

2.2　语音分析技术

本节简述语音研究常用的分析技术。从具体语言的语音描写的角度出发,简要地说,语音分析技术可以分为声学技术与进一步分析的技术。

语音的不同必定体现在语音的声学特性的不同。首先,在描写的层面,声学特性是我们评估语音的语言学意义的主要依据。而且,在解释的层面,语音的声学分析也是进一步分析的基础与核心,因为语音产生(speech production)以语音声学(speech acoustics)为输出项;语音感知(speech perception)以语音声学为输入项。换句话说,从语音声学的分析出发,我们可以进一步去寻找语音产生之"因",语音感知之"果"。从微观上说,即使一个很小的语音上的声学区别也必定可以从产生机制上发现原因,虽然产生与声学之间的关系并非一定是线性的一对一;从宏观上说,从世界语言中观察到的语音类型模式,比如为什么元音[i u a]、辅音[p t k]如此常见,也可以从产生-感知机制上找到理论支持,例如语音的量子理论(Quantal theory,参见 Stevens,1989 及相关讨论)。

2.2.1 声 学 分 析

本文预设读者有一定的语音声学基础,读者如果需要这方面的基础知识,可以参考 Ladefoged(1996)的《声学语音学原理》(*Elements of Acoustic Phonetics*),这是一本适合文科学生全面理解声学语音学基本要素的教材,只需中学数学基础即可。此外,Johnson(2012)的《声学与听觉语音学》(*Acoustic and Auditory Phonetics*)也是一本适合文科生阅读的声学语音学教材,而且有丰富的分析实例。Ladefoged 最为著名的语音学教程,去世后授权由 Johnson 继续修订的《语音学教程》(*A Course in Phonetics*,2015 年修订第 7 版)则是综合讲述实验语音学(含声学语音学)的影响最为广泛的教材。如果数理基础更好,可以阅读下面两本语音声学方面的著作:

Fant, G. (1960). *Acoustic Theory of Speech Production*. The Hague, Netherlands: Mouton.

Stevens, K. N. (1998). *Acoustic Phonetics*. Cambridge, MA.: The MIT Press.

语音声学是物理学的一部分,语音是可以计算的,本身并不神秘;语音的复杂之处在于其与生理产生、心理感知的关系不是线性的,有时甚至不是多对一、一对多的关系,而是多对多的关系。

但无论多么复杂,都是从语音声学分析开始。语音的物理性质由音高、音强、音长、音质四个要素组成。音高(pitch)指声音的高低,是从心理感知的角度说的,在物理上取决于声带振动的快慢,即基频(fundamental frequency,F_0),单位是赫兹;在语言学上,音高不仅是声调(tone)的关联物,而且与重音(stress)也相关。音强(loudness)指声音的响度,也是感知术语,在物理上取决于声波的强度(intensity,中文也叫"音强"),即声压(sound pressure)的振幅(amplitude),单位是分贝(deciBels,dB);在语言学上,音强是重音的关联物。音长(length)指声音的长短,取决于发音持续时间的长短;语言中经常通过音长的不同作为区别意义的手段。音质(quality)也叫音色(timbre),是声音的本质特征,是一个声音与另一个声音进行区别的根本特征,它取决于声波形式,声波不同,音质就不同。音高、音强、音长合称韵律(prosody),也叫超音段(suprasegmental)。粗略地说,音色的不同构成人类语言中音段(segment)之间的不同,是主要的;韵律的不同则构成语言中声调、重音、语调等不同,是次要的。对于人类来说,最重要的声音除了语音之外,大概就是音乐了。语音由音色为主、韵律为辅构成,而音乐则以韵律为主、音色为辅构成。

语音是一种声波信号(audio signal),是通过空气粒子传播的复杂振动波(complex vibration)。复杂波可以分为非周期波(aperiodic waveform)与周期波(periodic waveform):粗略地说,语音中的大部分辅音是非周期波,是噪声;而元音与一些响音(sonorant)则是类周期波,是乐音。与其他复杂声波类似,语音具有时间域(time domain)与频率域(frequency domain)特性。声波(speech waveform)就是语音信号在时间域上的二维表征:横轴是时间(time),纵轴是音强(intensity);表征的是音强在时间上的变化。表征语音的时间一般以毫秒为单位,音强则以分贝为单位。分贝是声压,即物理音强的一种对数刻度(logarithmic scaling),模拟了人耳与人脑对于声音的感知,因此事实上也是一种感知刻度,或者严密一点讲,是一种感知声学刻度。

语音是复杂波,根据傅里叶变换(Fourier transform),任何复杂波都是以它的基频为倍数的谐波(harmonic)的数学和。语音的音色的不同取决于这些谐波的能量分布的不同。谐波的能量分布构成了语音的二维谱(spectrum):横轴是频率(frequency),纵轴是音强(intensity)。这就是语音的频率域特性。语音的声学分析中常用的语图(spectrogram)则是综合表征语音在时间域与频率域的特性:横轴是时间,纵轴是频率,用颜色深浅或灰度来表示能量,即音强。

语音产生在物理上可以用声源-滤波理论(the source-filter theory)来进行理解。声源主要有两种:(1)气流通过发音器官窄缩处形成湍流产生噪声;(2)喉部声带的规律性振动产生类周期波,产生乐音。另外,这两种声源可以有不同程度的结合,以及综合发音器官滤波作用之后的实现方式的变异。所谓滤波就是把发音器官调制之后的发音管(即声腔,vocal tract)看作一个一端开口的滤波器,拥有自身的共振频率(resonance frequency);其中,鼻腔通道的开闭、边音发音等又会增加滤波器的复杂性。以典型的乐音元音为例,声源决定元音的基频与发声态特点,声腔决定元音的音色,二者相对独立,互不干涉。

如图2.4所示,上侧显示的是100赫兹(左)、200赫兹(右)两个不同基频的声源,即声带产生的声门波的二维谱。声门波是周期性的复杂波,二维谱中显示了谐波,均是以其基频为倍数的。常态嗓音(modal voice)的声门波具有每倍频程(per octave)音强下降12分贝的谱特点,而经过声腔调制滤波(中图左)、口唇放大(lip radiation;中图右)之后又具有每倍频程增加6分贝的特点,因此最后输出的声谱每倍频程音强下降6分贝(下图)。关于声腔共鸣,需要注意两点。一方面,声腔的共鸣作用增强共振频率区域的谐波音强,不同形状的声腔拥有不同的共振频率,因而决定元音的音色。另一方面,声腔的共鸣作用是声腔的形状本身拥有的,与声源无关,也就是说,发音人发出来的语音是[a]还是[i]是由声腔的形状决定的,与声带没有关系。图2.4中图左显示的是一个17.5厘米的声腔在没有任何窄缩,即发央元音[ə]的状态下的共鸣作用,其共振峰出现的频率为 $F_n = (2n-1)c/4L$,其中,F_n 是第 n 个共振峰,c 是音速常数 35 000 米/秒,L 是声腔长度;因此,首三个共振峰出现在500赫兹、1 500赫兹、2 500赫兹。图2.4下图则是经过声腔共鸣之后的在空气中传播的语音的二维频谱:左图是个基频100赫兹的[ə],右图是个高八度的基频200赫兹的[ə]。

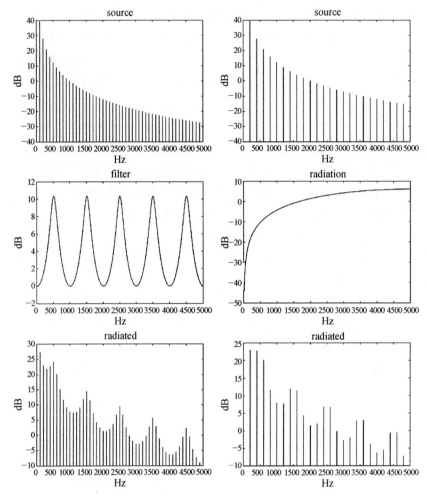

图 2.4 元音产生的声源–滤波理论：声源（左上—100 赫兹；右上—200 赫兹）、口腔传递滤波（中左）、口唇放大（中右）、输出声谱（左下—100 赫兹；右下—200 赫兹）

明白了语音产生的基本原理之后，便可以进行声学分析了。首先，语音的实际情况比理论中的理想状态要复杂，比如除了央元音[ə]之外，其他元音的发音就不是一个发音管的问题，而是需要通过两个发音管或者更复杂的声腔模型进行模拟。其次，现在对语音的采样一般都采用数字化设备，分析也用电脑软件进行，也是数字化的。简要地说，模拟语音信号是连续的，而数字语音信号是离散的。数字语音信号由采样(sampling)与量化(quantization)决定。从语音信号的二维谱看,采样决定横轴的频率精度,10 000 赫兹的采样频率意味着每秒有 10 000 个采样点,拥有 5 000 赫兹的有效采样精度(Nyquist frequency);量化决定纵轴的音强精度,2 位(2-bit)量化将纵轴分为 4 等分,3 位量化分为 8 等分,8 位 256 等分,16 位 65 536 等分,32 位 43 亿等分。语音分析一般采用 16 位单声道录音;对元音来说需要提取前三个共振峰,需要确保 4 000 赫兹的有效频率,由此需要至少 8 000 赫兹的采样频率;对辅音来说,需要 8 000 赫兹的有效频率,因此需要至少 16 000 赫兹的采样频率。人耳可以感知的频率范围在 20—20 000 赫兹之间。44 100 赫兹是 CD 音质的采样率,22 050 赫兹是 CD 音质的一半,在无线电广播、电脑音频中广泛使用,11 025 赫兹是 CD 音值的四分之一,在对音值要求不高的音频中也广泛使用。因此,在使用电脑录音时,也经常对元音录音采用 11 025 赫兹采样率,对辅音录音采用 22 050 采样率。

最后,需要提醒的是,现在进行数字化的语音声学分析非常方便,有诸多免费软件可供使用,但如果是语音研究中经常使用的手工或者半手工标注、检验数据的话,需要注意因为分析预设不妥当而产生的数据错误。比如将拟提取的基频值预设太高容易产生基频增倍的问题,因为分析软件将一个振动周期当成了二个周期,反之亦然。提取元音的共振峰,也是需要告诉软件提取几个共振峰,设置不当就会产生数据误差,一个比较好的方法就是用宽带语图作参考,只有当软件提取的共振峰轨迹(formant trajectories)与宽带语图上的共振峰吻合时,才是正确的数据。图 2.5 所示的是一个用 praat 元音图合成的[i],上图是声波,下图是宽带语图与叠加的共振峰轨迹,一般 5 000 或者 5 500 赫兹以下,元音有 5 个共振峰,但这个合成的语音只有 4 个共振峰。因此,如果用软件预设的 5 个共振峰去提取数据,便会出错,如右图。这时便要更改设置为 4 个共振峰。这样,软件提取的共振峰才能与宽带语图吻合,如左图。语音学上把如图 2.5 右图"第二共振峰"般因计算错误等原因出现的多余的共振峰轨迹称为伪峰(spurious formant);而且,伪峰的出现往往还会影响其他共振峰的计算准确性。

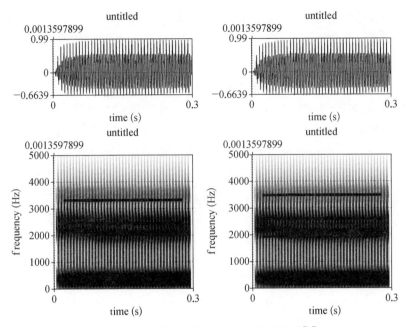

图 2.5　共振峰的提取—praat 元音图合成［i］
上：声波；下：宽带语图与叠加的共振峰轨迹；左：4 个共振峰；右：5 个共振峰

2.2.2　进一步分析的技术

　　语音的声学分析是所有语音现象描写与分析的出发点与立足点，语音的不同必然表现为声学的不同，使用声学分析可以满足基本的语音描写问题。但是语音问题的复杂性在于语音的声学参数有很多，不容易厘清哪些参数在语言学上起怎么样的作用，在副语言学上或者非语言学上又起怎么样的作用？而且，更为复杂的是，那些参数原来明明不起语言学作用的，后来又竟然起作用了！比如说，基频是声调的声学关联物(acoustic correlates)，但是语言学家们常常观察到声调有时与发声态(phonation types)相伴随。大家都知道普通话、北京话的第三声常常伴随嘎裂声(creaky voice)，尤其是女性发音人的语音，然后问题就来了：嘎裂的主要特征是低调，那么普通话的第三声主要特征是低调么？学术界争论不休，比如曹文(2010)、石峰、冉启斌(2011)以及文中所引用的相关文献。其实，还有一个更大的问题：如果第三声的区别特征是低调,如很多学者所主张的,那么可以说第三声的区别特征是发声态么?也就是说,普通话的其他三个声调是用基频区分的,这个第三声是用发声态来区分的?与此相关的,一些汉语方言中发现的高调伴随假声的问题:假声究竟起什么样的作用(参见第一讲1.1中讨论的祁门声调的例子)?再比如,喉塞尾或者塞音尾究竟是可以使声调的基频上升还是下降,语言学上也是莫衷一是(Hombert et al.,1979)。在语言或者方言中常常观察到带有喉塞尾或者塞音尾的声调是个升调,有时候还升得很急,喜欢猜测的语言学家随口便解释说:这是因为喉塞尾使得喉头紧张,所以基频升高了;但是,事实上,喉塞尾经常伴随嘎列声。因此,音节尾基频降低,急降与缓降都是很常见的现象。当历史音变塞尾消失之后,因为塞尾的关系,声调的调值是升调、降调的,无论缓急,都是常见的。再比如,从 Daniel Jones 发明正则元音(Cardinal vowels)以来,元音舌位图的概念在语言学界、语言教学界相当普及,教学中都使用元音的舌位高低、前后等概念,而且教学效果非常好。但事实上,元音的这些概念在发音上并未得到真正的舌位材料的支持;相反,得到的都是反证。经过 Ladefoged 及其同事在 20 世纪中叶以来的大量生理、心理、声学研究证明:传统元音描写模型描写的其实是元音的听觉印象,但在表述的时候却把它们翻译成了生理术语,因为元音高低、前后并没有发音生理上的事实基础,然而却得到元音的声学事实的支持(参见胡方,2008 中的相关述评)。但是,元音的发音又是怎么一回事呢?元音的发音与声学的关系呢?也就是说,怎么样的发音机理导致了元音的声学、感知具有如此的特点呢?

想要进一步回答这些问题,只有声学材料的分析就会不够用,材料不够就只能猜测,通过各种假设,用归纳推理导向的方法来论证,不是证据导向的研究旨趣。这个时候,如果坚持证据导向的研究旨趣,就需要通过生理实验或者心理实验来对语音现象进行进一步分析。本文不专门涉及心理语音研究,因为心理语音是一个专门的领域,适合从心理学的角度全面谈论,不适合从偏描写的语言学角度着墨过多。因此,本节主要介绍目前常用的偏生理的语音实验设备与技术。

语音产生涉及运动神经控制、发音器官的肌肉活动、发音器官的运动、呼吸系统与空气动力学控制、喉与声门控制等。

运动神经控制可以用功能性核磁共振(fMRI)等脑成像设备直接观察大脑运动神经及相关区域的激活情况,可以用肌电仪(Electromyography,简称 EMG)观察发音器官的肌肉活动情况,可以用电磁发音仪(Electromagnetic articulography,简称 EMA)观察发音器官的运动情况。后二者都是间接观察,因为肌肉活动、发音器官运动都是运动神经控制的直接结果。fMRI 设备昂贵,维护、使用成本也不是一般的人文学科实验室能够负担得起的,所以一般都是租用相关医疗或大型科研机构的设备进行实验。EMG 需要使用电极针扎入需要观察的发音器官肌肉,具有一定的创伤性,而且需要使用者拥有相当的言语解剖知识与实践能力,因此一般也需要在医生或拥有相关专业资质的人士的直接指导、协助下进行实验。EMG 也有一种在皮肤表面采样的设备,叫作表面肌电仪(Surface EMG),操作上方便,但由于粘贴于皮肤表面,采样的往往是肌肉群的数据,在语音研究中多用来采集唇运动的肌电数据等。

观察发音器官的运动一直是生理语音学研究的一项主要内容,如前所述,发音器官运动是言语的运动神经控制的直接结果。同时,发音器官的运动决定了声腔的形状与阻碍的状况,也即是决定了言语的空气动力学,因为言语气流如何运动是由声腔通道内的阻抗决定的。观察发音器官运动,也有几类设备。一类是通过成像设备直接观察发音器官的运动及声腔的形状,比如早期的 X 射线摄影摄像设备,后来使用较多的 fMRI 影像设备等,但由于 X 射线设备对身体影响较大,fMRI 设备使用昂贵,外加由于大部分此类设备的分辨率问题,不仅采集语音数据时需要发音人较长时间地维持某一发音状态,而且数据分析也需要专门技术;因此,一般很难用此类设备采集较大量的语音样本。另一个在语音研究中较方便使用的观察发音器官的运动的影像设备是超声设备,因为超声设备具有价格便宜、便携性等特点。虽然由于超声技术本身的限制,成像更加不清楚,影像材料的处理与分析更加费力,但不失为昂贵的一般科研机构无法负担的 fMRI 的替代品。所以,近些年常见运用超声设备来进行语音学研究,甚至有专门的学术会议讨论用超声设备进行语音学研究,2002 年发起于 Haskins

实验室的 Ultrafest 至 2020 年举行了 9 届学术会议：2002（美国 Haskins 实验室）、2004（加拿大不列颠哥伦比亚大学，UBC）、2005（美国亚利桑那大学）、2007（美国纽约大学）、2010（美国 Haskins 实验室）、2013（苏格兰爱丁堡玛格丽特女王大学，QMU）、2015（香港大学）、2017（德国波茨坦大学）、2020（美国印第安纳大学）。另外，也有专门的语音技术公司研究、提供辅助设备，方便在语音研究中提取、分析超声材料，比如 Articulate Instruments 设计的如图 2.6 所示的头盔，定位超声扫描方式，以方便超声图像的数据处理与比较。

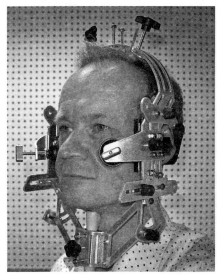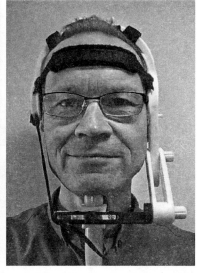

图 2.6　Alan Wrench(如图)设计的言语超声设备辅助定位头盔(右：2019 年新款)

　　另一类设备是发音器官的运动采样设备。fMRI、超声等影像设备的优点是可以采样整个声腔的数据，但缺点是一般采样率不高，目前高端的 fMRI 设备精度大幅提高，研究型的超声设备采样率也可以达到 100 赫兹以上，但由于所采样的数据涉及大量的图像处理工作，影像设备并不非常适合用来观察发音器官的实时运动。与影像设备不同，电磁发音仪（EMA）对发音器官进行高精度采样（从 200 赫兹有效采样至 1 250 赫兹或更精确采样率，以满足各种生理语音研究需求），从而实现对发音器官的运动进行实时观测。更早时期的一个类似的生理语音设备是微束 X 射线摄像系统(X-ray microbeam system),最初于 1970 年代末在日本东京 JEOL 公司生产,最后在 1980 年代后期落户于美国威斯康星大学麦迪逊校区,并于 1980 年代末收集材料开展研究,构建了历史上第一个比较大型的语音产生发音生理数据库,并于 1994 年对学术界公开发布(Westbury, 1994)。不过,由于这还是一个基于 X 射线的系统,设备本身重达 20 吨,需要专门安装。虽然是一个微束系统,只有少量 X 射线作用到发音人身上,但是毕竟还是不如基于电磁定位的系统。因此,1990 年代后半期之后,便迅速被电磁发音仪取代了。电磁发音仪最初于 1980 年代受启发于微束 X 射线摄像系统(Schoenle & Wenig, 1983),1990 年代之后才慢慢发展成熟起来。

电磁发音仪最大的优点是可以实时监测发音器官的运动,尤其是平时比较难观测的口腔内的发音器官,如舌头;另外,由于其对人体几乎无损害,因此克服了以前基于 X 射线技术仪器的局限,使得大量采集发音材料成为可能。电磁系统的基本工作原理是应用通电后所产生的交互电磁场追踪发音器官的运动。最初的系统是二维的,即观察发音人中分矢形面(mid-sagittal)上的发音器官运动,有三个发射环(transmitter coils)等距离地安装在一个固定头盔上,以三个不同的频率产生一个径向均衡的交互电磁场。当发音人戴上头盔,位于发音人中分矢形面上的发音器官(如舌头、下颚、唇等)上的小型传感器(transducer coils)所产生的感应电压(induced voltages)就会以不同的高频率被交互电磁场所采样。根据电磁场力的衰减与其与发射点的距离之立方约成正比这一物理定律,利用采样电压就可以测量出每个采样点与每个发射点之间的距离及其相对于发射轴的斜度。然后,根据一定的计算方式,每一个采样点(也即是发音点或参照点)就可以在一个笛卡尔坐标系上标示出来(关于 EMA 的完整技术背景,参见 Perkell 等,1992;Hoole, 1996)。

现在市场上的电磁发音仪都是三维系统,在技术上增加了电磁发射系统的复杂性,使其可以定位传感器在三维平面的位置。德国的 Carstens 公司的 AG500 系统提供 200 赫兹有效采样率,8 或者 12 个采样通道;最新的 AG501 系统提供 1 250 赫兹采样率,可降低采样(downsample)至 250 赫兹,8、16、24 个或者更多的采样通道。一般的语音学研究,200赫兹有效采样率已经足够。加拿大的NDI公司Wave系统提供100赫兹(标准)、200赫兹、400赫兹的选项,8或者16个(即增加一个采样设备盒)采样通道。两个系统的不同之处主要有三点。其一,Carstens公司的系统在使用时需要预热、校准,并提供最原始的电压采样值,即用户可以在每一步检视系统地工作情况;NDI公司的Wave系统在使用时无须预热、校准,并且只提供最终计算好的位置值。其二,Carstens公司的传感器较贵,但可以重复使用;NDI公司的传感器是即抛型的。其三,Carstens公司的AG500系统重达130公斤,AG501系统65公斤,安装完成之后基本不便大距离移动;NDI公司的8通道Wave系统可以装在专用的设备箱内,虽然并不轻便,但移动性较好,甚至可以带走进行田野语音调查。Wave系统已于2020年之后停产。

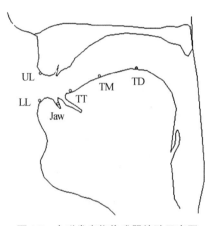

图2.7 电磁发音仪传感器粘贴示意图

语音学研究主要关注发音人中矢面上的发音器官运动,如图2.7所示,可以将传感器粘贴在发音人中矢面的上下唇、下颚、舌头等位置。具体来说,上下唇(UL、LL)指的是唇的外侧,二者结合可以计算唇的开合度(lip aperture);下颚则是粘贴在下齿龈脊位置,是口腔开合的一个重要测量指标;一般来说,舌头上可以根据需要粘贴2—4个传感器,舌尖和舌背(舌体)肯定是两个发音器官,应该分开采样,根据我们的经验,除舌尖之外,舌体上再粘贴2个够用;舌尖(TT)一般粘贴在舌尖后面1厘米左右的位置,而不可以真的粘贴在舌尖位置,因为舌体的尖端部位在发音过程中的一些不稳定性容易导致数据的不稳定,舌中(TM)、舌背(TD)位置分别各自向后间隔3厘米左右即可。上述6个采样点都是在发音人的中矢面上的,如果想观察发音的对称性相关内容,或者是病理语音中有需要的话,也可以将传感器粘贴在舌体中线两侧的位置,另外也有粘贴在嘴巴外侧唇角的,以更好地采样唇形变化。理论上也有可能将传感器粘贴在软腭上,比如可以制作一个 T 形的辅助,计算好了之后将传感器固定在 T 的尾部。这样,将 T 形物粘贴在硬腭相应位置的时候,T 的尾部上的传感器便自动贴合在软腭上了。除了研究目标的传感器之外,还需要将额外的传感器粘贴在头部的相对固定的位置,以便校准发音时头部运动带来的数据偏差。一般来说,双眉中间略下方位置的鼻梁隆起处、双耳后骨突处是三个比较理想的参照传感器位置(reference points)。NDI 的 Wave 系统还提供另一种选择,即可以用一个六维(6D)传感器来定义一个参照系。三维电磁发音仪录制的数据事实上是五维(5D)的,因为除了 x、y、z 三个平面之外,还有三个平面两两之间的两个旋转面 φ、θ。Wave 系统将两个 5D 传感器叠在一起制作一个 6D 传感器,通过加载配置文件从而实现参照系的作用,一个 6D 传感器需要使用 2 个采样通道;因此,8 个通道的 Wave 系统刚好足够用来观测发音器官的 6 个目标采样点。图 2.8 显示了电磁发音仪数据采集实况:左为 Carstens AG501 系统,右为 NDI Wave 系统。

图 2.8　电磁发音仪数据采集:Carstens AG501 系统(左);NDI Wave 系统(右)

　　Carstens 的 AG 系统在准备实验之前,应该在实验前一天进行校准,实验当天预热系统。实验前一天校准结束之后,还应该进行传感器的消毒与裹贴处理。如果是干净的传感器,可以用75%医用酒精进行消毒;如果是使用过的传感器,建议使用2%戊二醛,根据说明书进行充分浸泡彻底消毒。消毒之后的传感器应该进行裹贴处理,否则施加了胶水之后无法清除,影响再次使用。通常可以用两种方法进行裹贴:其一,用薄布料包裹,使用后清除;其二,用 Plasty-late 橡胶溶液涂层,使用后剥除。如果是在实验前进行裹贴处理,请注意橡胶涂层需要预留足够的时间(一般是数小时以上)凝固干燥。

正式数据采集之前需要将传感器粘贴在如图 2.7 所示的位置,一般从最困难的位置,即舌头最里面 TD 位置开始,逐渐按顺序向外:TM、TT、Jaw、LL、UL。将传感器粘贴在舌体上,需要在粘贴之前将舌体擦干并保持数秒干燥,擦拭可用无菌医用纱布或者高质量纸巾。为了方便操作,可让发音人采取躺卧位,由二位实验者操作,一人负责擦拭,一人负责粘贴,施加在传感器上的胶水 3 秒左右即干,因此实验需要精准协同操作时间。为了方便粘贴 TD 与 TM 位置,可以给发音人一小块无菌医用纱布,用手把舌头适当拉出来一些;为了方便定位,也可以用化妆笔在舌体上先画上 TD、TM 的位置,以便粘贴。胶水可以选用 EPIGLU 或类似口腔内适用胶水。注意:此类胶水需要冰箱冷藏,而且超过保质期容易失效。除了胶水、擦拭用纱布、纸巾之外,粘贴传感器的辅助用品还包括:(1)医用镊子,辅助粘贴传感器;(2)医用压舌板,在粘贴传感器至舌体之后可以辅助固定粘贴位置或检查粘贴情况,不过同时需要注意的是,胶水未完全干之前非常粘,尤其当传感器上胶水较多的时候,不要让压舌板粘住了传感器;(3)医用一次性口罩、手套。用 EPIGLU 粘贴的传感器大概可以维持1 小时以内的数据采集时间,如果需要长时间采集数据,可以选用 3M ESPE Ketac 粉液易混胶水对舌上的 3 个传感器进行加固,这样可以保持传感器 5—6 个小时不掉。数据采集过程中,发音人不能进食,不方便上洗手间,但可以用吸管喝少量水或者饮料。无论是哪种情况,电磁发音仪的数据采集应该尽量防范传感器中途掉落的风险。因此,比如在语料设计的时候,应该尽量分段分模块,这样即使录音只持续了计划中的一半,也有可用的数据,不至于前功尽弃。

电磁发音仪在正式录音前,应该给予发音人一定的时间进行练习,以便使其习惯粘着传感器说话。有一幅调侃语音学家的漫画就是发音人的发音器官上佩戴或者粘贴了各种设备,然后语音学家对发音人说:现在,请自然地说话吧。实验室录音不同程度地带有不自然性,有些是心理层面的,有些是生理层面的,不同的发音人也可能会有不同的反应。就电磁发音仪来说,粘贴传感器时,发音人可能会流口水,当开始说话时,一般几分钟之后就习惯了,可以正常说话;也有发音人觉得传感器及传感器上的线有些异物感,一般问题也不大,但如果个别发音人将其视为一种发音干扰(perturbation)因而调整发音策略的话,情况可能就复杂了。

当语料录音结束后,可以录制语料处理、参照用的发音人咬合面、上腭形状。录制发音人的咬合面(occlusal plane)方位,是为了方便对发音数据进行必要的坐标旋转。除了电磁发音仪厂家可能提供的工具,也可以自制咬合面录制工具,方法是:在一信用卡大小的硬纸片上粘上两个传感器,插入发音人口中,让发音人轻轻咬住尾部,然后根据两个传感器提供的数据确定录音坐标与发音人咬合面之间的角度。这样,所有录制的材料就可以根据这一角度调整,使得新坐标的横轴与发音人的咬合面相平行;根据发音人咬合面旋转坐标使得不同发音人之间的发音数据比较更为方便直观,因为旋转之后发音人之间的发音数据有了相似的参照系。上腭形状也可以用传感器进行录制,方法有二:其一,让发音人自己用粘贴在舌尖上的传感器从齿龈位置紧贴着硬腭向后舔,直至无法向后;其二,操作者将传感器粘贴在手指上,在发音人硬腭上画线。需要注意的是:上腭形状只有参考作用,有时候发现采样数据点略微穿透了上腭,往往是数据误差造成的。

电磁发音仪的数据处理与分析比较繁复,NDI 的 Wave 系统提供分析软件,但功能有限;Carstens 只提供部分数据后处理(post-processing)工具,不提供分析软件。商业上,英国的 Articulate Instruments 提供一款分析软件,并可以将电磁发音仪与该公司电子腭位仪一起同步使用。其他都是学者之间的经验共享,学界最广泛使用的可能是美国哈斯金斯实验室(Haskins Laboratories)的资深科学家 Mark Tiede 编写的 Matlab 脚本 Mview,以及在此基础上展开的分析(参见其个人网页:http://www.haskins.yale.edu/staff/tiede.

html.)。另外,法国 Lorraine 大学 Slim Ouni 教授提供一个免费的分析软件 VisArtico(Ouni 等,2012)。另一个比较方便的方法是,首先完成对 EMA 发音数据的各种后处理,对数据进行头部校准、低通滤波、旋转等,然后将位置数据导入相应的语音分析软件,再进行进一步处理,以及进行各种标注。

电磁发音仪主要观察发音人中矢面上发音器官的情况,这是言语发音上的一个主要观察视角。在语音学研究上,另一个比较常用的设备电子腭位仪(Electropalatograph,EPG)则可以用于观察言语发音过程中的舌腭接触情况。

目前常见的 EPG 是英国的 Articulate Instruments 提供的 62 个电极(electrodes)的系统,与以前美国 KAY 公司的 96 个电极的系统相比,虽然精度有所下降,但是并不影响观察言语过程中的舌腭接触的基本模式(Fougeron et al.,2000)。如图 2.9 右所示,EPG 需要为每位发音人定制假腭(pseudo-palate),62 个电极的假腭从齿龈位置往后至硬腭顶部共分 8 行,其中前 4 排较紧密,分布在齿龈脊前后,因为这是舌腭接触的关键区域,后四排较稀疏,分布在硬腭。除了第一排 6 个电极之外,其余每排均是 8 个电极。发音人带上假腭之后,说话时舌腭接触情况就会被这些电极记录下来。不过,需要注意的是:电子腭位仪无法记录舌齿接触。因此,如果发音部位比齿龈靠前的话,就无法在电子腭位仪上观察到。比如说,如图 2.10 所示,一位男性普通话发音人的[s]是舌尖-齿音,因此便无法在 EPG 中观察到其舌腭接

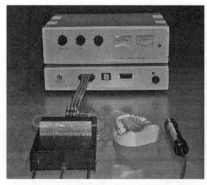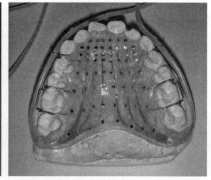

图 2.9　电子腭位仪与电子假腭(右)

触模式(左),这也导致了在二男二女四位发音人的总体模式中,接触的百分比(图中数字)偏低(右);其中,图中数据基于每位发音人的3个例字×10遍重复。

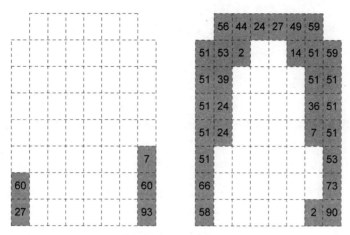

图 2.10 普通话[s]的舌腭接触模式:男发音人一(左)、四位发音人(右)

在语音产生过程中,言语运动神经控制肌肉运动,在声腔内形成发音的同时,也决定了言语气流机制。但直接测量声门下气压(subglottal pressure)非常困难,需要创伤性的喉头穿孔(laryngeal punch),因此很少有此类研究;间接测量可以使用体积测量法(plethysmography)(参见 wiki 相关条目,https://en.wikipedia.org/wiki/Plethysmograph.);简便的测量可以使用呼吸带。但肺部气流、声门下气压的变化往往跟比较大的言语段落相关联,虽然从 Stetson(1928,1951)、Lieberman(1967)开始学者们就试图建立呼吸机制与比较小的语音单位比如音节、基频控制等之间的关系,但均被实验研究证伪,比如 Ladefoged(1962,1967)、Isshiki(1969)、Ohala(1970,1977,1978,1982)、Ohala & Ladefoged(1970)等。语言学、语音学领域的呼吸系统概述,可以参考 Ladefoged(1968)、Ohala(1990)。

相对比较容易测量的是言语过程中声腔内声门上系统的相关的气压、气流状况,比如鼻音、鼻化音发音过程中的口鼻气流关系,比如阻塞类语音的阻塞点位置腔体的气压变化,等等。提供此类设备的厂家比较多,比如美国的 The Glottal Enterprises、KayPentax、Scicon、英国的 Laryngograph 等。各家设备略有差异,但一般均提供口、鼻气流,以及相关气压的测量通道,本文简单介绍 Scicon 的 PCQuirer。PCQuirer 有一个相应的 Mac 的版本 MacQuirer,由原美国加州大学洛杉矶校区语音实验室(UCLA Phonetics Lab)的技术员开发。

如图 2.11 所示,除了音频录音之外,PCQuirer 提供 2 个气流通道、2 个气压通道。2 个气流通道采用独立的口罩、鼻罩采样口鼻气流,鼻罩独立佩戴,口罩安装在手持的录音基座,使用时罩住,录音间隙方便松开;1 个气压通道可以通过手持的录音基座采集,一般用于采集阻塞音的口腔内气压(即口腔间气压,intraoral pressure),但需要把采样管放在阻塞后方,因此只方便采样唇、齿、齿龈等发音部位靠前的音类,不适合采样发音部位靠后的音类;另 1 个气压通道可以用来采集声门上气压变化,不过需要发音人把采样管从鼻腔放入声门上咽腔位置(图 2.11 右)。在使用经验上,PCQuirer 拥有很好的时间反应(time resolution),对于确定口鼻气流、口腔间气压起止等非常方便,刚好可以补足比如声学研究中不易确定鼻化起始之弊端。不过,虽然PCQuirer 提供校准配件,但是空气动力学数据的量化还是需要仔细考量的,因为口鼻气流跟总气流是密切相关的,而总气流的大小往往是副语言学或非语言学的因素(paralinguistic or non-linguistic factors)决定的。另外,PCQuirer 等空气动力学设备可以与喉头仪一

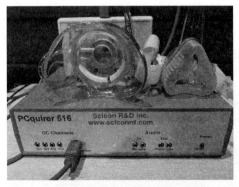

图 2.11 言语空气动力学设备 PCQuirer(左),以及采样声门上咽腔气压的方法(右图转引自 Ladefoged, 2003)

起同步使用。

生理语音研究的另一大类设备是喉与声门观察设备。喉是语音的主要声源,在语音产生中作用多样,包括调节控制气流机制(airstream mechanism)、发声(phonation)、基频控制(pitch)、发音(articulation)等。除了语言学意义上的作用,喉的病变极易引发相关的病理语音现象,因此也是言语病理(speech pathology)关心的一个重要内容。无论在研究还是病理上,都可以使用各类喉镜(laryngoscopy),即观察喉头的内窥镜(endoscopy),对喉及声门进行直接或者间接的观察。由于从口腔通道进行观察会影响发音,因此利用鼻咽腔通道才能观察到较自然的发音,不过这个操作一般需要耳鼻喉科医生协助。

语音学家们用的比较多的是喉头仪(electroglottograph,EGG),Kaypentax、The Glottal Enterprises、Laryngograph 等多家厂商均提供此项设备。事实上,喉头仪不能算是一种生理语音设备,而是更接近于声学设备。图 2.12 显示的是 Laryngograph 的喉头仪,使用时将大小合适的电极(electrodes)紧贴在喉头两侧甲状软骨(thyroid cartilage)上,这样喉头仪就可以采样到喉头的声带振动,因此所测量到的信号主要是通过甲状软骨传导的。有意思的是,虽然是一种骨传导录音设备,但是喉头仪通过声门阻抗间接测算了声门开合的情况,记录的是声带接触面积(vocal fold contact area,VFCA)(Rothenberg & Mashie,1988),因此喉头仪在功能上还是属于生理语音设备。而且,因为喉头仪具有方便携带、易于使用、无创伤性等特

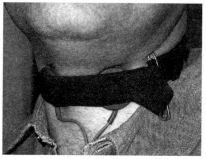

图 2.12　喉头仪(左)与声门波的间接采样(右)(图片来自 Laryngograph 厂家官网)

点,因此是观察、采样声门情况的最流行的工具。喉头仪信号一般与音频信号同时采录,刚好占用两个声道;前文提到,喉头仪也可以与空气动力学设备同步使用。

2.3 从描写语言学出发

我们提倡证据导向的语音研究,并不是说不需要传统的描写语言学与方言学研究了。恰恰相反,方言语音的实验语音学研究是建立在传统语言学对方言的描写基础上的。对方言的语音、音系的描写是实验语音学与描写语言学的共同基础。

具体语言或方言的描写遵循描写语言学(descriptive linguistics)的基本准则。寻找一个理想的发音人(ideal speaker),通过记录发音人的词汇、句子、篇章等整理该语言或方言的语音音系、词汇、语法等诸方面的基本情况。这里只说方言语音音系。

首先,调查者需要普通语言学、语音学、音系学相关的基本训练,除此之外,需要汉语方言方面的基础知识,最关键的是需要熟练掌握中古汉语音系以及与现代汉语之间的对应关系。《汉语音韵讲义》是最好的入门教材,反复阅读并完成相关练习可以让调查者具备汉语方言音韵的基础训练。以中古汉语音系为出发点,比较汉语普通话以及自己的母语方言的语音,是掌握汉语方言音韵的最好、最有效的途径。在此基础上,无论进一步直接阅读韵书,或者研读相关学术论文、书籍,都必会有自己的心得。

其次,依照中古音系排列的《方言调查字表》可以作为方言语音调查的首选材料。不过,有两个问题需要注意。其一,根据汉字去调查方言,发音人容易只给书面的读音,这对调查文白读情况比较复杂的南方方言来说尤其不利。因此,需要调查人以字为纲,结合相关词汇进行调查。比如说"许",吴语区的发音人一般只会给你一个[ɕ]声母的读音,调查人需要提醒发音人,当地"许配""许愿"等怎么说啊,才有可能调查出[h]声母的读音;至于有些地方表远指义的[h]声母读音,则属于更隐蔽的层次。因此,调查人应该实施的是以字为纲的调查,而不只是让发音人照着字表念汉字。其二,需要注意记音的宽严,从严处着手,尤其是一开始,尽量记得细致一些,不确定的地方要找相关的最小对立项(minimal pairs)反复比对,守住音位区别这一宽式记音(broad transcription)的底线。

以上说的是如果当地方言没有现有资料,需要从零开始调查的情况。当然,如今去研究任何一地方言,一般都是有现成的资料可以参考的。不过,这些已经发表或者没有公开发表的记音资料良莠不齐,因此我们一般都建议实验语音学研究者重新进行调查、核实,至少记录一遍《方言调查字表》。核实音系是其中的一个主要考虑。无论已有的资料质量如何,方言音系会发展,尤其是进入媒体传播年代之后,普通话的影响力如日中天,学校教育全面推广使用普通话更是使得方言逐渐退出文化教育等正式的语域(formal register),只局限于家庭、熟人等一些日常口语领域。因此,核实音系是对方言语音进行实验语音学研究之前的一个重要的步骤。实验语音学对语言持变异的视角(variationist perspective),不同的发音人之间都可能存在着不小的变异。就具体方言来说,某些发音人多几个韵母、某些发音人少几个韵母,都是常见的现象。这里需要注意的是,少了某些韵母,只影响方言语文,并不影响整体音系,而缺少某些韵母,则会影响整体音系。除非另有原因,实验语音学感兴趣的研究对象是当地方言的主流口音,因此发音人首选具有一定文化程度的青壮年。

调查结束,核实了音系之后,便进入了实验语音学的研究设计环节。对于只涉及一地语言或方言的研究来说,核心的问题就是:该语言有哪些音类或语音范畴? 如何产生的? 如何感知的? 音节是自然语音的最小产生单位,可以专注音节层面的语音问题(syllable phonetics),也可以讨论更大层级的语音范畴问题。对于涉及多地方言的语音现象,则需要以问题为纲,多地分别协调设计。这里主要谈谈一地方言的研究设计。汉语的音节结构相对比较简单,可以 $C_1G_1VG_2C_2$ 来表示,其中,只有元音 V 是必需的(obligatory),其他都是可省略的(optional)。C_1 是辅音声母,一般包含该方言所有或者至少是绝大部分的辅音库藏(inventory)。C_2 是辅音韵尾,受限得很,很多方言只允许个别鼻音出现,有些方言允许鼻音与塞音。允许鼻音尾与塞音尾的方言中,有一些是三个发音部位[m n ŋ]与[p t k]齐全的,有一些则不齐全。一般规律是前面发音部位的先消失,最后只剩一个鼻音韵尾、一个塞音韵尾,鼻音韵尾往往只剩一个软腭的或者部位偏前的[ŋ],塞音韵尾则往往简化为一个喉塞音[ʔ]。此外,鼻尾韵也可以弱化为鼻化韵,因此最复杂的汉语方言可以拥有三个发音部位的鼻音[m n ŋ]与鼻化韵,以及四个塞音尾[p t k ʔ]。至于北京话及相关官话方言的儿化,将-r尾附着到前一个音节上形成-r尾,则一般认为不是音节内部的结构问题。汉语还有一个音节成分是声调,传统认为是音节的一部分,所谓"声韵调"。自主音段音系学(Autosegmental Phonology;Goldsmith,1976)兴起之后,学者们习惯声调归声调、音段归音段,在实验语音学的证据导向研究中,我们试图重新论证声调与音段的关系,详见第五讲(Hu,2012,2016)。

关于汉语及方言的音节结构的分歧最多的地方,就是介音 G_1、元音性韵尾 G_2 与核心元音 V 的关系问题了(参见 Duanmu,2008,2016及文中的相关述评)。这里有几点需要注意。其一,一般认为其中是有结构关系的,V 先与 G_2 结合,然后再与 G_1 结合。V 与 G_2 结合构成前响双元音,本文称为降峰双元音(falling diphthong)。V 与 G_1 结合构成后响双元音,本文称为升峰双元音(rising diphthong)。因为前响、后响是基于主观听觉印象,并无明确的实验证据,而升峰、降峰是单纯的声学术语,比较客观。而 G_1VG_2 齐全便构成了三合元音(triphthong)。汉语中的四合元音(tetraphthong)比较少见报道,个别例子来源于核心元音 V 的进一步双元音化(Hu,Hu & Jin,2016)。其二,一般认为汉语方言的 G_1VG_2 都是元音性的,都属于韵母的一部分。只有典型的粤语,学者们倾向认为没有元音性的 G_1,因为合口介音-w-是辅音性的,是声母的一部分(Yue-Hashimoto,1972;李新魁等,1995;Bauer & Benedict,1997)。其三,除了 G_1VG_2 之外,一般认为辅音韵尾也是韵母的一部分,但是汉语大部分方言只允许 G_1V 之后有辅音韵尾,不允许 VG_2 之后有辅音韵尾。只有极少数方言,比如闽语,允许降峰双元音出现在辅音韵尾前面。

综合以上简述,汉语方言的音节语音学之内,辅音、声调都是直观明确的,复杂的是元音性成分。首要的是确定研究内容与目的,是准备为该方言做一个全面的实验语音学描写呢？还是只是挑选有意义的、比较能吸引学界眼球的部分进行研究呢？什么能吸引眼球？自然是类型上相对少见的语音现象。汉语与汉语方言都是声调语言，声调在全球语言的类型上属于少见的。因此，关于汉语及方言的实验语音学研究中，声调研究占了很大的比重。但就汉语与汉语方言自身来讲，有声调是不稀奇的，没有声调才是少见的，但目前还未见关于没有声调的汉语方言的确凿报道。因此，研究声调特别多的比如 10 个或以上声调的方言或者声调特别少的比如只有 3 个或者甚至 2 个声调的方言在类型学上就很有意义。本文不仔细谈论这个议题，此处简要概述一地方言的全面描写。对于单个语言或者单个方言进行比较全面的语音学描写，就自然容易从中发现有趣的、有意义的语音现象。

首先，辅音的分析可以看发音方式（manner of articulation）。也就是从发音方式上看有多少音类：塞音、擦音、塞擦音、鼻音、边音、近音等。然后可以看每一个音类有多少发音部位（place of articulation）的不同。比如说，塞音除了双唇、齿龈、软腭之外，还有其他发音部位么？擦音比塞音的发音部位更多吧？塞擦音呢？鼻音的发音部位与塞音一样吗？边音是不是只有齿龈附近一个发音部位？近音呢？设计采样字表的时候，目标是辅音，因此需要注意元音与声调环境的控制与平衡。也就是说，尽量使辅音后面都接同样的元音与声调。一般来说，元音以顶点元音为宜，因为可以观察辅元协同发音中不同的元音可能带来的影响，声调则以高平、中平等比较平稳的调形为宜，因为要避免那些高升、低降（尤其是急降）等声调可能伴随的发声态的影响。在汉语方言中，辅音韵尾一般会放在韵母中与元音一起采样。

其次，声调的分析不仅要注意调值，而且要注意声调之间的类的区别。也就是，调类之间是怎么区别的？比如一个 213 调与一个 35 调，究竟是（两个升调之间的）高低区别，还是（一个曲折调与一个升调之间的）调形区别？比如基频与发声态，究竟什么在起作用，各自在起什么样的作用？这些问题是无法孤立地回答的，一定要结合具体方言的音系与语音。声调例字的设计，需要注意控制辅音声母与韵母。辅音声母可以选用鼻音（如果需要考察连贯声母与韵母整个音节的基频)、塞音(如果只需要韵母部分的基频);韵母宜选顶点元音,方便考察不同的元音对基频可能产生的影响。

最后,元音的分析比较复杂一些,我们以一个相对简单,但是又很典型的例子——晋语太原方言为例来分析(Xia & Hu, 2016)。基于 5 男 5 女 10 位成年发音人,核实音系之后,太原方言的韵母可以归纳如表 2.1。

表 2.1　晋语太原方言韵母表

a	ia	ua		
	ie		ye	
ɣ		uɣ		
ɿ	i	u	y	
ɚ				
ai		uai		
ei		uei		
au	iau			
əu	iəu			
æ		uæ		
ɒ	iɒ	uɒ		
əŋ	iŋ	uŋ	yŋ	
aʔ	iaʔ	uaʔ		
əʔ	iəʔ		uəʔ	yəʔ

首先要注意元音的分布环境,汉语方言中的元音可以分布在开音节或闭音节两类音节中。开音节即音韵学上所说的阴声韵音节,闭音节则一般又可以分为鼻音尾的阳声韵音节和塞音尾的入声韵音节。鼻音尾最多存在-m、-n、-ŋ、鼻化四种情况,但有一些方言只有一种鼻尾,甚至只有鼻化;塞音尾最多存在-p、-t、-k、-ʔ 四种情况,但有一些方言只有一个-ʔ尾,甚至没有塞音尾。从元音的分布结构上看,[i u y]可以作介音,[i u]可以作韵尾,但是介音与韵尾只有在极少数方言中能够同标,在下面讨论的太原晋语中不能同标。有些语音学家或者音系学家会把处于介音

或者韵尾的[i u y]处理为辅音性成分,本文不涉此类观点争论,因为无论认为[i u y]是元音性还是辅音性成分,都可以去描述它们作为音段的物理特性,然后再去探讨它们的语音与音系属性。

先看太原话的阴声韵,也就是开音节尾的元音分布情况,如表2.2所示。需要说明的是,[e]只出现在介音[i y]之后,[ɐr]是儿化韵,虽然实际发音并没有-r音,但[ɐ]也是儿化这个构词流程(morphological process)的结果,与一般的纯语音、音系层面的单元音不同。此外,太原还有五个升峰双元音[ia ua ie ye uɤ],四个降峰双元音[ei əu ai au],以及四个降峰双元音与介音进一步构成的四个三合元音[uei iəu uai iau];这些复合元音是相关单元音的序列(sequences)么,还是拥有复杂结构的单个元音?这些都是可以探讨的问题,下文3.3将重点讨论。

表 2.2　晋语太原方言元音图(阴声韵,单元音)

i y	ɿ	u
e	ɐr	ɤ
	a	

其次,看阳声韵,换成现代的术语就是鼻尾韵或者鼻化韵的元音分布情况,如表2.3所示。[i y u ə]只出现在鼻尾环境,[æ ɒ]只出现在鼻化环境;二组元音显然互补。因此,我们将它们放在一起讨论。与阴声韵相比,舌尖元音、降峰双元音都不见了,它们不能出现在鼻尾或者鼻化环境下。中元音[e ɤ]也不见了,多了一个央元音[ə]。也就是说,总体上看,在鼻尾或者鼻化环境下,元音对立减少了。不过有意思的是,低元音的元音对立却增加了,在开尾韵中,[a]不区分前后对立,但在鼻化环境下,拥有了前后a对立[æ ɒ]。

表 2.3　晋语太原方言元音图(阳声韵,单元音)

i y		u
	ə	
æ	ɒ	

最后,看入声韵,即在塞音尾环境的元音分布情况,太原很简单,只有一个喉塞音尾,前面只能出现两个元音[ə a]。

设计元音的录音采样字表,还是以韵母为准,即把韵母表中的所有项都包括进来,只是在排列调查内容的时候,可以模块化分割之后再做随机处理。这样,万一录音中断,尤其是在程序烦琐的生理语音研究过程中,也有足够的采样语料可供研究之用。例字的选择上,因为是研究元音或韵母,因此要控制声母、声调。可以首选零声母、唇音声母例字,对元音发音基本没影响,没有办法的时候再选其他声母,比如,大部分方言中,舌尖元音(apical vowels)必须和咝擦音共现。声调方面还是首选高平或中平调,目的与前述相同,避免声调及可能附带的发声态成为一个干扰项,除非是想研究声调与元音之间的关系。

以描写方言的声韵调为目的的录音采样,采样字表宜由有意义的自然音节构成,并写成汉字呈现给发音人,这是最自然的一种方式;除非有其他特定研究目的,一般不采用非自然音节,或者写成拼音呈现给发音人。采样字表可以放入"X。包含 X 的载体句。"之中;其中,X是目标音节。目的是:既有一个单念的样本,同时也有一个在载体句中的样本,而且并不额外增加太多的录音时间。至于用什么载体句,具体方言具体分析,总之,妥当考虑(a) 音段因素:前后音节的音段对目标音节可能的影响;(b) 韵律因素:目标音节出现位置的重音、节奏。声学录音宜采用单声道,16 位,前文有所提到,如果使用录音设备,辅音的采样率宜用 16 000 赫兹,元音与声调的采样率宜用 10 000赫兹;如果使用电脑,辅音的采样率宜用 22 050 赫兹,元音与声调的采样率宜用 11 025 赫兹。如果使用其他更高的采样率进行了录音,也宜降低采样(downsample)至上述采样率后再进行相关的声韵调分析。根据不同的统计需要,采样字表的录音宜重复 3—5 遍或者更多,但需要注意控制重复次数过多给发音人可能带来的影响,一般来说,每次录音时间最好控制在 1 个小时之内,并注意给发音人适当的休息调整。最后需要注意的是,采样字表的设计要具有一定的可变动性;一则语音研究需要采样所有可能的音节、音段、声调等,又要注意相关的声韵调方面的控制,因此,有些例字难免生僻;二则不同的发音人用方言阅读汉字的习惯与能力也各不相同,在短暂的采样时间内,根据发音人改变字表例字是有效采集所需样本的最佳方式。

参考文献

曹文 2010 《汉语平调的声调感知研究》,《中国语文》第 6 期,第 536—543 页。

丁声树撰文、李荣制表 1981 《汉语音韵讲义》,《方言》1981 年第 4 期,第 241—274 页。

胡方 2008 《论元音产生中的舌运动机制——以宁波方言为例》,《中国语音学报》第一辑,第 148—155 页,北京:商务印书馆。

李新魁、黄家教、施其生、麦耘、陈定方 1995 《广州方言研究》,广州:广东人民出版社。

石锋、冉启斌 2011 《普通话上声的本质是低平调——对〈汉语平调的声调感知研究〉的再分析》,《中国语文》第 6 期,第 550—555 页。

中国社会科学院语言研究所 1981 《方言调查字表》(修订本),北京:商务印书馆。

Bauer, Robert S., & Benedict, Paul K. 1997. Modern Cantonese phonology, Berlin: Mouton de Gruyter.

Duanmu, S. 2008. *Syllable Structure: The Limits of Variation*. Oxford University Press.

Duanmu, S. 2016. Syllable structure. In *Encyclopedia of Chinese Language and Linguistics*, eds. by R. Sybesma (editor-in-chief), W. Behr, Y. Gu, Z. Handel, C.-T. J. Huang, and J. Myers, Leiden: Brill.

Fant, G. 1960. *Acoustic Theory of Speech Production*. The Hague, Netherlands: Mouton.

Fougeron, C., Meynadier, Y., & Demolin, D. 2000. 62 vs. 96 electrodes: a comparative analysis of reading and Kay Elemetrics EPG pseudo-palates. Seminar on Speech Production: Models and Data — CREST Workshop on Models on Speech Production: Motor Planning and Articulatory Modeling, Munich, Germany, 2000.

Gårding, E. 1987. Speech act and tonal pattern in Standard Chinese: constancy and variation. *Phonetica*, 44, 13‒29.

Goldsmith, J. A. 1976. *Autosegmental phonology*, Ph.D. dissertation, MIT.

Hombert, J.-M. Ohala, J. J., & Ewan, W. G. 1979. Phonetic explanations for the development of tones. *Language*, 55, 37‒58.

Hoole, P. 1996. Issues in the acquisition, processing, reduction and parameterization of articulographic data. *Forschungsberichte des Instituts für Phonetik und Sprachliche Kommunikation München* (*FIPKM*), 34: 158‒173.

Hu, F. 2002. A prosodic analysis of wh-words in Standard Chinese, In *Proceedings of the Speech Prosody 2002 conference*, pp. 403 – 406. Aix-en-Provence: Laboratoire Parole et Langage. 中文修改版见: 胡方 2005 《汉语普通话疑问词韵律的语音学研究》,《中国语文》第 3 期,第 269—278 页。

Hu, F. 2012. Tonogenesis in Lhasa Tibetan — Towards a gestural account. In Hoole, P. et al. (eds.) *Consonant Clusters and Structural Complexity*, pp. 231 – 254. Mouton De Gruyter.

Hu, F. 2016. Tones are not abstract autosegmentals. *Speech Prosody 2016*, Boston, USA.

Hu, F. 2017. Toward a dynamic theory of vowel production. *The Journal of the Acoustical Society of America*, 142 (4), Pt.2, 2579.

Hu, W., Hu, F., & Jin, J. 2016. Diphthongization of Nuclear Vowels and the Emergence of a Tetraphthong in Hetang Cantonese. *Proceedings of Interspeech 2016*, 983 – 987, San Francisco, USA.

Isshiki, N. 1969. Remarks on mechanisms of voice intensity variations. *Journal of Speech and Hearring Research*, 12, 669 – 672.

Johnson, K. 2012. *Acoustic and auditory phonetics* (3rd edition). Wiley-Blackwell.

Ladefoged, P. 1962. Subglottal activity during speech. In Proceedings of the 4th International Congress of Phonetic Sciences, pp. 73 – 91. The Hague: Mouton.

Ladefoged, P. 1967. *Three areas of experimental phonetics*. Oxford University Press.

Ladefoged, P. 1968. Linguistic aspects of respiratory phenomena. In Bouhuys, A. (ed.), *Sound production in man*. Annals of the New York Academy of Sciences, 155, 141 – 151.

Ladefoged, P. 1996. *Elements of Acoustic Phonetics* (2nd ed.). Chicago: The University of Chicago Press.

Ladefoged, P. 2003. *Phonetic data analysis: An introduction to fieldwork and instrumental techniques*. Blackwell.

Ladefoged, P., & Johnson, K. 2015. *A Course in Phonetics*, 7th ed., Cengage Learning.

Lieberman, P. 1967. Intonation, perception, and language. Cambridge, MA.: MIT Press.

Ohala, J. J. 1970. Aspects of the control and production of speech. *UCLA Working Papers in Phonetics*, 15.

Ohala, J. J. 1977. The physiology of stress. In Hyman, L. M. (ed.), *Studies in stress and accent*. [*Southern California Occasional Papers in Linguistics*, No.

4], pp. 145 – 168. Los Angeles: University of Southern California.

Ohala, J. J. 1978. Production of tone. In Fromkin, V. A. (ed.), *Tone: A linguistic survey*, pp. 5 – 39. New York: Academic Press.

Ohala, J. J. 1982. Physiological mechanisms underlying tone and intonation. In Fujisaki, H., & Gårding, E. (eds.), *Preprints, Working Group on Intonation*, *13th International Congress of Linguists*, pp. 1 – 12. Tokyo, Japan.

Ohala, J. J. 1990. Respiratory activity in speech. In Hardcastle, W. J. & Marchal, A. (eds.), *Speech Production and Speech Modeling*, pp. 23 – 53. Kluwer Academic Publishers.

Ohala, J. J., & Ladefoged, P. 1970. Further investigation of pitch regulation in speech. *UCLA Working Papers in Phonetics*, 14, 12 – 24.

Ouni, S., Mangeonjean, L., & Steiner, I. 2012. VisArtico: a visualization tool for articulatory data. *Proceedings of Interspeech 2012*, Portland, OR, United States, September 2012.

Perkell, J., Cohen, M., Svirsky, M., Matthies, M., Garabieta, I., & Jackson, M. 1992. Electro-magnetic midsagittal articulometer (EMMA) systems for transducing speech articulatory movements. *Journal of the Acoustical Society of America*, 92, 3078 – 3096.

Rothenberg, M., & Mahshie, J. J. 1988. Monitoring vocal fold abduction through vocal fold contact area. Journal of Speech and Hear Research, 31: 338 – 351.

Shoenle, P. W., & Wenig, P. 1983. An electromagnetic procedure for simultaneous recording of movments with range of the lips, lower jaw and tongue. *Biomedizinische Technik*, 28(11), 273 – 267.

Stetson, R. H. 1928. *Motor phonetics: a study of speech movements in action*. Netherlands: Springer. 2nd edition, 1951. Amsterdam: North Holland Publishing Company. Restrospective edition, 1988. Eds. By J. A. S. Kelso & K. G. Munhall. Boston: College-Hill.

Stevens, K. N. 1989. On the quantal nature of speech. *Journal of Phonetics*, 17, 3 – 46.

Stevens, K. N. 1998. *Acoustic Phonetics*. Cambridge, MA.: MIT Press.

Westbury, J. R. 1994. X-ray microbeam speech production database user's handbook. University of Wisconsin at Madison, WI.

Xia, L., & Hu, F. 2016. Vowels and Diphthongs in the Taiyuan Jin Chinese Dialect. *Proceedings of Interspeech 2016*, 993 – 997, San Francisco, USA.

Yue-Hashimoto, A. O.-K. 1972. Studies in Yue Dialects 1: Phonology of Cantonese, Cambridge University Press.

第三讲　元　　音

　　语音是语言的物质外壳,语言的意义通过语音的不同来传递。语音的不同分两类:其一是语音的本质不同,即音质(quality),或者称为音色(timbre);其二是韵律(prosody),又称超音段(suprasegmental),主要指音高(pitch)、音强(intensity)、音长(length)等区别。

　　在自然语流中,语音产出的最小单位一般是音节(syllable)。在一个音节中,元音(vowel)一般居于核心位置,响度(sonority)较大,而辅音(consonant)则处于元音的两侧,响度较小。很多语言中的音节构成符合响度原则(sonority hierarchy):低元音＞中元音＞高元音＞近音＞鼻音＞浊擦音＞清擦音＞浊塞音＞清塞音;但语言中的音节构成也有违反响度原则的情况。元音与辅音构成语言的音段(segment),承载了语言中所有的音质区别。韵律的不同则是对音色的修饰。语言中的有些韵律现象具有语言学意义,它们区别意义,比如汉语的声调、英语的重音等;而语言中的大部分韵律现象都不具有语言学意义,而是属于泛语言学(paralinguistic)或者非语言学(nonlinguistic)范畴,传递更广泛的言语交际意义。

　　根据语音产生的声学理论,音质的不同取决于声腔(vocal tract)的空气动力学属性,而喉部的声带振动以及振动方式则起到提供声源的作用(Fant,1960;Stevens,1998)。语音产生过程中,如果声腔内有狭窄的阻塞,扰动气流形成湍流,便构成噪声声源,是辅音产生的重要声源。元音的产生中,声腔一般不会窄缩至形成湍流的程度,因此声带振动是元音的唯一声源,而声腔的形状则决定元音的音质,即这是一个什么元音。

　　声腔的形状由声腔的窄缩位置(constriction location)与窄缩程度(constriction degree)决定,因此这两个参数可以用来描写语音的音质。不过,语言学的这两个参数一般是用来描写辅音的,前者称为

"发音部位"(place of articulation),后者称为"发音方式"(manner of articulation)。事实上,窄缩位置与窄缩程度也同样适用于元音的描写。Stevens(1972,1989)认定了元音发音的三个窄缩位置:硬腭([i])、软腭([u])、咽腔([ɑ]);这三个位置对于各自对应的代表元音来说比较稳健,小范围的位置扰动对于元音的声谱影响不大,Stevens称之为元音的量子属性(quantal nature)。比如我们观察到,汉语及各方言中的[i]一般均比较偏前,窄缩在龈腭位置(alveolopalatal),而一些欧美西方语言中的[i]的窄缩位置则大多在相对比较典型的硬腭(palatal),但是这并不影响这些不同位置的发音都被感知为顶点元音之一的前高元音[i]。Wood(1979)从 X 射线材料中确定了元音的四个窄缩位置,进一步细化了咽腔上部与下部:硬腭沿线([i-ɛ][y-ø]类元音)、软腭([u-ʊ-ɨ]类元音)、咽腔上部([o-ɔ][ɣ]类元音)、咽腔下部([ɑ-a-æ]类元音)。

不过,语言学一般不用发音部位与声腔形状来描写元音,而是采用元音图。元音图最初被认为就是舌位图,元音的高低前后可以根据其发音时的舌位最高点来定义。图 3.1 是国际音标元音图(vowel chart)。根据元音舌位图理论,图中音标的位置即表示发这个元音时的舌位最高点。如图所示,[i]是舌位最高最前的,前元音

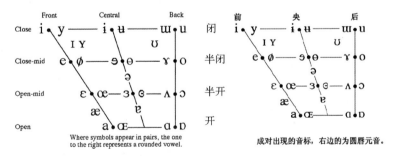

图 3.1 国际音标元音图(IPA vowel chart):英文版①(左)与中文版②(右)

① 转引自 IPA 网页 https://www.internationalphoneticassociation.org/sites/default/files/IPA_Kiel_2015.pdf,2017 年 8 月 9 日上午访问。
② 中国语言学会语音学分会,载《方言》2007 年第 1 期,又载 Journal of the International Phonetic Association,41(2),245,2011 年。中文版缘起与翻译过程,见 Hu(2011)。

[e ɛ æ a]的舌位也都是最前伸的,只是随着开口度的增大,舌位自然略微向后移;而后元音[u o ɔ ɒ]的舌位都是最后缩的;因此,元音舌位图是前元音的边有点斜的四边形(quadrilateral)。无论是国际语音学会(International Phonetic Association, IPA)的国际音标(International Phonetic Alphabet, IPA),还是经典音系学理论 SPE(*Sound Pattern of English*, Chomsky & Halle, 1968)均采用元音图体系。

元音舌位图理论的优点是在语言描写、教学实践中非常实用。但是,元音舌位图事实上已经被文献中大量的基于各种技术得到的发音材料所证伪。Ladefoged 等通过大量的生理、心理实验指出:元音图其实并不是舌位图,因为元音的高低、前后并不如原先所设想的那样对应于舌位的高低、前后;元音图其实是感知声学图,因为元音的高低、前后对应于元音的感知声学特性。元音舌位图是把元音的感知声学本质"翻译"成了舌位这个生理术语进行表述。事实上,传统的所谓"元音舌位图"其实对应关联的是以元音的首二个共振峰(F_1/F_2 或者 F_1/F_2-F_1)为坐标,刻度听觉化处理的声学元音图(Ladefoged, 1967, 1971, 1975, 1976;Ladefoged & Broadbent, 1957;Ladefoged, De Clerk, Lindau & Papçun, 1972)。这也便解释了为什么元音舌位图明明是错误的,但是却非常有效、实用。元音图并不是以舌位为基础,元音高低、前后是一种抽象的表述,在事实上与元音的声学或者感知声学相关联,这一论述早已被写入国际语音学会出版的《国际语音学会手册》(*Handbook of the International Phonetic Association*, 1999),并在第 10 页明确指出:

元音出现在音节中心位置,由于发音时声腔窄缩程度较小,元音不如辅音般方便使用发音部位来进行描写。因此,元音用抽象的"元音空间"(vowel space),即被熟知为"元音四边形"的元音图(如图 3.1 所示—作者注)来进行分类。

这是一个重要的发现,意味着描写具体语言中的元音的时候,可以从声学采样、共振峰分析出发。也就是说,声学元音图成为元音研究的一个基础。一方面,从声学元音图出发,可以结合生理或者感知材料进一步探讨元音的产生与感知特性;另一方面,根据声学元音图,也可以从语言学的角度讨论元音的特征。

3.1　元 音 的 声 学

元音的声学关联物是共振峰结构。根据语音产生的声学理论(the acoustic theory of speech production),对元音来说,喉部的声带振动是声源(source),声腔形状相当于一个滤波器(filter)。简言之,元音的产生就是声带振动在声腔内共振的结果,不同的声腔形状有不同的共振频率。也就是说,不同的元音音质拥有不同的共振峰结构。因此,语音产生的声学理论也被称为声源-滤波理论(the source-filter theory of speech production)。

在元音产生中,声源并不决定语音的音质(sound quality,或称音色,timbre),声源的属性如基频、发声态等,与音质无关。音质由声腔形状决定。从言语解剖上看,声腔就是一个拥有口腔、鼻腔两个开口的"发音管"。发元音时,软腭上举封住鼻腔通道,简化为一个出口通道的发音管。如果发音时鼻腔通道同时开启,声腔便形成复杂的共振与反共振模式,就是鼻化元音(nasal vowels)的发音模式。此处讨论口元音的情况,即将声腔模拟为一个单一通道出口的发音管;鼻元音的讨论参见下文"元音的特征"相关章节。

共振频率是发音管本身的物理属性,不同形状的发音管拥有自身固有的共振频率。发音管的形状决定了元音的音质,区别这个元音是[i],是[u],还是[a],与声带怎么振动无关。当口腔处于自然状态,即没有因为舌体等发音器官的调制形成任何窄缩的情况下,声腔相当于是一个一端开口的、长度为 17.5 厘米的、匀质的发音管。这个发音管拥有本身的共振频率,其共振峰出现的频率为 $F_n = (2n-1)c/4L$,其中 F_n 是第 n 个共振峰,c 是音速常数每秒 35 000 米,L 是声腔长度。如第二讲图 2.4 的中左图所示,其最低的五个共振峰分别出现在 500 赫兹、1 500 赫兹、2 500 赫兹、3 500 赫兹、4 500 赫兹。这个声音近似于各语言中的央元音[ə]。又如图 2.4 的上图所示,声门波拥有每倍频程(per octave)能量下降 12 分贝的特性,左图是一个基频为 100 赫兹的声门波,右图则是一个高八度的、基频为 200 赫兹的声门波。这里的重点是,不同基频的声门波的输入并不改变元音的音质,如图 2.4 的下图显示的是经过声腔共鸣(中左图)、口唇放大(中右图,每倍频程能量上升 6 分贝)之后的最终在空气中传播的语音的二维谱:100 赫兹的[ə](左下图)与 200 赫兹的[ə](右下图)。其他更为复杂的元音也是类似的道理,但是因为口腔内形成了不同的窄缩,需要用稍微复杂一些的双管模型(2-tube models)或者多管模型(multi-tube models)来模拟,此处不赘,需要进一步了解的读者可以参考 Johnson(2012)中的相关章节,需要全面了解的,可以参考 Fant(1960)、Stevens(1998)。

因此,对于元音的物理性质的认识有一个完整的证据链的支持。首先,声腔的窄缩程度与窄缩位置决定声腔的形状,简要地说,窄缩位置决定了前、后声腔的尺寸,而窄缩程度则影响二者的耦合关系(coupling relation)(Stevens & House,1955)。其次,元音的共振峰结构就是声腔形状的物理属性。从元音的产生角度看,共振频率大致由三个因素决定:声腔内的窄缩位置、窄缩程度、嘴唇的位置;这三个因素基本决定了声腔的横断面积(cross-sectional area),继而决定了语音的空气动力学设置。比如,元音[i e ɛ a]之间的不同,[i e ɛ]是因为在大致相同的窄缩位置(硬腭或硬腭前部)的窄缩程度的不同:[i]的窄缩最大,[e]次之,[ɛ]窄缩最小;而[a]在硬腭位置没有窄缩,相应地,其声腔最窄缩的地方在咽腔。换句话说,[i e ɛ]与[a]之间涉及窄缩位置的区别。最后,基于上述原因,元音可以用高低、前后等抽象的维度来进行描写,不过其描写的是元音的感知物理(共振峰)特性,而不是如传统所认为的舌位高低、前后。

在此逻辑基础上,我们可以从提取元音的共振峰与其他相关物理参数开始来分析语言中的元音,尝试去理解与揭示语音的物理性质如何在具体的世界语言中区别意义。图 3.2 显示了吴语宁波方言的单元音的声学元音图,图中的每个国际音标(IPA)符号标写了基于 10 位男性发音人每人 5 个样本共 50 个数据的均值。图的纵轴是元音的第一共振峰(F_1),横轴是元音的第二共振峰(F_2),坐标的原点在右上角;图中的坐标刻度标示的是赫兹(Hz),但刻度之间的关系是巴克(Bark),

而且纵轴的刻度放大至横轴的2倍,以突出第一共振峰(F₁)在感知中的重要性(本章所引用宁波方言数据详情,参考胡方,2014,下同)。

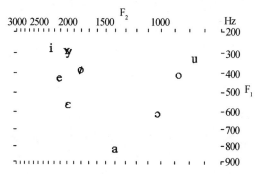

图 3.2 吴语宁波方言单元音:10 位男性发音人均值

前面提到,前元音[i e ɛ]在硬腭处的窄缩逐渐放松,从图中可以看到,元音[i e ɛ]的第一共振峰依次显著增加,与此同时,它们的第二共振峰则是减小的;而[a]不仅第一共振峰最大,第二共振峰也显著减小。因此,在声学元音图中,[i e ɛ]构成了高、半高、半低前元音系列,而[a]则是一个央、低元音。对于宁波方言的后元音[ɔ o u]来说,第一共振峰(F₁)依次显著减小,与此同时,它们的第二共振峰也是减小的。在声学元音图中,[u o ɔ]构成了高、半高、半低后元音系列,而且与前元音系列[i e ɛ]大致相当。因此,从声学元音图上可以很好地观察到元音的高低、前后区别。除此之外,第二共振峰的差别也可以反映元音的圆唇区别。宁波方言的[i e]与[y ø]就存在圆唇对立,从图中可以看到,圆唇元音[y ø]比它们的非圆唇对比项[i e]拥有明显更小的第二共振峰值。因此,在声学元音图上,圆唇元音排列在相应的非圆唇元音的右侧。

这里有两点需要注意。首先,元音的声学产出与发音生理之间并非是一对一的线性对应关系,而是发音的综合作用。不仅窄缩位置、窄缩程度影响共振峰频率,嘴唇位置以及声腔的其他调整作用也会影响共振峰频率。其次,有些生理发音、声学作用具有语言学意义,有些则没有。比如圆唇,圆唇影响所有的共振峰,因为圆唇增加了作为发音管的声腔的长度,改变了开口形状。共振峰的降低作用在较高的频率区相对明显,就以 F_1/F_2 为基础的声学元音图来说,便体现在第二共振峰(F_2)上。此处,宁波方言的[i e]与[y ø]之间的圆唇区别具有语言学意义,而受圆唇作用影响的周边元音(peripheral vowels)[u o e a ɔ o c]的第二共振峰依次减小,便没有语言学的意义,而是属于语音层面的、发音生理内在的圆唇区别。因为发前元音[i e ɛ]时,随着开口度增大,圆唇度自然增加;而发后元音[ɔ o u]时,随着开口度缩小,圆唇度也自然增加。因此,从声学数据出发描写、解释语言中的元音问题时,既要考虑元音产生过程中的生理–声学关系的复杂性,也要注意元音之间的生理、声学区别有没有语言学意义,而这中间往往又涉及感知的因素。

因此,从声学出发分析元音是一个便利的视角,共振峰分析便是基础。这里简要讨论元音的共振峰分析的一些技术要点。

图3.3显示了一位男性发音人的宁波方言的周边元音[u o e a ɔ o c]的声波与相应的宽带语图,同时在宽带语图上叠加了共振峰轨迹。宽带语图是语音的三维显示:横轴是时间,纵轴是频率,此时间–频率二维坐标轴内的颜色深浅,即灰度,表示音强能量,颜色越深,能量越强。如图所示,元音的规则振动会在宽带语图上留下一条条竖纹脉冲(impulse),这便是声带振动的一个个周期。宽带语图并不直接显示语音的基频信息,但也可以从脉冲条的疏密来估算基频。脉冲条越密,基频越大,音高越高;脉冲条稀疏,则基频变小,音高较低。嘎裂声(creaky voice)在语图上的一个显著特点就是脉冲条变得非常稀疏,而且常常不规则。垂直的脉冲条的颜色深浅并不是一致的,而是在不同的频率区域深浅不一,相邻的脉冲条组合在一起,在某个频率区段呈现出的横向的深色横条便是元音的共振峰了。其中,横条最深色的 F 中心便是该共振峰值。在5 000赫兹频率以内,一般会出现5条或者5条左右共振峰。依频率从低至高,依次称为第一共振峰(F_1)、第二共振峰(F_2)、第三共振峰(F_3)、第四共振峰(F_4)、第五共振峰(F_5)等。

前文提到,软件提取元音共振峰的时候可能会出现错误。其中一个最简单、常用的判断方法就是看共振峰轨迹与宽带语图中呈现的共振峰横条的深色中心是否一致。从图3.3中可以看到,横向连成虚线的黑点所标示的共振峰轨迹与语图上的共振峰(深色横条)基本上是

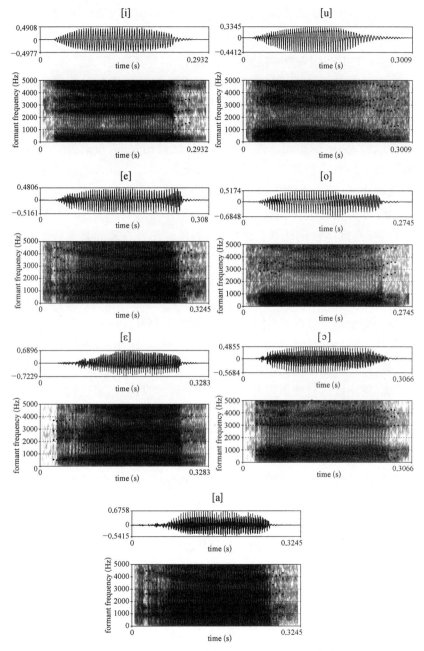

图 3.3　一位男性发音人的宁波方言周边单元音声波图（上）与叠加了共振峰轨迹的宽带语图（下）

吻合的,说明数据基本可靠。但是,也存在个别不准确的地方:比如[u o]的第四共振峰有些时段有误差,又比如[ɛ]的第二共振峰存在一些伪峰(spurious formant)现象等。

元音的共振峰模式反映的是语音的能量在频率域分布模式的不同,此物理差别便是语音之间的本质不同,即音质或音色的不同。因此,能量分布模式在时间域上的变化即反映了音质的变化。从图3.3中可以看到,这些单元音的共振峰还是比较稳定的,没有发生明显的双元音化之类的音质变化。在这种情况下,可以在元音的某个时点提取共振峰,以代表该元音的音质。比较常用的方法包括下面几种。其一是在元音音段的中点提取共振峰,因为一般在这个时点,共振峰比较稳定,而且适合用软件自动提取;如果说元音音段的共振峰模式不稳定,尤其是在中段有问题的话,可以首先手工标注元音的共振峰稳定段,然后再提取共振峰稳定段时长中点的共振峰。其二是手工标注元音的声学目标,比如,可以定义 F_1 最小处为高元音的目标时点,定义 F_1 最大处为低元音的目标时点,这个方法在测量共振峰连续变化的复合元音的目标音段时特别有用(Lisker,1984;Di Benedetto,1989)。其三是使用多点测量之后再平均的方法。如果想确定哪种方法更好,可以对同一批语料使用多种方法进行试验,然后对结果进行比较。一般来说,用11 025赫兹采样率采样的元音音段的最低的首四个共振峰是比较清晰的,提取四个共振峰的数值是一个可行的选择。不过,有些语言或方言,有些发音人的后高、半高元音[u o],有时候只有首二个共振峰清晰。此外,男性发音人的共振峰一般会比女性发音人更容易分析一些。

复合元音的情况略为复杂。概念上,复合元音可以分解为组成成分与组成成分之间的过渡段。复合元音的组成成分的共振峰测量可以比照单元音的共振峰测量。因此,在操作上,首先看复合元音的组成成分有没有共振峰的稳定段。如果复合元音的组成成分存在共振峰的稳定段的话,那就标注稳定段,然后提取稳定段中点处的共振峰;如果没有稳定段的话,便标注声学目标时点,提取目标时点处的共振峰。

因此,复合元音的共振峰分析首先建立在对复合元音的时间结构的分析的基础之上。图 3.4 与图 3.5 分别显示了宁波方言一位男性发音人的双元音[ai]与[ia]的声波(上)与宽带语图(下);同时,与分析单元音一样,可以在宽带语图上叠加共振峰轨迹以资参考(右)。从图中可以看到,双元音[ai]的共振峰结构有一个变化的过程,即首尾成分[a]与[i]之间存在一个明显的过渡;不过,首尾成分还是各自拥有比较明显的共振峰结构稳定段。不计最后几个嘎裂(creaky voice)周期,双元音[ai]的样本时长约240毫秒,首成分[a]、过渡段、尾成分[i]大致各占80毫秒。而双元音[ia]则呈现了不大一样的时间结构。如图所示,除了起始的3—4个声带振动周期,[ia]的首成分[i]基本上没有共振峰结构的稳定段,共振峰从一开始便逐渐过渡至尾成分,而尾成分[a]则拥有比较明显的共振峰结构稳定段,即使不计音节尾的嘎裂声带周期,也占双元音的总时长近60%。

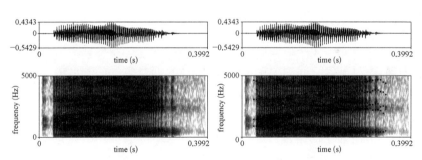

图 3.4 宁波方言一位男性发音人的双元音[ai]的声波(上)与语图(下),以及叠加在语图上的共振峰轨迹图(右)

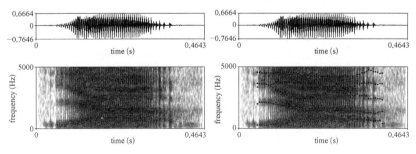

图 3.5 宁波方言一位男性发音人的双元音[ia]的声波(上)与语图(下),以及叠加在语图上的共振峰轨迹图(右)

在双元音共振峰时间结构分析的基础上便可以在相关语音声学分析软件上进行双元音构成成分的标注。首尾成分均有稳定段的,标注首尾成分段以及过渡段。某个成分没有稳定段的,可以标注发音目标点。如前文所述,可以定义高元音成分的第一共振峰(F_1)最小处、低元音成分的第一共振峰最大处为该成分的发音目标点。然后,便可以参照提取单元音共振峰的方式,提取复合元音相关组成成分的共振峰结构。

提取了共振峰之后,可以根据元音的共振峰模式画出声学元音图(acoustic vowel space)。一般使用元音最低的首二个共振峰作为声学元音图的坐标,以第一共振峰(F_1)为纵轴,第二共振峰(F_2)为横轴,将原点置于坐标的右上方。这样一来,元音在声学元音图上的位置正好便反映了元音的高低、前后。这是因为第一共振峰与元音高低成反比,高元音的 F_1 值小,低元音的 F_1 值大;第二共振峰则与元音前后相关联,前元音的 F_2 值大,后元音的 F_2 值小。而对于双元音来说,可以根据所提取的双元音首尾成分的共振峰信息,在声学元音图上显示双元音的共振峰走向示意图。

图 3.6 是一张空白的声学元音图,图中的坐标刻度标示的是赫兹(Hz),不过刻度之间的关系是巴克(Bark),而且纵轴的刻度放大至横轴的 2 倍,以突出 F_1 在感知中的重要性。这样一张加入了感知因素的声学元音图和传统的根据元音的舌位绘制的元音图便基本一致了,比如图 3.2 所显示的宁波方言的声学元音图。这里有几个问题可以讨论。首先需要强调,传统认为元音图是根据元音的发音舌位绘制的,这个是没有事实根据的,下文将详细论述。其次需要指出的是,虽然大概从 Joos(1948)时期开始学者们已经注意到 F_1 与元音高低、F_2 与元音前后的关系,但是元音的声学是发音的综合结果。也就是说,每个声学参数里面都包含了所有的发音器官的作用,这是最根本的认识。因此,比如说,F_1 对应于元音高低也是相对而言的一种对应关系,因为事实上,这里也有其他因素,比如说圆唇降低所有共振峰的频率,当然也包括 F_1,只是由于 F_1 本身数值较小,因而圆唇的作用并不明显。相比较,圆唇对于 F_2 的作用便相当明显了,从图 3.2 中可以观察到,宁波方言的前高、半高圆唇元音[y ø]比它们对应的不圆唇元音[i e]的 F_2 值明显要小一些。因此,在声学元音图中,主要对应于元音

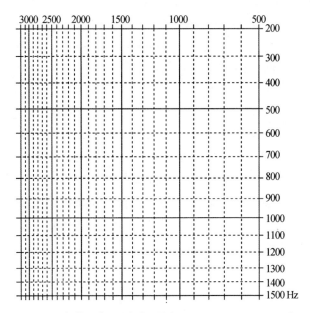

图 3.6　声学元音图（空白，引自 Ladefoged, 2006：190）

前后的 F_2 同时也反映了圆唇区别。Ladefoged 提出，为了去除这种圆唇的影响，可以把声学元音图的横轴换成 $F_2 - F_1$，第二共振峰与第一共振峰的差距与元音前后的对应性最好（Ladefoged, 2006：190）。相反地，如果想突出圆唇的作用，可以引入 F_3，因为 F_3 的频率较高，圆唇的作用也就越明显。比如，宁波方言的两个前高圆唇元音 [y ʮ] 在图 2.5 由 F_1/F_2 构成的声学元音图中无法相互区分，需要通过 F_3 进行区别；此外，引入 F_3 作为新的维度还可以区别元音的其他相关特征，比如 r 音化（rhoticization，比如北京话或普通话的儿化元音）。最后需要指出的是，声学元音图虽然与传统的元音"舌位"图相似，但通过声学数据采样，可以具体分析语言中的元音在声学空间中的分布，这是传统的"舌位"示意图所不具备的功能。声学元音图不仅可以标绘一位代表性的发音人的元音发音的代表性声学采样，可以标绘一位发音人或者多位发音人的元音发音的多次采样的均值，如图 3.2 标绘的是宁波方言 10 位男性发音人的均值；而且，声学元音图还可以标绘一位发音人或者多位发音人的元音发音的多次采样在声学元音图上的分布。这是因为元音的共振峰值的多次采样数据一般呈二维正态分布

（bivariate normal districution），因此可以在 F_1/F_2 或者采用其他维度的二维空间中通过主成分分析（principal component analysis, PCA）来确定置信椭圆（confidence ellipses），从而估算元音的分布空间，比如采用一个标准差大概可以包括 39% 的数据在椭圆之内，而两个标准差大概可以包括 86% 的数据，而想包括 50% 的数据需要大约 1.18 个标准差，而包括 95% 的数据则需要大约 2.45 个标准差。其中，两个标准差与 95% 是画元音椭圆的常用设置，同样的数据，标准差越大，包括的数据越多，椭圆越大。比如，图 3.7 绘制了宁波方言单元音的采用二个标准差的置信椭圆。其中，左图中的国际音标显示了 10 位女性发音人每人 5 次共计 50 次发音的采样数据，右图则删去了原始数据点，显示更为简洁清楚。

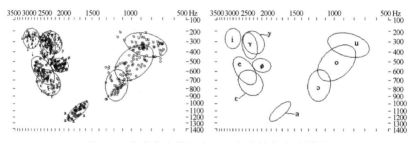

图 3.7　宁波方言单元音：10 位女性发音人椭圆

从图 3.3 显示、分析每个元音的共振峰开始，用图 3.6 的方法画出如图 3.2 或者图 3.7 中的声学元音图，尤其是如图 3.7，元音的置信椭圆显示了所采样的某个语言或方言的元音在声学元音图中的声学（首二个共振峰频率）空间分布，元音的声学分析基本告一段落了。元音的声学关联物是共振峰结构，尤其是最低频率的首二个或者首三个共振峰，这是由元音的产生和感知共同决定的。而且，声学元音图大致对应于传统的元音图，这便为进一步考察元音的语言学格局提供了基础。从语言学的角度考虑，主要是元音之间的区别对立关系问题。对于汉语及其方言来说，尤其要注意舌尖元音与复合元音（双元音）的问题。舌尖元音的发音涉及舌尖的动作，因此在被定义为表示舌位的传统元音图中，是不包括舌尖元音的，因为那个舌位是将整个舌作为一个发音整体的中矢面轮廓位置。但元音的共振峰结构包括所有发音器官的作用，并不排斥舌尖的发音,因此声学元音图是可以而且应该包括舌尖元音的。图3.8显示了10位男性(左)与10位女性(右)发音人的2个宁波方言舌尖元音[ɿ ʮ]的元音椭圆。比拟图3.8与图3.7,或者将图3.8右重叠至图3.7中,可以看到舌尖元音大概占据央-高至央-半高的位置;也就是说,用传统的元音描写术语,舌尖元音大致是一种央高元音,即央化了的高元音。关于舌尖元音,下文3.4"元音的特征"中将进一步讨论。复合元音的问题则更为复杂,下文3.3"元音的动态理论"中将详细讨论。

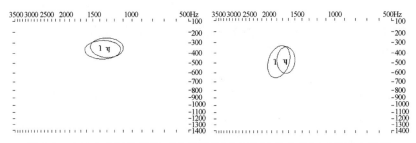

图3.8 宁波方言舌尖元音:10位男性(左)与10位女性(右)发音人椭圆

从元音的声学出发讨论语言的元音格局需要注意的是元音的变异性(variability)问题,因为元音的声学是一个综合的产出,里面蕴含生理的、心理的、社会的、交际的等诸多因素。一方面,同一个语言或者方言内部的元音呈现了比较一致的共振峰结构(F-patterns)特点,在声学元音图中具有相似的分布;但是另一方面,由于个体之间的生理、心理、社会等诸方面的差异,不同的发音人之间的元音共振峰存在着差别。其中,男女之间的差别尤其明显。从总是变异的、具体的声学中提取抽象的语音不变性(invariance),一直是语言学视角下的语音学研究之核心任务。语音变异性(speech variability)的来源很多,从语境、语速,至发音人的解剖生理、性别、年龄,甚至说话人的情感情绪等诸方面(Ladefoged & Broadbent,1957;Traunmüller,1988)。剔除语音声学中的非语言学因素的语音变异性,只保留语言学意义上的音类不变性,在技术上可以依赖的手段就是归一(normalization)(Fant,1968)。元音的归一可以采用听觉导向(auditorily-based;如Syrdal & Gopal,1986;Miller,1989)和发音导向(articulatorily-based;如Fant,1973;Nordström & Lindblom,1975)两种不同的技术途径。基于发音的归一与本章节不直接相关,此处不赘(可以参考胡方,2014)。基于听觉的归一着眼于将声学数据转换成听觉刻度,比如美(Mel)、巴克(Bark)、考尼希刻度(the König scale)等,它们的核心都是将声学刻度对数化(logarithmic scaling)。本文所述的声学元音图便采用了以听觉为基础的声学刻度关系——巴克,这样所显示的声学元音图便更符合人耳的感知声学特点,同时基于多人多次采样统计数据的元音椭圆可以大致代表元音的感知声学格局,因此这个声学元音图也得以逼近符合语言学意义的元音格局。

3.2　声学与发音的关系

前文提到,语言学传统中用来描写元音的高低、前后等范畴与发音舌位并没有如原先所设想的那种关系,因此国际语音学会的国际音标弃用"高低",改用"闭开"(close-open),而且在《手册》中明确指出:元音图根据的是听觉声学(auditory spacing),基于元音图的元音描写只能视为一种抽象(an abstraction),而不应视为对舌位的直接描写(not a direct mapping of tongue position)(IPA,1999:11-12)。上面我们也叙述了元音的高低、前后应该在感知声学层面进行解释的具体理由。不过,问题至此并未得到完全解决。首先,基于元音图的元音描写始终是语言学界无论是语音学还是音系学的元音区别特征理论的基础(Chomsky & Halle,1968)。其次,虽然说元音图可以从感知声学角度进行解释,但是从发音上怎么理解呢?这里便涉及元音的发音与声学问题的讨论。

本节使用汉语的材料——以单元音丰富而著称的吴语方言来谈这个问题(胡方,2005,2008,2014)。吴语方言,尤其是北部吴语,往往拥有10个或者更多的单元音,非常适合检验元音的高低、前后等问题。本节所讨论的宁波方言也不例外,元音库藏(vowel inventory)丰富,2个舌尖元音[ɿ ʮ],10个单元音[i y ɤ e ø ɛ a o u o],3个降峰双元音[ai au œy],6个升峰双元音[ia ie io yo ua uɛ],1个三合元音[uai];其中单元音[a o]与升峰双元音[ua]还可以出现在入声音节,升峰双元音[ie yo]只出现在入声音节。此外,宁波方言还有独立的鼻元音[ã ɔ̃]与鼻双元音[iã uã uɔ̃ yɔ̃],以及出现在鼻音尾环境中的元音

[i o]或升峰双元音[yo]，它们也会部分或者完全鼻化。本节重点讨论单元音，如图3.9中所示。而且，因为舌尖元音的发音涉及舌体之外的舌尖动作，因此未包括在讨论之中。采样语料是包含所有目标元音的单音节词，为了控制辅音声母、声调等对目标元音的影响，测试词尽量采用了零声母、高平调，但是，受制于拼合关系（phonotactics），[ø]没有零声母的音节。具体见表3.1。

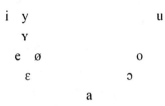

图 3.9　用传统元音图示意的宁波方言单元音

表 3.1　宁波方言单元音测试词

目 标 元 音	测 试 词
[i]	[i44] 意
[y]	[y44] 怨
[ɤ]	[ɤ44] 幼
[e]	[e44] 爱
[ø]	[tø44] 锻
[ɛ]	[ɛ44] 晏晚
[a]	[a44] 礙阴暗
[ɔ]	[ɔ44] 懊
[o]	[o44] 抠强卖
[u]	[u44] 焐

20 位宁波发音人（10 男 10 女）参加了声学实验，其中 7 位参加了 EMA 发音实验(4 男 3 女)，均为土生土长的本地人，无言语障碍或听力病理史，录音时年龄介于 18 至 30 岁之间。发音材料的录制使用德国 Carstens 公司的电磁发音仪，其中二位男发音人的录音使用 AG100 系统，其他发音人使用 AG200 系统，均是二维系统。无论声学研究还是发音研究，录音时，测试词置于载体句中：[ŋo13 io44 doʔ2 ＿ paʔ5 nau13 tʰiŋ44]“我要读＿＿＿＿＿拨给你听”。语料随机，录音重复 5 遍。

声学录音的采样率是 10 000 赫兹,在声学分析中,以宽带语图作参考,一般在元音的时间中点位置用基频同步线性预测法(the pitch synchronous linear predictive coding (LPC) method)提取首四个共振峰,当中点位置不稳定时,也采用最大或者最小第一共振峰的方法(Lisker,1984;Di Benedetto,1989;van Son & Pols,1990)。

二维电磁发音仪的数据采集与第二讲中介绍的三维发音仪类似。在语音学的研究中,三维发音仪一般也是主要关注发音人的中矢平面这个二维平面。而且,本节关心的是元音的舌发音,即粘贴在舌上的三个采样点。元音的发音数据分析牵涉提取目标元音的发音器官的位置信息。如第二讲中所述,元音的发音目标点(vowel target)的确定主要采用发音上的标准,同时参照声学上的标准。在发音研究上,切线速度最小值标准(the tangential velocity minima criterion)是常用的确定发音目标值的方法(参见 Löfqvist 等,1993;Löfqvist 1999)。具体操作上,当主发音点的切线速度在元音中间附近位置达到最小值时,我们就定义这里是元音的发音目标点。这里,这一标准并不严格应用到确定每个发音点上,而是只应用在确定主发音点上,然后根据主发音点决定其他发音点的位置信息,即在同一时间点上确定元音的发音目标值。在操作上,将距离元音的窄缩位置最近的舌采样点作为该元音的主发音点,具体来说,硬腭元音[i y ɣ e ø ɛ]是舌中点 TM,低元音及后元音[a ɔ o u]是舌背点 TD。

图 3.10 显示了宁波方言的单元音的声学元音图,分别基于 10 位男性发音人(左)与 10 位女性发音人(右)的均值;如前文第二讲所述,图的纵轴是元音的第一共振峰,横轴是元音的第二共振峰,坐标的原点在右上角。可以看到,图 3.10 中的声学元音图与图 3.9 中的元音示意图基本一致。宁波方言的单元音区分四个高低维度:[i y u]是高元音;[e ø o]是半高元音;[ɛ ɔ]是半低元音;[a]是低元音。其中,[i y ɣ e ø ɛ]是前元音;[u o ɔ]是后元音;低元音[a]不区分前后。而且,前元音在高、半高位置区分圆唇:[i e]不圆唇与[y ɣ ø]圆唇对立[①];而后元

---

① 宁波有两个前高圆唇元音[y ɣ],在类型上比较特别,[ɣ]也是声学元音图与示意图之间的唯一的例外,第五讲将专节讨论语言中的圆唇对立,此处不赘。

音则均是圆唇。因此,语言学意义上的区别特征,即元音高低、前后、圆唇均可以在声学上找到很好的关联物,并且在声学元音图中一目了然。

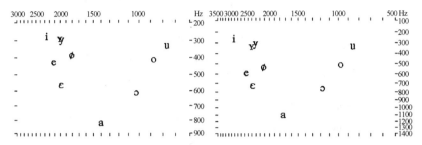

图 3.10　宁波方言单元音:10 位男性(左)与 10 位女性(右)发音人均值

那么,元音的发音呢?图 3.11 显示了 7 位宁波发音人的元音舌位图,图中发音人面朝左,每个国际音标代表该元音的三个舌采样点:如第二讲 2.2.2 所述及图 2.7 所示,从左至右依次为舌尖(TT)、舌中(TM)、舌背(TD),采样点的数据为 5 次录音的均值,单位为毫米;为方便阅读,三个采样点用不同样式的线条连接,采样点上方的曲线为发音人的硬腭形状示意。

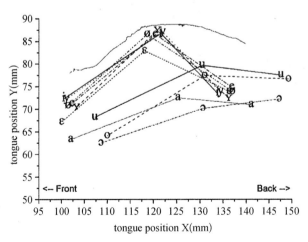

图 3.11a　宁波方言单元音发音舌位图(男性发音人一):
发音人面朝左(单位:mm)

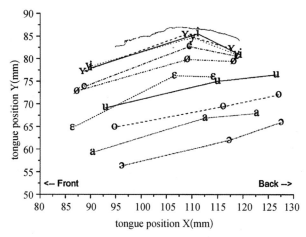

图 3.11b　宁波方言单元音发音舌位图（男性发音人二）：
　　　　　发音人面朝左（单位：mm）

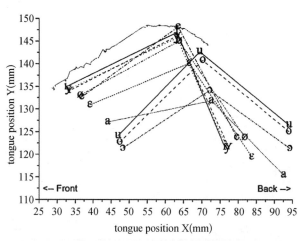

图 3.11c　宁波方言单元音发音舌位图（男性发音人三）：
　　　　　发音人面朝左（单位：mm）

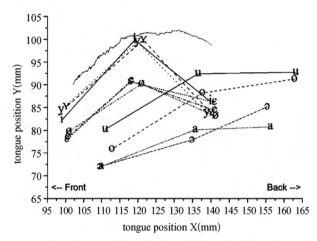

图 3.11d　宁波方言单元音发音舌位图（男性发音人四）：
　　　　发音人面朝左（单位：mm）

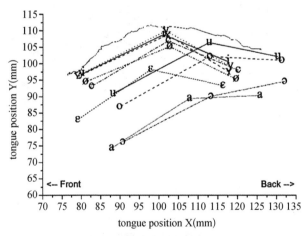

图 3.11e　宁波方言单元音发音舌位图（女性发音人一）：
　　　　发音人面朝左（单位：mm）

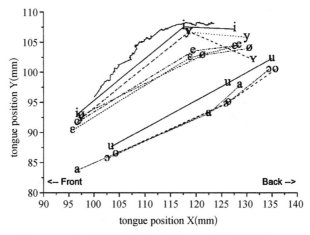

图 3.11f　宁波方言单元音发音舌位图（女性发音人二）：
发音人面朝左（单位：mm）

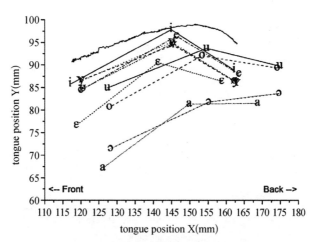

图 3.11g　宁波方言单元音发音舌位图（女性发音人三）：
发音人面朝左（单位：mm）

从图中可以看到,前后元音的舌位区分还是比较明显的,所有的发音人都比较一致。大致上说,前元音[i y ɤ e ø ɛ]在发音时舌采样点靠前,舌体不同程度地接近硬腭,采样的舌中(TM)点一般最为接近这个构音点(constriction location);后元音[u o ɔ]的舌采样点靠后,显示发音时舌体明显后缩,而舌背(TD)点是最后面的采样点,最接近它们的构音点:软腭或者更后面的位置;低元音[a]的舌采样点大致居中,位于前后元音之间,三个舌采样点均较低,显示其在口腔内并无构音窄缩位置,而据前人研究,低元音[a]的构音点在咽腔下部,约声门上方4厘米处(Wood,1979)。

不过,即使前后元音可以通过舌位区分,前元音舌体前伸,后元音舌体后缩,但是很难说这便是传统元音图中所说的舌位前后特征关系。当然,更为致命的是,另一个重要的元音基本区别特征——元音高低,完全无法与舌位高低建立起原先所预想的那种联系。一方面,前后元音之间的舌位往往不具有可比性;另一方面,即使是将前后元音分开来考虑,也无法建立起如传统元音图所说的那种以发音舌位高低为生理基础的区别特征。

除此之外,发音人之间也各具特点。男性发音人一的前高、半高元音[i y ɤ ø]的舌中(TM)采样点几乎处于相同的最高位置,而且三个采样点所反映的它们的发音舌型也类似;此外,低元音[a]的舌位也不比半低元音[ɔ]低。男性发音人二则显示了所有发音人中最理想的元音高低与舌位高低之间的关系:(1)在前元音中,高元音[i y]的舌位最高,半高元音[e ø]其次,半低元音[ɛ]最低;(2)后元音也是[u o ɔ]依次舌位降低;(3)不过,低元音[a]比后半低元音[ɔ]的舌位要高。男性发音人二是作者本人,这可能说明专业语音学者的发音受到"正则元音"国际音标训练的影响,因此在使用语言学专业人士作为发音人时需要特别小心。男性发音人三的前半高元音[e]的舌中(TM)点最高,其余前高、半高元音[i y ɤ ø]拥有类似的舌中(TM)点与类似的发音舌位;而且,其后高元音[u o]的舌位采样点与发音舌位也比较接近。男性发音人四的前高元音[i y ɤ]确实拥有最高的舌中(TM)位置,但前半高与半低元音[e ø ɛ]的发音舌位类似。与男性发音人二类似,女性发音人一的元音高低与舌位高低的关系也比较清晰:(1)前高元音[i y ʏ]的舌中(TM)点最高,半高元音[e ø]其次,半低元音[ɛ]最低;(2)后元音[u o ɔ]的舌位也依次降低,只是[u o]的舌背(TD)点比较接近;(3)不过,低元音[a]与后半低元音[ɔ]的舌位高低相似。女性发音人二具有与男性发音人四类似的地方,其前高元音[i y ʏ]拥有最高舌中(TM)点,但前半高与半低元音[e ø ɛ]的舌中(TM)点与发音舌位类似;不过,女性发音人二也具有自身特点,其后半高、半低元音[o ɔ]的舌位几乎相同。女性发音人的元音高低与舌位的匹配模式具有其自身特点,前元音中[i]的舌位最高,[ɛ]最低,但是其他前元音[y ʏ e ø]的发音舌位均处于一个类似的位置。

至此,我们大致可以看到:(1)前、后元音的发音舌位不同,发前元音时舌中(TM)采样点向硬腭方向前举,发后元音时舌背(TD)采样点与其他舌采样点一起向软腭附近方向后缩;(2)低元音的发音舌位也具有其自身的特点,主要涉及舌采样点回缩;(3)舌位与元音的区别特征高低、前后之间并不存在如传统元音图中所设想的那种清晰的对应关系。那么,得到感知声学支持的元音的高低、前后,在发音生理上究竟是怎样实现的?该如何解释呢?为此,我们对电磁发音仪的采样材料进行了统计建模分析,希望从所采样的纷繁复杂的元音舌位位置信息中分解出底层的控制因子。

这里采用平行因子分析(Parallel factors,简称 PARAFAC)的方法对数据进行降维。平行因子分析是 Harshman(1970)发展的三模因子分析模型(the 3-mode factor analysis;也可参见 Carroll & Chang,1970 同时提出的类似模型,他们命名为 CADECOMP)。与标准的二模因子分析类似,平行因子分析将材料表征为一组线性成分的总数。然而平行因子分析的优势在于通过同时提取互相之间可能重叠的成分并对它们进行平行计算,从而解决了标准二模因子分析中由于因子坐标的方向的不确定性而导致的坐标旋转问题,也即为模型提供了唯一的解。在数学上,应用于舌发音数据的平行因子模型可以如下表达:对于 k 位发音人(Speakers,简写为 S)的从 i 个发音采样点(Articulators,简写为 A)上测量的 j 个元音(Vowels,简写为 V),假设提取了 n 个因子,那么平行因子分析的结果便表述为三个荷载矩阵

(loading matrices)V、A、S(即上述元音、发音点、发音人的缩写),每个矩阵可分别描述为 j×n、i×n、k×n。因此,对于发音人 k,其完整的数据集 i×j 次元的矩阵 Y_k 可以由平行因子算法表述为公式(1):

$$Y_k = AS_k V^T \qquad (1)①$$

其中,S_k 是发音人的比例常数矩阵,表征 n 个因子的对角矩阵,V^T 是矩阵 V 的转置。如此一来,任何一个元音的任一发音采样点均可表述为距离任意定义的参照位置的偏移;与以往研究类似,此处定义每个发音人的所有元音的采样点均值为发音参照位置。也就是说,我们假设每个发音人的所有元音的发音点平均值为发音初始位置,于是每个元音的发音便表述为该元音距离这个初始位置的偏离。

在 Harshman 等(1977)与 Jackson(1988a, b)的研究中,发音数据基于早期的 X 射线材料;Nix 等(1996)指出,这可能造成人为偏差,因为计算是基于加在 X 射线发音图像之上、人为定义的网格线,而这些网格线的方向并不一定是实际舌移动的方向。因此,Nix 等(1996)将 Harshman 等(1977)中的 X 射线材料转换成准发音点材料,并且认为其结果更加合理且易于解释。Hoole(1999)使用了电磁发音仪录制的自然发音点材料对德语元音发音进行平行因子分析。这里也是基于电磁发音仪采录的自然发音点材料:3 个舌采样点各有(x, y)坐标共 6 组发音数据,10 个宁波单元音,7 个发音人,构成一个 6×10×7 的材料数组。

与以往的研究相似,比如 Harshman(1977)等发现二因子模型可以解释 92.7% 的美国英语发音材料,Hoole(1999)与 Hoole & Mooshammer(2000)发现二因子模型可以解释 92.3% 的德语发音材料,本项研究也是发现二因子模型适用,大约解释 90% 的方差②。所提取的二因子对于舌发音点的荷载作用可以如图 3.12a-b 分别表述为每个因子相对于以所有发音人的所有元音的舌采样点均值所定义的发音参照位置的偏移。图中也加载了所有发音人的硬腭均值作为参照。

---

① 公式参照 Jackson(1988a:129)和 Hoole(1999:1021),跟 Harshman 等(1977:699)和 Nix 等(1996:3708)的写法略有不同。

② 平行因子模型的具体求解过程可以参见胡方(2014:97-98),此处从略。

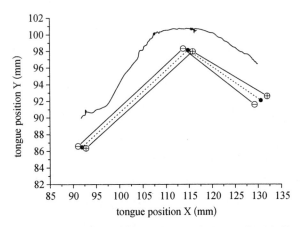

图 3.12a 舌发音点因子一的图示：点线连接的黑点是
所有发音人的舌发音点均值；实线连接的
以十与一为中心的圆圈分别是偏移均值参考
位置±2 个标准差（单位：mm）

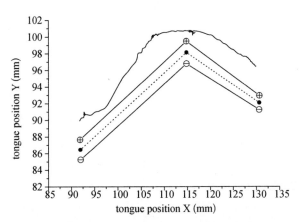

图 3.12b 舌发音点因子二的图示：点线连接的黑点是所
有发音人的舌发音点均值；实线连接的以十与一
为中心的圆圈分别是偏移均值参考位置±2 个
标准差（单位：mm）

　　如图所示，所提取的两个因子可以分别命名为"回缩与后举"
(retraction and back raising)、"前举"(front raising)。然后，每个宁波元音
的发音可以理解为模型所分解出来的这两个因子所代表的舌移动机制的

组合。因此,如图 3.13 所示,我们可以用这两个因子,即"回缩与后举""前举"这两个舌移动机制,来重构宁波方言的元音,图中坐标的数值代表重构每个元音所需的因子权重;横轴:因子一,纵轴:因子二。

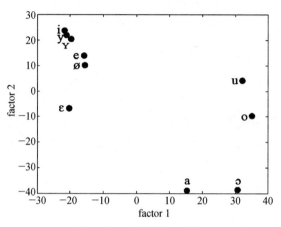

图 3.13   因子载荷:元音

图 3.13 所呈现的元音发音图与传统的元音图或者以元音共振峰来定义的声学元音图之间具有很高的相似性。但此图是纯粹基于舌发音的元音分布图,也即是"元音舌位图"。横坐标为"因子一",表示需要多少权重的"回缩与后举";纵坐标为"因子二",表示需要多少权重的"前举"。正值表示正方向的舌移动机制,负值表示相反方向的舌移动机制。比如,前高元音[i]需要最大的(正向的)"前举"和"前伸"(即负向的"回缩");后半高元音[o]需要最大的(正向的)"回缩与后举";低元音[a]需要最大的"前降"(即负向的"前举")。

因此,元音高低、前后这两项最基本的语言学意义上的元音区别特征,在发音上便大致可以用平行因子分析所得的二项舌移动机制来解释:虽然说表面上看起来,因子一"回缩与后举"大致对应于"舌位前后",因子二"前举"大致对应于"舌位高低",但是具体来说,却也不尽相同。其一,所有前元音均需要较大的"回缩与后举"负值,表明发音时舌体前伸,而所有后元音则需要较大的"回缩与后举"正值,表明发音时舌体"回缩",并且舌背向软腭附近"后举"。其二,前元音[i y ɤ ø]均需要"前举"正值,而前元音[ɛ]则需要"前举"负值,这说明前者需要舌体

(采样中的舌中)向硬腭"前举",而后者则需要舌体相对于硬腭"下降"。其三,后元音只有[u]的"前举"是正值,而[o ɔ]均为负值,说明他们的舌中采样点是依次下降的。同时,这也说明了后元音与前元音不具有可比拟性:如果说因子二"前举"比较好地描写了前元音的"舌位高低",那么它只是附带地反映了后元音的"舌位高低",因此这便造成了相对于传统元音图来说,图3.13的"元音舌位图"有些错位。其四,就"回缩与后举"而言,低元音[a]位于前、后元音之间;而就"前举"而言,[a]与后元音[ɔ]类似。事实上,从前文图3.10中也可以观察到,低元音[a]与后半低元音[ɔ]的舌位也是大致相当的,这也再一次证明元音高低、舌位高低、舌移动机制之间的关系的复杂性:元音高低的依据是元音的感知心理,舌移动机制可以解释元音的发音,但并不是如原先传统元音图理论所预设的那样的"元音舌位"对应关系。最后,从图中可以看到,不圆唇元音与其对应的圆唇元音拥有类似的舌发音:前高元音[i]与[y ʏ]、前半高元音[e]与[ø]。

  平行因子分析得到的"舌移动机制"(图3.12)与"元音舌位图"(图3.13)都是独立于发音人的,那么发音人之间的区别如何体现呢?如图3.14所示,我们可以将发音人之间的不同理解为使用两项"舌移动机制"的权重策略不同。这种不同可能基于每个人先天的发音生理解剖上的区别,也可能是由于后天的运动神经控制习惯造成的。

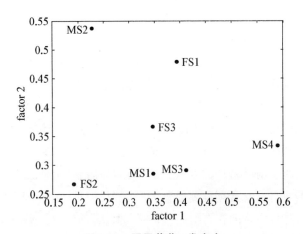

图3.14 因子载荷:发音人

最后,需要指出的是,统计模型一般不具有发音生理上的可解释性,平行因子分析也不例外,因此平行因子分析所提取的两项"舌移动机制"是根据电磁发音仪的舌发音数据进行的解释,其本身并不暗示任何发音解剖生理上的解释。不过,这也并不意味着基于平行因子模型的统计分析的随意性。一方面,来自其他语言的独立研究均得到了可比拟的结论,这说明平行因子分析所提取的"舌移动机制"具有一定的跨语言的普遍性(Harshman 等,1977;Hoole, 1999;Serrurier 等,2012)。另一方面,Maeda & Honda(1994)与 Honda(1996)的肌电(EMG)研究发现,元音的发音确实受到几乎互相垂直的两组肌肉控制,一组是后颏舌肌(genioglossus posterior, GGP)与舌骨舌肌(hyoglossus, HG),另一组是茎突舌肌(styloglossus, SG)与前颏舌肌;其中,前一组肌肉控制的舌移动大致就相当于平行因子模型中的"前举",而后一组肌肉控制的舌移动大致就相当于平行因子模型中的"回缩与后举"。因此,统计分析本身虽然不具有解剖生理上的可解释性,但其基于数据本身进行的分析却也得到了来自生理研究的支持。作为总结,如图 3.15 中所示意的,元音的发音与声学大体可以理解为运动神经控制(motor space)通过发音器官(发音空间)来实现感知声学。当然,其间更为细致的控制机理以及不同语言中、不同发音人之间的可变性(variability)与不变性(invariability),值得更进一步的探

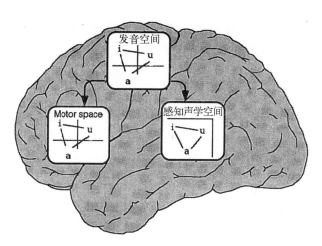

图 3.15   元音的发音与声学(根据 Honda, 1996 修改)

索与研究(Fuchs, 2017；Serrurier 等,2017)。

3.3 元音的动态理论

一个语音单位应该是恒常不变的,还是可以随着时间变化？学术界并无定论。以声调为例,拱度调(contour tones)的复杂基频曲线所呈现的动态性是不是语言学的基本单位属性,还是可以分解为恒常单一的平调的组合？这个并无定论。我们倾向支持前者,即认为动态性也是一个语音基本单位的内在属性。元音也是如此。来自具体语言与方言的材料支持这样的看法。元音的动态性其实就是元音音色与时长的一种交互模式,即元音音色随着时间明显改变。元音的频率域特性在时间域上的变化,构成了元音的动态特性。在语言学上,便产生了复合元音。

在教科书中,元音一般都被分类为单元音与复合元音,其中复合元音又可以细分为二合元音、三合元音、甚至四合元音等。这在语言学上仿佛是一个显而易见的常识,然而对于复合元音的定义与性质,文献中一直是存在着争议的。大致上说,有两种观点：一种观点认为双元音是一个单独的元音,只是它的核心在语音上是复杂的(Malmberg, 1963；Abercombie, 1967；Catford, 1977)；另一种观点则认为双元音就是两个元音或者一个元音和另一个半元音组合起来的序列(Sweet, 1877；Jones, 1922)。也就是说,前者将双元音视为一个发音事件,只有一个变化的、动态的目标；而后者则将双元音看成是两个发音事件,从一个静态的目标过渡到另一个静态的目标。即使是对英语这一文献众多、研究最为透彻的语言,关于其双元音的性质问题,语音学家们也是各有说法(Pike, 1947；Lehiste & Peterson, 1961；Holbrook & Fairbanks, 1962)。不过,对于英语来说,单、复元音的问题不大,因为英语的语音与音系研究比较透彻。说到英语的元音系统的时候,一般只包括单元音,但是英语的单元音包括[ei ou]之类的双元音化的元音。也就是说,英语的单元音允许有动态性。而英语的双元音,无论是一般的[ai au],还是央化双元音(centering diphthongs),则都是元音序列。

探讨复合元音的性质有助于理解人类语言的音系复杂性。因为目前单、复元音的机械分类对于理解语言的音系复杂性并无裨益,有时甚至带来误导。比如语音类型学的研究经常将客家话归类为元音最少的汉语方言(Zee & Lee,2007;叶晓峰,2011),因为客家话的代表方言梅县话只有 6 个单元音(包括一个舌尖元音)[ɿ i u a ɛ ɔ],而另外有 5 个降峰双元音[ai ɔi ui au ɛu]是不计算为“元音”的。这样的类型学归纳是很危险的。只要将视野稍微放宽一些就会发现,江西的客家话完全是另外一种情况,比如,信丰(铁石口)客家话就有 11 个单元音[ɿ i u a æ e ə ɔ u o]](Zhang & Hu,2015)。那么,是否可以说江西客家话拥有与梅县截然不同的元音系统呢?只计算单元音的话,似乎确实如此;但是,如果降峰双元音也是与单元音性质一样的元音音位的话,那么二者的元音系统是类似的。也就是说,遵循单、复元音分类法,只把单元音计算为语言或者方言的元音,便会将两个拥有类似元音系统的语言归类为完全不同的类型。如果把研究的视野再扩大,那么问题也会放大。在著名的《科学》杂志上,Atkinson(2011)试图建立世界语言的多样性与人类基因分布的多样性之间的关系,进而从语言学的角度来论证人类的非洲起源说。然而,Wang 等(2012)完全依据 Atkinson 的论证方法,但在使用了研究文献较少的东亚语言与方言的材料之后,便得出了一个完全不同的说法。歧见的一个关键之处就是对于世界语言的音系复杂性的评估,就元音来说,文章在计算语言中的元音复杂性的时候仅包括单元音。因此,在对元音的性质尚缺乏认识的条件下,去谈论世界语言的元音系统的复杂性、语言音系的复杂性,进而讨论语言的类型,甚至与人类起源相联系,是不容易得出可靠的结论的。

复合元音的性质问题对于汉语及相关少数民族语言来说特别重要,也是理解音节的核心问题。在多数汉语方言中,双元音是音节、音段库藏(inventory)中非常丰富的内容,汉语方言不仅降峰双元音丰富,而且升峰双元音更是普遍。汉语等东亚、东南亚语言中的音节直截了当。对于汉语来说,一个汉字便是一个音节。相关语言的音节结构也相对比较简单,一般认为没有辅音丛(consonant clusters),一个音节可以由声母(initial consonant,C)、介音(glide,G)、韵腹元音

(vowel nucleus，V)、韵尾(coda，C)等构成,表征为 CGVC。然而,这些成分的性质,以及这些成分之间的结构关系,都是有争议的。在文献中,学者们为汉语元音的结构分析提出了种种方案(Hartman，1944；罗常培、王均,1957；R. L. Cheng，1966；Chao，1968；C. C. Cheng，1973；游汝杰、钱乃荣、高钲夏,1980；Duanmu，2008,2016)。此处无意对此进行详细述评,因为以往的研究均是基于归纳推理的音系分析,自然便存在着多种解决方案(non-unique solutions；Chao，1934)。

我们采取务实的方式,先将各种音系学或者语音学的分析放在一边,因为无论这个韵头介音或者韵尾的性质如何,它们都会与核心元音成分一起在物理上形成动态的共振峰结构,不妨就从这里开始分析。CGVC 中,GV 构成升峰双元音,当韵尾是元音性成分时,GC 构成降峰双元音。请注意,这里使用以元音声学来定义的术语,不用流传更广的"后响双元音"与"前响双元音",因为后者是基于听感的术语,这里并不讨论"降峰双元音是否一定前响,升峰双元音是否一定后响"。

要讨论元音的动态特性与语言中的复合元音,一个技术上的问题便是:如何测量复合元音的相关声学参数,如何描述复合元音的动态性?

首先是复合元音的共振峰频率特性。复合元音的共振峰频率随着时间发生改变,因此第一步需要分析复合元音的共振峰频率特点:相关组成成分是否都拥有共振峰频率的稳定段?稳定段之间的过渡如何?迅速突变的,还是平缓渐变的?如前文图 3.4、3.5 所示,在双元音共振峰结构分析的基础上便可以在相关语音声学分析软件上进行双元音构成成分的标注:首尾成分均有稳定段的,标注首尾成分段,以及过渡段;某个成分没有稳定段的,可以标注发音目标点,定义高元音成分的第一共振峰(F_1)最小处、低元音成分的第一共振峰最大处为该成分的发音目标点。

完成了复合元音的组成成分的音段标注或者发音目标标注,第二步便可以参照提取单元音共振峰的方式,提取复合元音相关组成成分的共振峰结构。然后,根据所提取的双元音首尾成分的共振峰信息,便可以在声学元音图上显示双元音的共振峰走向示意图。图 3.16 显

示了宁波方言降峰双元音（falling diphthongs，左）与升峰双元音
（rising diphthongs，右）的共振峰结构示意图，共振峰数据基于 10 位
女性发音人每人 5 次发音采样的均值。从图中可以直观地观察到宁
波方言 3 个降峰双元音[ai au œy]、7 个升峰双元音[ia ie(ʔ) io yo(ʔ)
ua ua(ʔ) uɛ]的共振峰走向，图中的箭头表示双元音从首成分共振峰
位置向尾成分共振峰位置运动。不过，双元音是否存在着发音或者声
学上的首、尾目标，接下来需要讨论。同时，需要注意的是，首尾成分
来自共振峰数值测量，箭头示意走向，真实数据并不一定是直线。

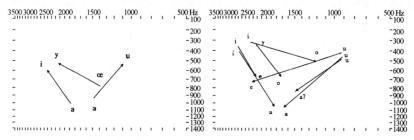

图 3.16　宁波方言降峰双元音（左）与升峰双元音（右）：10 位女性发音人均值

　　其次，在测量复合元音成分的共振峰数据的同时，可以记录复合
元音的时间结构，即各个组成成分的时长。其中，时长可以用测量到
的绝对数值标示，也可以用百分比标示。图 3.17 显示了宁波方言双元
音时间结构，材料基于 10 位女性发音人各自 5 遍发音采样的均值。
带阴影的横格条代表双元音首成分，因为升峰双元音首成分时长可以
忽略不计，因此是零；黑色横隔条代表双元音首、尾成分之间的过渡

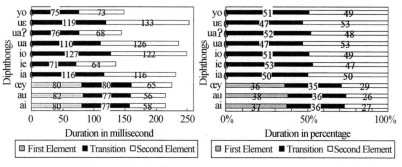

图 3.17　宁波方言双元音时间结构均值（左）与百分比（右）：10 位女性发音人

段;白色横隔条代表双元音尾成分。左图是直接测量所得的时长值,以毫秒为单位;右图是双元音各组成成分相对于总时长的占比。从图中可以看到,绝对时长数据更能显示不同双元音个体之间的时长差异,而时长百分比数据则更能显示双元音类别之间的时长结构的异同。

最后,根据共振峰频率与时长信息,可以计算、评估双元音首尾成分之间过渡的频谱动态特性(spectral dynamics)。双元音不仅包括首尾成分,而且包括首尾成分之间的过渡段;如果首、尾成分均没有共振峰结构稳定段,那么双元音也可能完全由过渡段构成,即其共振峰结构一直处于变化状态。完整描写复合元音的动态频谱特性需要对所测量的共振峰数据在时间轴上的变化进行建模;一个简化的方法是使用基于某一个共振峰的动态频谱参数。文献中一般采用第二共振峰(F_2)的变化幅度与速度(Gay, 1968; Manrique, 1979; Jha, 1985)。例如,表 3.2 总结了宁波方言降峰双元音的 F_2 变化幅度(ΔF_2:F_2 range of change,单位:赫兹)与速度(F_2 rate of change,单位:赫兹每毫秒),数据基于 10 位男性发音人与 10 位女性发音人的均值。从表中可以看到,男女发音人的数据一致显示:不同的双元音拥有不同的 F_2 变化幅度与速度。

表 3.2　宁波方言降峰双元音的第二共振峰(F_2)变化
幅度(单位:赫兹)与速度(单位:赫兹/毫秒)

双元音	10 位男性发音人		10 位女性发音人	
	ΔF_2	F_2 变化速度	ΔF_2	F_2 变化速度
[ai]	539	6.34	510	6.62
[au]	−313	−4.12	−366	−4.75
[œy]	592	7.59	685	8.56

近些年来自汉语方言的研究重新审视了复合元音的性质问题,而且与以往的研究主要运用语言学内部(linguistic internal)证据不同,这些研究更加注重以实验语音学的证据为基础讨论元音问题。复合元音的性质涉及两个关键问题。第一,双元音的两个组成成分各自有没有目标(target)? 第二,双元音具有什么样的动态特性? 语音的目

标是一个复杂的问题,难以确切地给予定义,不过可以从运动神经控制、发音、声学、感知等角度去观察(Guenther, 2016)。除了部分发音材料,这里主要采用声学材料,并且采用比较直观简洁的论证,通过比较双元音的组成成分与相应的单元音在声学频谱上(共振峰结构)的关系来进行讨论,同时也可以分析双元音的组成成分在产生上的离散性与可变度(variability)问题。如果双元音成分的发音、声学语音特性与相应的单元音接近,而且离散性不大,那么证据便倾向这个双元音的组成成分是拥有一个相对稳定的发音或者声学目标的;反之,如果双元音成分的发音、声学与相应的单元音差别很大,而且可变度也很大的话,那么证据便倾向这个双元音成分没有一个明确的发音或者声学上的目标。

无论双元音有没有发音或声学目标、有几个目标,或者说,无论双元音是两个音段构成的序列还是一个动态的复杂音段,双元音的动态特性都是一项重要的研究内容。双元音的动态特性也可以从声学、发音的不同角度进行探讨。从声学的角度看,共振峰(尤其是第二共振峰)变化幅度与速度(F_2 range and rate of change)是比较理想的参数,因为其表述了双元音的音色变化幅度与速度。以往的声学研究与感知研究表明:双元音往往拥有各自不同的第二共振峰变化速度(Gay, 1968, 1970)。不过,运用共振峰变化描述语言中的双元音的时候也有一些局限性:共振峰变化模式反映的是所有发音器官综合的结果,这是其一;其二,它反映的是共振峰变化的平均速度;因此,它无法反映双元音动态特性的更细致的方面。以往的研究也发现,共振峰变化速度在描写双元音比较少、特别是只有降峰双元音的语言,比如英语(Gay, 1968)、Mathili 语(Jha, 1985)时比较有效,但在描写双元音比较复杂的语言,比如西班牙语(Manrique, 1979)、汉语及汉语方言(Ren, 1986; Ren & Chan, 1988)时就会遇到问题,因为无法用共振峰变化速度来区分不同的双元音。与声学数据不同,发音运动学(articulatory kinematics)能揭示双元音产生中更多的动态细节,挖掘声学现象背后的原因以及提供更多事实。但是与单元音研究文献的浩如烟海相比,双元音的语音学研究相对比较薄弱,声学、感知方面的研究不多,发音生理方面的研究则更少见。Kent & Moll(1972)曾运用 X 光摄影材料检视美国英语单元音、双元音的舌体发音,并发现双元音产生中舌运动的速度是有限制的。然而,由于技术局限,Kent & Moll 的研究只提供了发音运动中的平均速度数据,缺乏其他运动学数据。胡方(Hu,2005a)运用电磁发音仪材料对宁波方言双元音的发音运动学特性进行了探讨,并尝试运用了舌发音平均速度、速度峰值、速度峰值时间等参数来描写双元音的发音。

根据吴语宁波方言双元音的声学与发音材料,胡方(2013)提出:升峰双元音的产生是两个发音事件,由两个目标(targets)构成,而降峰双元音则是单个发音事件,只有一个动态的目标。也就是说,宁波的降峰双元音,比如[ai],并不是[a]与[i]的序列,而是一个单独的动态语音事件,因而在音系上,[ai]是与单元音[a]构成音位对立的一个独立音位;相反,宁波的升峰双元音,比如[ia],就是[i]与[a]的序列。当然,在语音学上的序列的意思并不是二者简单相加,也是经过协同发音(coproduction)的过程,就像塞擦音即是一个塞音与擦音的序列,至于具体语言中的双元音的两个成分之间的协同发音情况如何,则是可以研究的一个问题。我们随后的一系列研究中,发现多地的汉语方言大致也是类似的情况,比如:吴语杭州方言(Yue & Hu,2018)、西南官话(邱玥、胡方,2013)、晋语(Xia & Hu,2016)、浙江苍南闽南话(Hu & Ge,2016)等。此外,我们在双元音化的研究中发现:单、复元音之间并不是截然二分的,而是一个连续统(continuum);因为不仅单元音可以双元音化,而且双元音化的过程也可以是渐变的(gradient)。比如,徽语方言中的央化双元音化便是从几乎不具有音位对立(黟县徽语:Hu & Zhang,2014)向具有完全音系地位演变(祁门徽语:Hu & Zhang,2015;歙县徽语:Hu & Zhang,2017),并且双元音化之后的元音在语音结构上渐渐变得类似于普通双元音(休宁徽语:Zhang & Hu,2017)。因此,我们提出应该放弃将元音简单机械地归纳为单、复元音的传统分类,取而代之以实验证据导向的动态元音理论(Hu,2017)。

除了前文提到的宁波方言的材料,我们这里再取杭州吴语与太原晋语一南一北两个方言点,以及徽语的声学材料进行简要讨论。吴语杭州方言来自 6 男 6 女 12 位发音人,晋语太原方言的材料来自 5 男 5

女 10 位发音人。数据采集使用包含目标双元音与相应的单元音的自然单音节词为例字,采录本地无言语听力障碍的成年发音人的语音。例字随机放置在一个包含单念位置与句中位置的载体句中,"X,包含 X 的句子",录音重复 5 遍。录音在当地田野调查过程中录制,使用高指向性话筒与专业数字录音机或者使用专业外置声卡直接录入电脑,采样率为 10 000 赫兹或者 11 025 赫兹。然后,声学分析方面,如前所述,如果双元音存在稳定段的话,我们测量双元音组成成分以及过渡段的时长,并在双元音成分的稳定段中部进行频谱分析,提取前 4 个共振峰频率,这里重点分析前 2 个共振峰,即第 1(F_1)和第 2 共振峰(F_2)。如果双元音成分没有稳定段,那么对于高元音成分,我们提取第 1 共振峰最低处;对于低元音成分,我们提取第 1 共振峰最高处,因为此时他们各自到达声学上的实际目标位置。同时,我们测量双元音的时间结构,并利用频谱信息与时长信息,计算共振峰(F_2)变化幅度与速度。

　　声学数据之外,这里也利用吴语宁波方言的发音材料简要讨论双元音的发音问题。发音数据用电磁发音仪(EMA)采集,共有 4 男 2 女 6 位宁波本地发音人,其中 2 位男性发音人用 Carstens AG100 系统,其他 4 位发音人用 AG200 系统采集。如前所述,除了头部校准用的参考点之外,传感器粘贴在 6 个目标发音点:舌背(TD)、舌中(TM)、舌尖(TT)、下颚(实际为下齿龈位,Jaw)、下唇(LL)、上唇(UL)。这里重点讨论舌上的采样点,尤其是舌体上的舌背(TD)与舌中(TM)。EMA 发音材料的有效采样率为 200 赫兹,数据经过低通滤波处理并旋转至其 x 轴与每位发音人的咬合面相平行。我们使用舌中(TM)采样点作为硬腭元音(palatal vowels)成分的主发音点,使用舌背作为低或后元音(low or back vowels)成分的主发音点。在双元音成分的发音过程中,当主发音点的切向速度(tangential velocity)最小的时候,我们定义其达到目标位置,即提取此时所有发音器官(即所采样发音点)的位置信息。除此之外,我们测量双元音发音的运动信息(kinematics):平均速度(average velocity)、峰值速度(peak velocity)、峰值速度时点(the time to peak velocity)。平均速度指主发音点在两个双元音成分之间单位时间内的位移(毫米／秒);峰值速度是在测量到的主发音点在两个双元音成分之间运动过程中的最大切向速度;峰值速度时点即指该切向速度峰值出现距离双元音声学开始的时间。

先看杭州方言的情况。杭州是南宋的首都,因此杭州吴语带有北方话的特点,尤其是词汇与语法方面,不过杭州方言的音系还是吴语特色的。在不带鼻尾或喉塞尾的开音节,杭州有 8 个单元音(包含 2 个舌尖元音):[ɿ ʮ a i u y ε ɔ],2 个降峰双元音[ei ou],10 个升峰双元音[ia iɔ iε ua uɛ uo yo ʮɐ yε ʮo],1 个三合元音[uei]。在鼻尾韵中,元音对立大大缩减,只有 5 个单元音[i y a o ə]和 6 个升峰双元音[ia ua ʮa uə yə io]。在入声(即喉塞尾)音节中,元音对立进一步缩减,只有 2 个单元音[o a]和 5 个升峰双元音[io iε ua yε ʮa]。这里讨论杭州方言的元音系统,重点是双元音问题。

图 3.18 显示了杭州方言单元音的 2 个标准差的椭圆分布图,图中每个 2 个标准差的置信椭圆基于 60 个数据点:6 位发音人×5 遍重复×2 个例字。在北部吴语中,这是一个相对简单的单元音分布:3 层高低;只在高元音层拥有前后、圆唇对立。2 个舌尖元音占据央中元音位置。

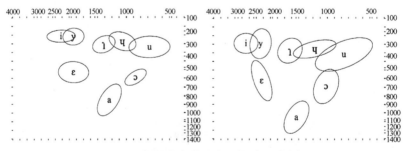

图 3.18　杭州方言单元音:男(左)、女(右)

然后看双元音,首先是升峰双元音,我们以语言中最常见的[ia ua]这 2 个升峰双元音为例。图 3.19 显示了杭州方言[ia ua]的组成成分与相应的单元音的 2 个标准差的椭圆分布;其中,双元音的首尾成分用标示在括号内的另一个成分标识,单元音不带标记。从双元音成分与相应单元音的椭圆分布对比中可以观察到:一方面,双元成分的椭圆分布呈现了一定程度的协同发音效果。比如,[ia]中的[i]略央,[ia]中的[a]略前;[ua]中的[u]与[a]也同理,所以[u]略央,[a]则略后。而另一方面,双元音成分的椭圆与相应的单元音之间的重合程度很高,即它们之间拥有类似的频谱目标。这说明,说话人对双元音成分的频谱目标的控制与相应的单元音的类似。也就是说,与单元音类似,杭州的升峰双元音拥有首尾两个声学目标。

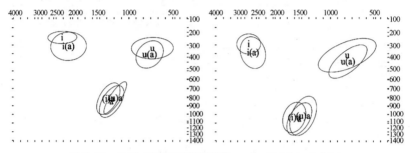

图3.19 杭州方言升峰双元音[ia ua]:男(左)、女(右)

其次是降峰双元音。杭州方言的降峰双元音[ei ou]的首成分的对应单元音是[ɛ ɔ],因为音质区别较大,因此用了不同的国际音标符号,这从声学元音图中也可以观察到。此外,如图3.20所示,[ei ou]的尾成分与相对应的单元音[i u]的区别也较明显,尤其是[i]。因此,比对升峰元音的情况,杭州的降峰双元音[ei ou]更接近于拥有一个动态的频谱目标,而不是拥有首尾两个声学目标的元音序列。也就是说,杭州方言的[ei]或[ou]是一个动态的元音。另外,还有一个独立的证据来自语言学内部:当[ei ou]韵母的音节后接儿尾时,发生单元

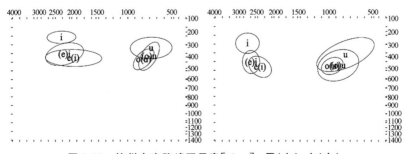

图3.20 杭州方言降峰双元音[ei ou]:男(左)、女(右)

音化音变,[ei ou]分别变为[e o],如图3.21所示。而且,从历史音变的角度看,北部吴语单元音丰富,降峰双元音一般都是后起的,这里杭州方言的例子就正好是单元音[e o]处于双元音化为[ei ou]的进程中。

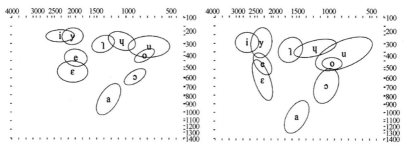

图3.21 儿尾环境下的杭州方言单元音:男(左)、女(右)

接下来讨论的晋语太原方言(Xia & Hu,2016)在北方方言中较有代表性,与普通话元音系统也有共同之处。太原的单元音很少,连舌尖元音在一起也只有6个[ɿ i u y a ɤ],它们在声学元音图上的分布见图3.22所示。图中每个2个标准差的置信椭圆基于50个数据点:5位发音人×5遍重复×2个例字。

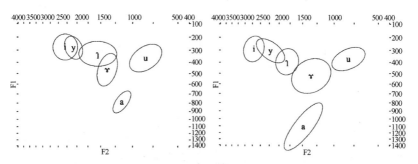

图3.22 晋语太原方言开音节单元音:男(左);女(右)

首先,从图中可以直观地看到,如果只考虑单元音,太原方言的元音在高低维度的对立只有高、低二分。太原方言的后元音只有一个圆唇的[u]与一个不圆唇的[ɤ]。因此,它们之间并没有音系上的高低对立,而只有语音上的区别。其次,太原方言的低元音只有一个[a],而高元音则区分前后、圆唇与否、舌尖化等。因此,从类型学的角度看,太原元音又是一个高度带标记的(marked)情况。遵循单、复元音的机械分类法,只考虑单元音来谈元音类型,只能得出这样的结论。

但这并非语言事实。与许多北方方言一样,太原方言有 4 个降峰双元音,这里暂且写作[ai au ei əu]。图 3.23 显示了太原方言的降峰双元音的组成成分在声学元音图中的分布,以及与相应单元音的比较。如前文所述,图中的置信椭圆基于 50 个数据点,双元音首尾成分用括号内的另一成分标示,比如"a(i)""(a)i"分别表示[ai]的首尾成分。从图中可以看到:很难说[ai au ei əu]的首尾目标究竟是什么。按照严式标音,也许可以把[ai ei]分别转写成[æɪ eɪ],把[au əu]分别转写成[ʌo əo]。那样的标音似乎在语音细节上更加符合声学元音图上的频谱区域了,但是音系意义模糊,而且代价是增加了一批新的音标。事实上,太原方言的降峰双元音首尾成分的频谱位置的可变性正是说明了它们的首尾成分有没有稳定的目标并不重要,重要的是它们的动态特性,即太原方言的降峰双元音拥有的是动态的声学目标,而并非是两个静态声学目标的序列。也就是说,太原方言的 4 个降峰双元音是 4

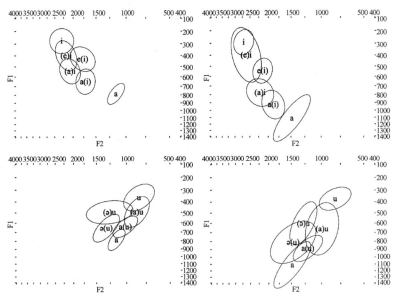

图 3.23　晋语太原方言降峰双元音[ai ei](上)和[au əu](下):男(左);女(右)

个动态元音。其中,[ai ei]是两个有元音高低(vowel height)对立的动态元音;[au əu]则是两个有周边性(peripherality)对立的动态元音,[au]是周边的(peripheral),[əu]是非周边的(non-peripheral)。

用元音动态理论检视太原方言,就能够看到完整的语言现象,还原正确的语言事实,不会认为太原方言拥有一个高度标记性的元音系统。图 3.24 将太原方言的降峰双元音[ai ei au əu]的首尾目标均值与三个顶点单元音[i a u]一起放在声学元音图中,这样便可以直观地观察到:太原方言的元音并不是只有高、低二维对立。太原方言的前元音拥有高、半高、半低、低四维对立:[ei]是动态的半高元音,[ai]是动态的半低元音。如前所述,后元音在半高半低的维度通过周边性实现对立:[au]是动态的周边元音,[əu]是动态的非周边元音。因此,降峰双元音加上单元音,太原至少有 10 个元音音位。事实上,汉语的音节结构相对简单,又拥有数量众多的单音节词,一个方言拥有 10 个或者以上元音音位,才是常态。

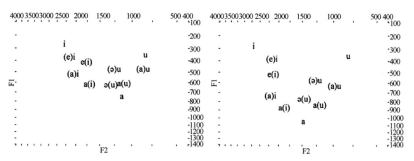

图 3.24　太原降峰双元音[ai ei au əu]与三个顶点单元音[i a u]：男(左);女(右)

上面以杭州与太原一南一北两个方言为例讨论了双元音的频谱特性,说到汉语方言中的升峰双元音拥有首尾两个相对稳定的声学目标,而降峰双元音则是由一个动态的声学目标构成。下面以前面提到的吴语宁波方言、晋语太原方言为例讨论双元音的时间结构,即首尾成分、过渡段的时长。从频谱特性看,与只有一个动态目标的降峰双元音相比较,似乎是升峰双元音的首尾成分应该拥有较为稳定的时长。但事实是,频谱上有稳定目标不一定预设时间结构上具有稳定段。前文图 3.17 所显示的宁波方言的升峰双元音的首成分没有稳定段,时长为零,但这并不影响升峰双元音的首成分拥有稳定的频谱目标(胡方,2013)。图3.25显示了10位女性发音人和10位男性发音人的宁波方言双元音[ai au ia ua]的时间结构均值(单位:毫秒),以对比汉语方言中最常见的两组降峰与升峰双元音。从图中可以看到,宁波方言的降峰双元音的首尾成分都有稳定段。整体上说,降峰双元音的三个组成部分,即首尾成分与过渡段的分布相对均衡。升峰双元音只有尾成分有稳定段,首成分并没有稳定段,因为在发音过程中,首成分的共振峰频率是一直变化着的。

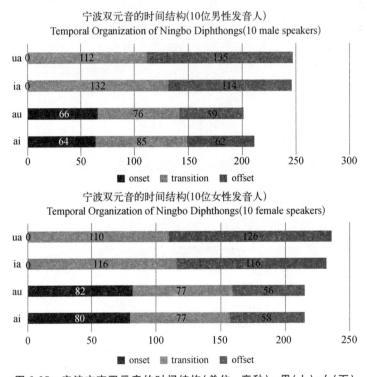

图3.25 宁波方言双元音的时间结构(单位:毫秒):男(上);女(下)

降峰双元音拥有比较均衡的时间结构,首尾成分均有稳定段,但它们却很少拥有稳定的声学频谱目标,这在汉语方言中是比较常见的现象。方言中的升峰双元音的时间结构更多样一些,一般来说,尾成分的时长会稳定一些,但是,这个并不影响升峰双元音的首尾成分均拥有相对稳定的频谱目标。也就是说,声学目标的实现与否与时间结构没有必然的关系,并不是说因为某一个双元音成分拥有稳定段,因此便一定会实现声学目标,也并不是因为某一个双元音成分没有稳定段,因此便没有时间去实现声学目标因而产生了达标不足(target undershoot)。这就意味着,汉语方言中所观察到的降峰、升峰双元音之间的区别,是这些双元音自身的内在属性。

图3.26显示了晋语太原方言的代表双元音[ai au ia ua]的时间结构均值(单位:毫秒)。与宁波方言类似,太原方言的降峰双元音拥有比较均衡的时间结构,其三个组成部分(首成分、过渡段、尾成分)均有稳定的时长。此外,在太原方言中便可以看到,升峰双元音的首成分还是存在稳定段的,不过升峰双元音的首成分稳定段比较短。也就是说,在时间结构上,升峰双元音的尾成分常常是稳定段较长的主要成分。

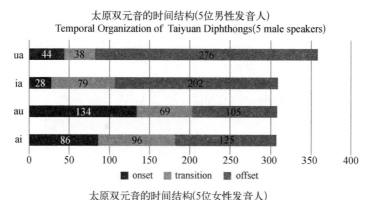

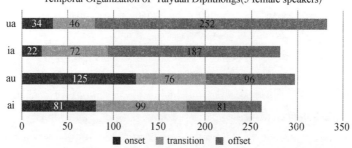

图3.26 太原方言双元音的时间结构(单位:毫秒):男(上);女(下)

至此,双元音的频谱特征分析表明相关汉语方言中的降峰、升峰双元音具有不同的内在动态特性:升峰双元音涉及相对稳定的两个频谱目标之间的过渡,而降峰双元音的产生则是一个动态目标的实现。对于双元音时间结构的分析表明:降峰、升峰双元音之间的这种区别并不是因为发音时间的限制,而是他们的内在特性。因此,接下来根据双元音成分的频谱与时长材料进一步探讨它们的动态特性。前文提到,在声学上可以用共振频率变化的幅度以及速度来比较方便地定义双元音过渡段的动态性,尤其是第二共振峰(F_2)的变化幅度或速度。这里重点讨论宁波方言,前文表 3.2 提到了宁波方言的降峰双元音的材料,这里表 3.3 总结了宁波方言所有类型的双元音。表中列出了来自宁波方言 10 位男性发音人与 10 位女性发音人的双元音第二共振峰(F_2)变化幅度(ΔF_2)与变化速度的均值:正值代表双元音的F_2过渡是从一个在声学元音图上相对较后的位置到一个相对较前的位置;负值反之。

表 3.3 宁波方言双元音的 F_2 变化幅度(赫兹)与变化速度(赫兹/毫秒)均值

双元音		[ai]	[au]	[œy]	[ia]	[ie(?)]	[io]	[ua]	[ua(?)]	[uɛ]	[yo(?)]
女	ΔF_2	510	−366	685	−808	−481	−1233	721	548	1320	−483
	速度	6.62	−4.75	8.56	−6.97	−6.77	−9.71	6.55	7.21	11.09	−6.44
男	ΔF_2	539	−313	592	−664	−326	−990	454	378	968	−362
	速度	6.34	−4.12	7.59	−5.03	−4.29	−7.80	4.05	4.91	8.57	−4.36

与表 3.2 仅考虑降峰双元音不同,表 3.3 将所有的双元音放在一起考虑,因此情况是相当复杂的。首先,同样的双元音在男女发音人中的排序不同。其次,很多双元音 F_2 变化速度相近,比如,在女性发音人中,6 个双元音[yo(?) ua ai ie(?) ia ua(?)]的 F_2 变化速度依次在 6.44 至 7.21 赫兹/毫秒之间;在男性发音人中,6 个双元音[ua au ie(?) yo(?) ua(?) ia]的 F_2 变化速度依次在 4.05 至 5.03 赫兹/毫秒之间。第三,F_2 变化幅度与 F_2 变化速度并不一定一致,比如,在女性发音人中,[ua]变化幅度为 721 赫兹,速度为 6.55 赫兹/毫秒;[œy]变化幅度

为 685 赫兹,速度为 8.56 赫兹/毫秒。

因此,F_2 变化幅度与速度的材料支持将不同的双元音系列分开来处理,因为它们的性质是不同的,不同系列的双元音拥有不同的共振峰运动的方向。首先,区分降峰、升峰双元音。如前所述,宁波方言的三个降峰双元音相互之间可以用 F_2 变化幅度或变化速度区分,它们各自拥有不同的频率变化幅度与速度。不过,当降峰、升峰双元音放在一起的时候,[ai][ia]之间、[au][ua]之间的区分尤其困难,这说明他们之间的动态特性区别不大,即降峰双元音与对应的升峰双元音的共振峰过渡模式类似。其次,长短双元音要区分开来,因为短双元音的频谱动态特性夹杂了因时间结构的急剧变化所带来的复杂因素。排除了短双元音,宁波方言的正常长度的升峰双元音也是可以用 F_2 变化幅度或变化速度区分,它们的顺序是[uɛ]＞[io]＞[ia]＞[ua],男女发音人相当一致。不过,宁波方言的三个短升峰双元音[ie(?) ua(?) yo(?)],它们之间的 F_2 变化幅度或速度则相当接近,难以相互区分,而且三个短升峰双元音的 F_2 变化幅度或速度在男女发音人中的排序也不相同。这说明,在时长急剧缩短的情况下(宁波短双元音的时长约为正常时长双元音的一半),双元音的频谱动态特性趋同。

如果在声学上可以将双元音看作从一个频谱区域向另一频谱区域的滑动,那么,在发音上便可以将双元音理解为发音器官从一个发音位置向另一发音位置的运动过程。这里继续以吴语宁波方言为例探讨双元音的发音特点,使用的是宁波方言的电磁发音仪的材料,讨论集中在降峰双元音[ai au]与相对应的升峰双元音[ia ua](胡方,2013)。

检验宁波方言双元音的发音运动学,首先是检验双元音首尾成分的发音位置。图 3.27 和图 3.28 分别显示了宁波方言 6 位发音人的降峰双元音[ai au]和升峰双元音[ia ua]的首尾成分的发音位置均值(大号国际音标,3 个舌发音点用实线连接)及与相应的单元音发音位置均值(小号国际音标,3 个舌发音点用虚线连接)的比较。图中,发音人面朝左。先看降峰双元音。尽管不同发音人之间存在着一些变异的情况,但降峰双元音[ai au]的首成分的发音位置与相应的目标单元音

[a]还是比较一致的。第一，就三个舌发音点所示意的舌位位置(lingual configuration)而言，双元音首成分的舌发音位置与相应的目标单元音[a]是比较一致的。第二，下颚位置与舌发音的配合也比较一致，大部分发音人的双元音[ai au]首成分[a]的下颚位置与相应的目标单元音[a]接近，只有女性发音人一的双元音[ai au]首成分[a]的下颚位置明显高于相应的目标单元音[a]。与首成分不同，降峰双元音[ai au]的尾成分[i][u]则明显与单元音的位置不同。虽然个体发音人之间存在差异，但降峰双元音[ai au]的尾成分[i][u]，无论舌发音位置还是下颚位置，均明显没有到达目标单元音[i][u]的位置。也就是说，在宁波方言降峰双元音[ai au]的发音中，首成分的发音位置与相应的单元音接近，而尾成分的发音则明显没有到达目标单元音的位置。这说明发音的材料与声学材料一致，即在宁波方言降峰双元音的产生中，首成分是有目标的，而且这个目标既是声学的也是发音的，而尾成分则没有明确的声学或发音目标，更像是双元音受到声学动态特性、发音运动特性制约的结果。

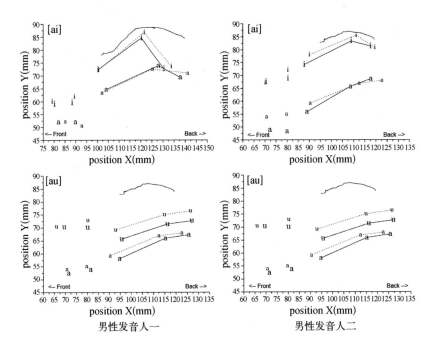

男性发音人一   男性发音人二

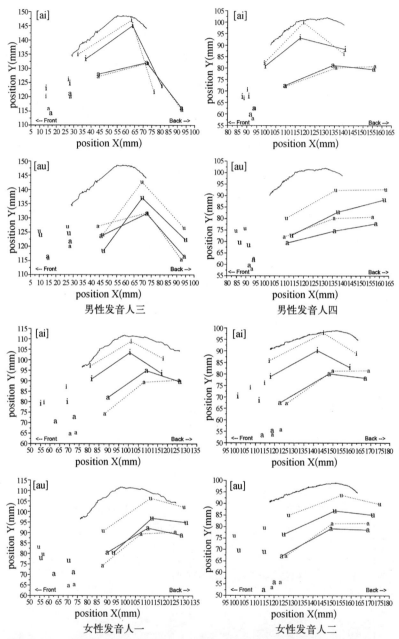

图 3.27　宁波方言降峰双元音[ai au]首尾成分发音位置均值（单位：毫米）；
**　　　每张图中从左至右：下唇、下颚、舌尖、舌体、舌背**

双元音成分：大号 IPA，舌发音点用实线连接；单元音：小号 IPA，舌发音点用虚线连接

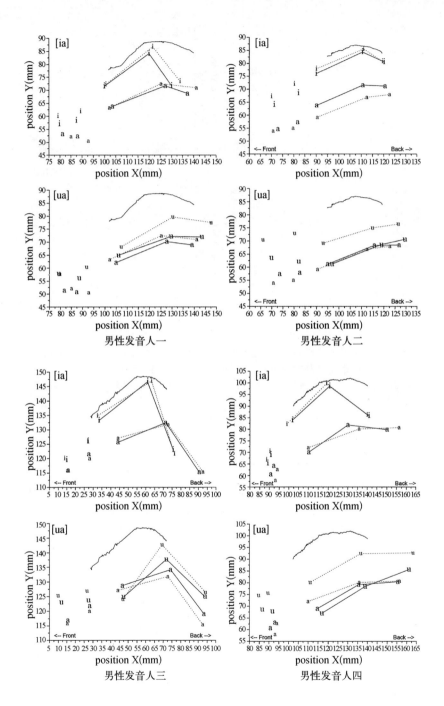

男性发音人一

男性发音人二

男性发音人三

男性发音人四

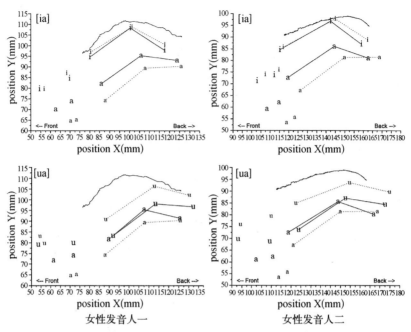

女性发音人一   女性发音人二

图 3.28   宁波方言降峰双元音[ia ua]首尾成分发音位置均值(单位：mm)；
每张图中从左至右：下唇、下颚、舌尖、舌体、舌背
双元音成分：大号 IPA，舌发音点用实线连接；单元音：小号 IPA，舌发音点用虚线连接

再看升峰双元音，[ia ua]的情况比较复杂。一方面，无论舌发音还是下颚位置，升峰双元音[ia]的首成分[i]与对应的目标单元音[i]的发音还是比较一致的。这与先前的声学材料一致，说明[ia]的首成分的发音拥有相对明确的目标。另一方面，在大部分发音人中，升峰双元音[ia]的尾成分[a]的发音位置与对应的目标单元音[a]的差别却相对比较大。但是，从声学上看，为什么升峰双元音的尾成分目标控制得也很好呢？可见这里并不是一个简单地说升峰双元音[ia]的尾成分[a]在发音上有或者没有目标的问题。一方面，从所采样的舌发音点上看，[ia]的尾成分[a]距离目标单元音的位置确实比较遥远，说明在升峰双元音的产生中，尾成分的实现在运动控制上与降峰双元音并没有大的区别。另一方面，可能由于[a]的构音位置(constriction location)在下咽部(Wood，1979)，因此舌头上的三个采样点不能全面反映[a]的发

音。也就是说,所观察到的采样点的位置不同可能并不重要,因为一个较低的舌发音位置就能达到[a]的目标位置,因此[a]的发音拥有较大的可变性,也即是反映了[a]的量子特性(quantal theory,参见 Stevens, 1972,1989; Perkell & Nelson, 1982,1985; Perkell & Cohen, 1989)。升峰双元音[ua]的尾成分[a]可以用上述同样的道理来解释。同时,我们可以看到[ua]的首成分[u]与相对应的目标单元音[u]相比明显舌发音位置、下颚位置均偏低,这说明发音上的逆协同作用还是很明显的。相比较而言,[ua]的首成分[u]在声学上比目标单元音[u]偏低,但频率区域重叠。这说明发音上的协同虽然会反映在声学上,但却不是简单的线性关系,还是会受到元音构音位置的影响。

因此,从宁波方言的降峰与升峰双元音[ai au ia ua]发音材料中,不仅可以看到双元音首尾成分的发音目标问题、协同发音问题,而且还能窥见隐藏其间的发音与声学之间的非线性的关系。当然,对这一问题,还需要更进一步的、深入的语音产生实验分析。不过,这并不妨碍我们通过对宁波方言的观察来为双元音的发音作一个初步的总结。双元音的发音从首成分的发音构造开始,通过发音器官的运动过程,到达尾成分的发音构造。双元音首成分的发音位置控制得比尾成分好,虽然受到尾成分的逆协同发音影响,但双元音首成分与相对应的目标单元音还是比较接近的。相比较而言,尾成分的发音可变性很大,与相对应的目标单元音位置差别也较大,这说明双元音的尾成分在发音上可能并没有明确的目标,而只是发音器官运动的一种结果,一方面受发音运动学的动态特性控制,另一方面也受到发音器官本身的内部惰性(the inherent sluggishness of articulators)所限制(Saltzman & Kelso, 1983; Kelso et al., 1986)。结合发音材料与声学频谱材料,小结如下:(1)宁波方言的降峰双元音与升峰双元音的产生受到类似的发音运动学机制的控制;(2)降峰双元音的首成分拥有发音的和声学的目标,尾成分没有明确的发音的或声学的目标;(3)升峰双元音的首成分拥有发音的和声学的目标,尾成分没有明确的发音的目标但拥有声学的目标;(4)这种发音与声学上的不一致受到元音构音位置的量子特点的作用影响。

其次,除了位置信息之外,发音运动学也可以讨论双元音的动态特性。元音的共振峰模式是所有发音器官共同作用的结果。因此,与声学上计算共振峰变化不同,舌发音运动(lingual kinematics)是元音、双元音产生中最主要的调音器官,剔除了其他发音因素。这里使用主要舌发音点作为计算舌运动数据的基础。具体地说,就是使用舌体点来描述硬腭双元音成分,用舌背点来描述其他双元音成分;如果一个双元音的首尾成分涉及二者,那么就计算舌体、舌背这两个舌采样点的数据。

这里计算了6位发音人的舌发音点的平均速度、峰值速度、峰值速度时点。表3.4a-f显示了6位发音人的舌发音点平均速度均值。在表中,时长表示从双元音首目标位置到尾目标位置的时间;舌背、舌体位移表示舌发音点在二维平面中移动的直线距离;舌背、舌体速度表示舌发音点在二维平面中移动的平均速度。表中显示了各项数据的均值与标准差(SD);其中,时长的单位是毫秒,位移的单位是毫米,平均速度的单位是毫米/秒。如前所述,对于双元音[au ua ua(ʔ)]来说,舌背是主发音点,对于短双元音[ie(ʔ)]来说,舌体是主发音点,但表中也显示了相应的另一舌发音点的数据,以资参考。其中,女性发音人一缺少短双元音[yo(ʔ)]的数据。

表 3.4a　宁波方言双元音舌背、舌体的位移与平均速度(男性发音人一)

双元音	时长		舌背位移		舌体位移		舌背速度		舌体速度	
	均值	SD	均值	SD	均值	SD	均值	SD	均值	SD
[ai]	300	46	8.11	0.69	14.16	1.03	27.8	6.8	48.2	8.4
[au]	384	12	9.69	1.06	6.99	1.84	25.3	3.2	18.1	4.5
[œy]	416	21	12.65	1.05	16.25	1.36	30.5	3.5	39.2	4.1
[ia]	322	15	7.94	1.08	15.42	1.14	24.6	3.2	47.9	2.9
[ie(ʔ)]	166	27	4.21	1.50	6.34	1.62	24.9	5.3	38.5	7.6
[io]	365	38	11.81	4.92	12.15	1.44	33.4	15.0	33.5	4.3

双元音	时长		舌背位移		舌体位移		舌背速度		舌体速度	
	均值	SD	均值	SD	均值	SD	均值	SD	均值	SD
［yo(ʔ)］	151	20	11.23	0.36	16.06	0.97	75.4	10.8	107.2	9.8
［ua］	271	17	5.88	0.93	3.39	0.52	21.7	3.8	12.6	2.3
［ua(ʔ)］	114	23	3.77	0.70	1.98	1.18	33.3	5.1	17.5	8.8
［uɛ］	293	35	12.79	3.13	6.52	1.69	44.0	10.6	22.5	6.2

**表 3.4b　宁波方言双元音舌背、舌体的位移与
平均速度（男性发音人二）**

双元音	时长		舌背位移		舌体位移		舌背速度		舌体速度	
	均值	SD	均值	SD	均值	SD	均值	SD	均值	SD
［ai］	368	44	14.48	1.20	20.22	1.86	39.9	6.9	55.6	8.8
［au］	379	33	6.41	1.00	6.43	1.27	16.9	2.3	17.0	3.4
［œy］	371	63	7.20	0.77	10.12	1.53	20.0	5.1	28.1	7.7
［ia］	280	46	10.62	0.94	14.60	1.99	39.1	9.6	54.1	15.7
［ie(ʔ)］	142	21	5.90	0.95	6.39	0.97	41.8	4.2	45.2	3.7
［io］	358	44	9.73	1.44	14.82	1.61	27.7	6.2	42.1	8.1
［yo(ʔ)］	139	17	12.08	1.02	14.31	0.84	87.7	12.9	103.8	12.4
［ua］	348	71	3.84	0.73	3.34	0.74	11.5	3.6	10.1	3.5
［ua(ʔ)］	136	19	4.32	0.63	4.03	.75	31.9	3.7	30.2	7.6
［uɛ］	314	59	5.41	1.96	4.99	1.64	18.0	7.8	16.5	6.7

**表 3.4c　宁波方言双元音舌背、舌体的位移与
平均速度（男性发音人三）**

双元音	时长		舌背位移		舌体位移		舌背速度		舌体速度	
	均值	SD	均值	SD	均值	SD	均值	SD	均值	SD
［ai］	158	23	13.91	0.87	15.43	1.07	89.6	14.5	99.4	16.3
［au］	146	29	5.86	0.73	6.09	0.47	40.6	2.9	42.7	7.0
［œy］	188	19	13.34	1.01	13.59	1.11	71.7	10.0	72.8	9.2

双元音	时长		舌背位移		舌体位移		舌背速度		舌体速度	
	均值	SD	均值	SD	均值	SD	均值	SD	均值	SD
[ia]	169	14	16.75	0.84	17.63	0.32	99.7	10.4	104.9	9.2
[ie(ʔ)]	116	17	9.24	0.98	8.87	0.63	80.1	5.7	77.2	7.5
[io]	144	23	14.27	1.12	9.72	1.02	100.7	13.8	68.4	8.9
[yo(ʔ)]	134	15	12.49	1.79	11.00	1.26	94.4	17.7	83.2	14.7
[ua]	161	31	5.97	1.56	4.33	1.05	37.6	9.5	28.1	10.2
[ua(ʔ)]	68	11	2.80	0.88	1.29	0.30	40.9	10.1	19.3	4.4
[uɛ]	133	43	7.59	1.78	5.69	1.46	60.2	16.5	45.9	17.2

表 3.4d　宁波方言双元音舌背、舌体的位移与
平均速度（男性发音人四）

双元音	时长		舌背位移		舌体位移		舌背速度		舌体速度	
	均值	SD	均值	SD	均值	SD	均值	SD	均值	SD
[ai]	154	8	17.46	1.57	20.61	1.32	113.2	5.0	133.8	2.5
[au]	177	23	11.30	0.40	8.43	1.34	64.7	8.2	48.8	12.2
[œy]	133	10	12.52	2.24	17.66	2.60	93.7	11.9	132.4	12.1
[ia]	155	12	11.05	0.41	19.24	0.27	71.6	6.1	124.6	8.7
[ie(ʔ)]	92	17	5.47	0.75	8.29	1.06	60.1	7.1	90.9	7.8
[io]	180	24	16.75	1.18	18.61	1.14	93.7	5.7	104.8	14.4
[yo(ʔ)]	131	21	11.83	1.76	18.09	2.97	91.7	15.6	139.0	18.7
[ua]	151	17	7.76	0.92	3.60	0.55	51.6	5.6	23.9	3.5
[ua(ʔ)]	116	12	6.73	1.06	3.22	0.98	58.1	7.0	27.3	6.1
[uɛ]	131	11	18.37	0.42	14.94	0.64	140.9	10.3	114.5	7.2

表 3.4e　宁波方言双元音舌背、舌体的位移与
平均速度（女性发音人一）

双元音	时长		舌背位移		舌体位移		舌背速度		舌体速度	
	均值	SD	均值	SD	均值	SD	均值	SD	均值	SD
[ai]	145	19	10.09	0.22	12.05	0.43	70.7	10.3	84.1	9.8
[au]	122	21	6.50	1.00	5.16	1.33	53.6	5.1	41.9	5.5

双元音	时长		舌背位移		舌体位移		舌背速度		舌体速度	
	均值	SD	均值	SD	均值	SD	均值	SD	均值	SD
[œy]	138	6	10.40	0.91	10.99	0.86	75.3	5.4	79.8	8.1
[ia]	163	31	8.07	0.55	14.06	1.51	50.7	8.6	88.1	15.7
[ie(ʔ)]	115	15	5.02	0.88	7.66	0.57	44.2	9.3	67.2	6.6
[io]	152	14	9.69	1.13	10.51	0.88	63.9	6.3	69.6	7.9
[ua]	176	15	8.50	0.60	6.39	0.85	48.4	3.4	36.3	4.0
[ua(ʔ)]	124	16	8.34	0.88	6.08	0.66	67.5	4.8	49.7	8.5
[uɛ]	147	28	12.42	0.52	10.07	0.98	86.4	12.5	69.6	8.4

表 3.4f　宁波方言双元音舌背、舌体的位移与
平均速度(女性发音人二)

双元音	时长		舌背位移		舌体位移		舌背速度		舌体速度	
	均值	SD	均值	SD	均值	SD	均值	SD	均值	SD
[ai]	177	15	9.47	0.52	11.73	1.02	53.7	4.6	66.3	4.1
[au]	184	28	7.00	1.30	8.02	0.67	38.4	6.0	44.4	6.4
[œy]	183	22	8.35	0.87	9.98	0.77	46.0	5.8	55.1	6.9
[ia]	157	15	6.97	0.38	10.94	0.72	44.7	4.5	70.0	5.4
[ie(ʔ)]	137	13	6.21	0.55	7.07	0.44	45.5	4.0	51.9	4.9
[io]	213	23	7.46	0.67	6.03	0.35	35.1	1.6	28.5	2.1
[yo(ʔ)]	122	25	6.15	2.10	7.01	2.85	50.0	8.4	56.5	11.3
[ua]	179	19	7.07	0.73	3.98	0.38	39.5	1.4	22.4	2.9
[ua(ʔ)]	114	18	6.83	1.08	4.23	0.89	60.6	10.3	37.4	7.5
[uɛ]	131	17	12.80	0.90	9.96	0.77	98.7	11.9	76.7	7.8

　　先看降峰双元音。如前文所述,双元音[ai]的发音涉及从一个低
的舌位向硬腭"前举"的过程(也可参见 Hu,2006;胡方,2008)。因
此,无论舌背还是舌体,移动距离都是比较大的。在[ai]的发音中,舌
体的位移介乎 11 至 20 毫米之间,舌背的位移介乎 8 至 17 毫米之间;
同时,舌体平均速度也较大。双元音[au]的发音也是从一个低舌位开

始,但以向软腭"收缩后举"动作结束。因此,[au]的发音主要涉及舌背。从表中我们可以看到,在[au]的发音中,舌背的位移不大,介乎 6 至 11 毫米,其所涉及的舌移动平均速度也比[ai]的发音小得多。双元音[œy]的发音则是从一个较后、较低的舌位向硬腭"前举";其中,舌体的位移介乎 10 至 17 毫米,舌背的位移介乎 7 至 13 毫米。整体上说,在[œy]的发音中,舌发音的位移与速度介乎[ai]与[au]之间;只有一个例外,在男性发音人一中,[œy]的舌背、舌体位移比[ai]大。

再看正常长度的升峰双元音。升峰双元音[ia ua]可以看作降峰双元音[ai au]的反过程。从表中可以看到,升峰双元音[ia]与对应的降峰双元音[ai]的舌运动区别不大,尤其是从舌体数据看。类似地,从舌背的数据看,升峰双元音[ua]与其对应的降峰双元音[au]舌运动也比较接近。另外两个正常长度升峰双元音[io]和[uɛ]的舌移动方向不同:[io]从"前举"舌位向"后举"舌位移动;[uɛ]则反之。除了女性发音人二之外,[io]的舌位移都较大:舌背介乎 10 至 17 毫米,舌体介乎 10 至 19 毫米。相应地,[io]的舌移动平均速度也较大。不过,由于个体之间差异较大,很难归纳出一致的规律。从表中也能看到,[uɛ]的舌运动数据,发音人之间的差异也非常大。因此,我们很难用舌运动数据来定义宁波方言正常长度升峰双元音之间的区别。

最后看短升峰双元音。[ua(ʔ)]与[ua]是宁波方言长短双元音的一对最小对立(minimal pair);[yo(ʔ)]与[io]也能视为长短双元音的准最小对立。比较[ua(ʔ)]与[ua]之间、[yo(ʔ)]与[io]之间的异同能帮助我们理解短双元音的发音机制。从表中可以看到,短双元音[ua(ʔ)]的舌背位移比正常长度的[ua]偏小或类似;同时,由于短双元音的时长急剧缩减,因此短双元音的舌背平均速度也便无一例外地显著增加。与[ua(ʔ)]和[ua]这组不同的是,短双元音[yo(ʔ)]的位移不一定比相应的正常长度双元音[io]小。在男性发音人一、三、四和女性发音人二中,短双元音[yo(ʔ)]的舌背位移比[io]小,但舌体位移却比[io]偏大或相当。在男性发音人二中,短双元音[yo]的舌背位移比[io]大,舌体位移则与之类似。同时,在所有发音人中,短双元音[yo(ʔ)]的舌体平均速度都比相应的正常长度双元音[io]要大得多;

在男性发音人一、二和女性发音人二中,短双元音[yo(ʔ)]的舌背平均速度也比[io]大,而在男性发音人三、四中,短双元音[yo(ʔ)]的舌背平均速度也比[io]略小。以上对比说明,在短双元音的发音中,时长急剧缩短,但发音动作的位移并不缩减,因此相关的发音器官只能增加速度。宁波方言的另一个短双元音[ie(ʔ)]的发音在不同的发音人之间大约涉及 6 至 9 毫米左右的舌体位移,这个舌移动距离大约与正常长度的双元音[au]相当;但短双元音[ie(ʔ)]的舌体平均速度高达 40 至 90 毫米/秒,也进一步印证上述结论。因此,短双元音的发音特点是在音节时长缩短的情况下,舌发音点移动速度显著增加,但舌发音点的位移相当稳定。

　　表 3.5.a-f 总结了 6 位发音人的宁波方言双元音舌发音点的峰值速度与峰值速度时点的均值与标准差。表中的峰值速度是双元音产生中测量到的最大切向速度,单位是毫米/秒;峰值速度时点则表示这个峰值速度何时出现,在标示时点数值(毫秒)的同时,也标示该时点在整个双元音音段中的百分比。从表中可以看到,舌发音点的峰值速度的模式与平均速度类似。三个降峰双元音大致上拥有各自不同的舌移动峰值速度,但如果升峰双元音一起考虑的话情况会变得相当复杂,发音人之间变异性很大,尤其不好区分[ai ia][au ua]这种相对应的降峰、升峰双元音。而在短双元音的发音中,则能比较普遍地观察到舌移动峰值速度的显著增加。

表 3.5a　宁波方言双元音舌背、舌体的峰值速度与峰值速度时点(男性发音人一)

双元音		舌背峰值	舌背峰值时点		舌体峰值	舌体峰值时点	
		毫米/秒	毫秒	%	毫米/秒	毫秒	%
[ai]	均值	102	208	48%	120	230	53%
	SD	25	14	5%	15	43	8%
[au]	均值	65	362	73%			
	SD	15	76	14%			
[œy]	均值	132	323	56%	97	321	55%
	SD	31	26	5%	14	37	5%

双元音		舌背峰值	舌背峰值时点		舌体峰值	舌体峰值时点	
		毫米／秒	毫秒	%	毫米／秒	毫秒	%
[ia]	均值	97	134	27%	132	132	26%
	SD	17	22	3%	12	37	6%
[ie(ʔ)]	均值				102	138	60%
	SD				30	27	9%
[io]	均值	112	178	35%	94	186	37%
	SD	10	36	6%	10	40	7%
[yo(ʔ)]	均值	142	116	52%	214	107	48%
	SD	27	20	8%	24	21	9%
[ua]	均值	44	125	26%			
	SD	4	61	13%			
[ua(ʔ)]	均值	46	105	48%			
	SD	3	37	18%			
[uɛ]	均值	94	124	24%	55	172	33%
	SD	42	8	2%	19	43	8%

**表 3.5b　宁波方言双元音舌背、舌体的峰值速度与
峰值速度时点（男性发音人二）**

双元音		舌背峰值	舌背峰值时点		舌体峰值	舌体峰值时点	
		毫米／秒	毫秒	%	毫米／秒	毫秒	%
[ai]	均值	100	278	56%	126	272	55%
	SD	19	42	6%	31	41	6%
[au]	均值	63	274	55%			
	SD	11	73	13%			
[œy]	均值	63	118	25%	75	120	26%
	SD	5	24	5%	12	27	7%
[ia]	均值	109	130	23%	133	126	22%
	SD	10	17	3%	24	15	2%

双元音		舌背峰值	舌背峰值时点		舌体峰值	舌体峰值时点	
		毫米／秒	毫秒	%	毫米／秒	毫秒	%
［ie(ʔ)］	均值				87	98	47%
	SD				17	21	7%
［io］	均值	111	146	27%	147	150	28%
	SD	18	16	4%	17	8	2%
［yo(ʔ)］	均值	169	113	56%	171	113	56%
	SD	26	24	3%	28	23	3%
［ua］	均值	48	113	20%			
	SD	8	30	6%			
［ua(ʔ)］	均值	64	78	37%			
	SD	13	27	12%			
［uɛ］	均值	58	66	12%	59	83	16%
	SD	15	15	3%	17	43	8%

**表 3.5c　宁波方言双元音舌背、舌体的峰值速度与
峰值速度时点(男性发音人三)**

双元音		舌背峰值	舌背峰值时点		舌体峰值	舌体峰值时点	
		毫米／秒	毫秒	%	毫米／秒	毫秒	%
［ai］	均值	208	136	63%	215	143	66%
	SD	18	20	8%	19	10	3%
［au］	均值	151	115	55%			
	SD	17	40	20%			
［œy］	均值	166	138	57%	157	146	60%
	SD	13	31	12%	9	16	6%
［ia］	均值	202	73	27%	216	77	28%
	SD	17	8	4%	13	6	2%
［ie(ʔ)］	均值				139	81	48%
	SD				14	12	6%

双元音		舌背峰值	舌背峰值时点		舌体峰值	舌体峰值时点	
		毫米／秒	毫秒	%	毫米／秒	毫秒	%
［io］	均值	177	84	36%	135	107	46%
	SD	7	18	8%	15	10	4%
［yo(ʔ)］	均值	195	79	49%	168	81	51%
	SD	21	24	10%	25	14	6%
［ua］	均值	115	67	24%			
	SD	11	32	12%			
［ua(ʔ)］	均值	147	99	63%			
	SD	37	41	22%			
［uɛ］	均值	161	51	22%	122	54	23%
	SD	40	15	6%	27	12	4%

**表 3.5d　宁波方言双元音舌背、舌体的峰值速度与
峰值速度时点（男性发音人四）**

双元音		舌背峰值	舌背峰值时点		舌体峰值	舌体峰值时点	
		毫米／秒	毫秒	%	毫米／秒	毫秒	%
［ai］	均值	217	95	40%	255	99	41%
	SD	28	9	3%	40	11	3%
［au］	均值	103	104	42%			
	SD	6	37	11%			
［œy］	均值	153	74	36%	216	75	36%
	SD	25	17	7%	31	12	4%
［ia］	均值	184	100	37%	278	97	36%
	SD	40	8	2%	25	10	3%
［ie(ʔ)］	均值				164	97	64%
	SD				18	23	15%
［io］	均值	188	111	39%	217	129	46%
	SD	9	22	6%	10	22	6%

双元音		舌背峰值	舌背峰值时点		舌体峰值	舌体峰值时点	
		毫米／秒	毫秒	%	毫米／秒	毫秒	%
［yo(ʔ)］	均值	152	89	52%	235	91	53%
	SD	21	12	9%	45	14	10%
［ua］	均值	95	62	24%			
	SD	14	25	8%			
［ua(ʔ)］	均值	102	80	44%			
	SD	14	17	10%			
［uɛ］	均值	262	79	30%	234	81	31%
	SD	14	32	11%	20	33	11%

表 3.5e　宁波方言双元音舌背、舌体的峰值速度与
峰值速度时点（女性发音人一）

双元音		舌背峰值	舌背峰值时点		舌体峰值	舌体峰值时点	
		毫米／秒	毫秒	%	毫米／秒	毫秒	%
［ai］	均值	132	102	49%	148	107	51%
	SD	6	16	5%	9	16	5%
［au］	均值	88	64	35%			
	SD	10	24	13%			
［œy］	均值	132	102	50%	129	101	49%
	SD	8	23	9%	10	24	10%
［ia］	均值	151	81	35%	186	64	28%
	SD	6	9	4%	20	9	3%
［ie(ʔ)］	均值				128	79	56%
	SD				12	2	5%
［io］	均值	111	91	39%	120	99	43%
	SD	18	20	9%	10	19	8%

双元音		舌背峰值	舌背峰值时点		舌体峰值	舌体峰值时点	
		毫米／秒	毫秒	%	毫米／秒	毫秒	%
［ua］	均值	100	62	26%			
	SD	7	10	3%			
［ua(ʔ)］	均值	119	62	40%			
	SD	11	14	9%			
［uɛ］	均值	148	80	30%	131	78	29%
	SD	7	11	3%	11	12	3%

表 3.5f　宁波方言双元音舌背、舌体的峰值速度与峰值速度时点（女性发音人二）

双元音		舌背峰值	舌背峰值时点		舌体峰值	舌体峰值时点	
		毫米／秒	毫秒	%	毫米／秒	毫秒	%
［ai］	均值	99	140	58%	111	139	57%
	SD	8	11	3%	11	11	3%
［au］	均值	69	113	43%			
	SD	13	25	10%			
［œy］	均值	84	102	39%	96	106	40%
	SD	19	18	6%	18	21	7%
［ia］	均值	115	116	33%	146	100	28%
	SD	5	13	3%	7	15	4%
［ie(ʔ)］	均值				105	67	40%
	SD				8	15	6%
［io］	均值	89	157	51%	73	163	53%
	SD	14	33	6%	8	37	7%
［yo(ʔ)］	均值	109	103	53%	111	96	50%
	SD	15	24	8%	19	23	8%

双元音		舌背峰值	舌背峰值时点		舌体峰值	舌体峰值时点	
		毫米／秒	毫秒	％	毫米／秒	毫秒	％
[ua]	均值	83	84	25％			
	SD	6	15	3％			
[ua(ʔ)]	均值	101	94	42％			
	SD	7	24	8％			
[uɛ]	均值	196	87	30％	162	87	30％
	SD	23	14	3％	19	14	3％

　　综上,舌运动平均速度或峰值速度均难以此区分降峰与升峰双元音,尤其是像[ai ia][au ua]这种相对应的降峰和升峰双元音,因为它们可能拥有类似的舌运动策略。在所测量的参数中,峰值速度时点是唯一一个能够很好地区分宁波方言降峰、升峰双元音的舌运动参数。从表3.5中可以看到,所有发音人的数据都显示,降峰双元音[ai au]的峰值速度时点比相应的升峰双元音[ia ua]都要大得多。也就是说,降峰双元音的舌运动峰值速度出现得晚,升峰双元音的舌运动峰值速度则出现得早。除了个别例外之外,大部分升峰双元音的舌运动峰值速度出现在双元音音段的前半段,而大部分降峰双元音的舌运动峰值速度出现在双元音音段的中段。这个结果与宁波方言双元音的声学材料是相印证的:发音上的舌运动峰值速度出现在声学上的共振峰过渡段。前文宁波方言双元音的时间结构分析表明:降峰双元音的首尾成分都有稳定段,首成分时长大约占整个双元音音段的三分之一左右,过渡段时长大约占双元音音段的40%;而升峰双元音则只有尾成分有稳定段,首成分并没有稳定段。也就是说,升峰双元音一开始便是共振峰过渡段,而这个过渡段一般占到整个双元音音段的一半左右。

　　另一个有意思的发现是,宁波方言短双元音的舌运动峰值速度时点百分比值比相应的正常长度升峰双元音显著增加。大体上说,如果以峰值速度时点百分比值来看,宁波方言的三个短升峰双元音[ie(ʔ) yo(ʔ) ua(ʔ)]更接近降峰双元音的类型。但这并不意味着我们应该将短升峰双元音和降峰双元音归为一类。短双元音的峰值速度时点百分比值显著增加是因为他们的整个音段时长很短,只有正常长度升峰双元音的一半左右甚至更短。而且,从表中我们可以看到,短双元音的峰值速度时点绝对值并不一定小于相应的正常长度升峰双元音:对比[ua ua(ʔ)],在男性发音人一、二中,短双元音[ua(ʔ)]的峰值速度时点略小于正常长度的[ua];但在其他四位发音人中,短双元音[ua(ʔ)]的峰值速度时点与正常长度的[ua]类似,有时甚至略大。这说明在短双元音的发音中,峰值速度时点是个相当稳定的参数。也就是说,在宁波短双元音的产生中,时长急剧缩短,舌发音平均速度与峰值速度均显著增加,尾成分频谱明显达标不足,但其舌运动峰值速度时点相对稳定。

至此,我们通过对几个汉语方言的双元音的声学、发音特性的分析,揭示了降峰双元音与升峰双元音之间存在着一些系统的不同。首先,从声学频谱特征上看,只有升峰双元音的首尾成分拥有相对稳定的频率区域,降峰虽然往往也是从相应的目标单元音的频率区域开始,但并没有明确、稳定的尾目标,其尾成分的频率区域更像是由其双元音自身的动态特性所决定的。其次,降峰、升峰双元音成分的内部时间结构不同:降峰双元音首尾成分都有稳定段,有时候首成分的稳定段相对比较长;升峰双元音的尾成分往往比较长,而首成分则相对比较短,有时候甚至没有稳定段,其频谱一直是变化的。这便说明,时间结构与声学频谱目标之间并不存在因果关系。也就是说,降峰、升峰双元音的频谱特性并不是由于音段时长关系造成的,而是它们的内在特性。第三,双元音的动态频率特性显示,宁波方言的降峰、升峰双元音内部各自拥有自身不同的共振峰变化模式,但降峰与相应的升峰双元音之间的动态特性往往类似。第四,从发音运动学上进一步检视宁波方言的双元音发现,降峰双元音、升峰双元音的首成分都会受到尾成分逆协同发音的一定影响,但大体上说,双元音首成分的发音位置控制得还是比较好,与其相对应的目标单元音的发音位置比较接近;双元音尾成分的发音可变性较大,这说明双元音的尾成分在发音上可能并没有明确的目标,而是发音器官运动控制的结果。发音上的这些特点对于降峰、升峰双元音来说是同等的,并没有明显区别;但是,受到元音构音位置的解剖特性与量子特点的作用影响,只有升峰双元音的首尾成分均拥有相对稳定的声学目标,而降峰双元音只有一个动态的目标,其尾成分没有稳定的声学目标。第五,双元音的发音运动学特性进一步显示,宁波方言的降峰、升峰双元音内部各自拥有不同的舌运动策略,而且与声学上的频谱动态特性一致;不过,也因此较难区分降峰双元音与相对应的升峰双元音,因为相对应的降峰、升峰双元音往往拥有类似的舌运动策略。最后,宁波方言降峰、升峰双元音在发音的时间结构上显示了区别,二者拥有不同的舌运动峰值速度时点;在宁波方言升峰双元音的发音中,舌运动峰值速度出现得早,而在降峰双元音的发音中,舌运动峰值速度出现得晚。

我们的结论支持元音动态理论,即不能把双元音简单当作两个元音的序列,而是应该仔细分析它们在共振峰模式、共振峰变化模式、首尾成分发音位置、发音器官运动策略等方面的特点,并结合音系分析,综合考量,确定双元音的性质。当然,双元音发音、声学上的这些特性,包括降峰、升峰双元音之间的区别,哪些是带有普遍性的(universal),哪些是语言个别的(language specific),都是可以进一步在具体的语言中检验。上文所检视的汉语方言材料显示:升峰双元音拥有两个相对稳定的频谱目标,是元音序列;而降峰双元音则是一个动态的目标,是一个单一的动态元音。也就是说,单、双元音之间并不是截然二分的。这里我们通过徽语方言中的央化双元音化,进一步讨论单、双元音之间的渐变性。

徽语方言中常见的、类似于英国英语央化双元音(centering diphthongs)的一类双元音化,在一些方言中只发生于高元音[i y u]→[iːɐ yːɐ uːɐ],因此在一些方言学文献中也常被称为"长元音"或"长介音"(魏建功等,1935;赵元任、杨时逢,1965;郑张尚芳,1986;平田昌司主编,1998;赵日新,2005;谢留文、沈明,2008)。我们发现:不仅双元音化处于单复元音连续统的中间状态,徽语的央化双元音化本身也是渐变的(Hu & Zhang, 2014, 2015, 2017; Zhang & Hu, 2017)。这里重点讨论央化双元音化呈现渐变的黟县(宏村)、祁门(大坦)、休宁(海阳)三地方言。三地各自均有 5 男 5 女共 10 位本地发音人参与了该项研究,录音在 2013 年夏天进行的田野调查中完成。30 位成年发音人均无语音病理问题。录音采用自然的单音节词作为测试词,将目标元音置于测试词中,测试词置于载体句中,[X, ŋa³¹ tʰu³ X pi³ n³¹ tʰɛɐ³¹]"X,我读 X 给你听"。录音重复 5 遍。每个目标元音有两个测试词,一般来说,一个零声母,另一个双唇塞音声母。当然,例如必须与舌冠擦音、塞擦音声母同现的舌尖元音之类的除外。录音通过 TerraTec DMX 6Fire USB 外置声卡与 SHURE SM86 麦克风直接录入笔记本电脑,11 025 Hz 采样,16 位。分析时用 Praat 标注目标元音。如果是动态元音的话,则标注首成分、过渡段、尾成分。在目标音段的中点提取最低的四条共振峰,这里主要分析首二条共振峰。

事实上,徽语的央化双元音化不只限于高元音。黟县(宏村)方言只有 3 个传统意义上的单元音[ɿ u a]。如果只以这 3 个单元音来进行讨论,黟县方言拥有的可能是全世界罕见的元音系统,甚至连[i]都没有。不过,黟县方言有 6 个双元音化的央化双元音[iːɐ uːɐ əːɐ yːɐ ɛːɐ ɤːɐ]。根据音系分析,除了[u]与[uːɐ]有对立,其他单元音与央化双元音是互补的。此外,黟县还有 2 个升峰双元音[ia ua],3 个降峰双元音[ai au aɯ],1 个平峰双元音[iu]。因此,如果单元音与央化双元音均是元音库藏(vowel inventory)的组成部分的话,那么黟县就有 9 个元音;如果部分或者全部双元音也计算进来呢?

图 3.29 显示了黟县 3 个单元音[ɿ u a]与 6 个央化双元音化元音[iːɐ uːɐ əːɐ yːɐ ɛːɐ ɤːɐ]的首成分在 F_1/F_2 声学元音图上的分布。如前文所述,纵轴是第一共振峰 F_1,横轴是第二共振峰 F_2,坐标原点在右上角;图中刻度是赫兹(Hz),但刻度之间的关系做了听觉处理。每个元音椭圆均是基于目标元音在单念位置(即载体句第一个 X 的位置)的 25 个采样数据点(5 位发音人×5 遍重复)。下文同。从图中可以看到,除了[u uː]之外,3 个单元音与 6 个央化双元音化元音在声学元音图上呈现互补分布。即它们一起构成黟县的声学元音空间格局。这个声学元音空间格局区分 3 层元音高低,3 层元音前后,在类型上并没有太多的特别之处。[iː yː ɿ u uː]是高元音,[ɛː ɤː oː]是中元音,低元音[a]不区分前后;[i y ɛ]是前元音,[u uː oː]是后元音,[ɿ ɤː a]是央元音。唯一的特别之处是[u uː]:[u]是静态的,[uː]是动态的,它们之间存在着[±动态性]的对立。

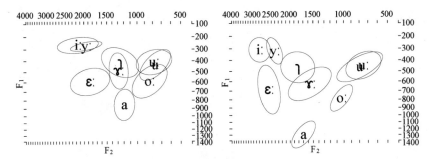

图 3.29 徽语黟县方言单元音[ɿ u a]与央化双元音化元音[iːɐ uːɐ yːɐ ɛːɐ ɤːɐ oːɐ]
的首成分：男（左）、女（右）；单位：赫兹（Hz）

图 3.30 与图 3.31 分别继续分析黟县央化双元音化元音[iːɐ uːɐ yːɐ]
与[ɛːɐ ɤːɐ oːɐ]。其中，左图是央化双元音化元音的由箭头连接首尾成
分首二个共振峰均值的频谱运动示意图，右图是首尾成分的元音椭圆
（两个标准差）；5 位男发音人的数据显示在上，5 位女发音人显示在
下；单位：赫兹（Hz）。在右图，即椭圆图中，叠加了单元音[a]的椭圆。

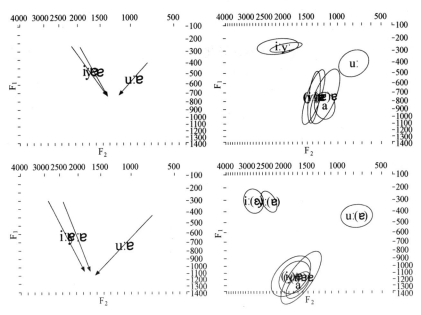

图 3.30 徽语黟县方言央化双元音化元音[iːɐ uːɐ yːɐ]的共振峰运动示意图（左）
与首尾成分元音椭圆（右）：男（上）、女（下）；单位：赫兹（Hz）

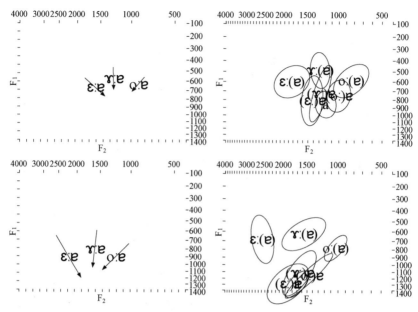

图3.31　徽语黟县方言央化双元音化元音[ɛ:ɐ o:ɐ ɤ:ɐ a:ɐ]的共振峰运动示意图(左)与首尾成分元音椭圆(右)：男(上)、女(下)：单位：赫兹(Hz)

　　从图中可以看到,央化双元音化元音的尾成分指向一个央化的低元音位置,这里标写为[ɐ]。也就是说,央化双元音化元音的尾成分并不区分音值,只是为元音增添了动态性。从变异的角度看,从原先的一个拥有静态频谱目标的单元音变成了一个拥有了动态频谱目标的元音。不过,其首成分还是与原先的单元音是一样的,比如黟县的[u:ɐ]与[u]。因此,从功能上看,只有当动态性在语言中构成对立的时候,央化双元音化在音系上才有意义;否则,则是冗余的。对于黟县方言来说,只有[u:ɐ]与[u]是对立的,其他[i:ɐ a:ɐ a:ɤ a:o ɤ:ɐ]均是冗余的。因此,黟县方言应该处于央化双元音化较为早期的阶段。

　　黟县方言处于央化双元音化早期阶段的另一个证据来自动态元音的时间结构(temporal organization)。图3.32总结了徽语黟县方言升峰双元音[ia ua]、降峰双元音[ai au aɯ]、平峰双元音[iu]、央化双元音化元音的时间结构;从左至右的不同灰度横条(bar)分别显示了动态元音的首成分(first element)、过渡段(transition)、尾成分

(second element)时长。图中显示了所有发音人所有样本的均值,并采用归一的百分比时间刻度。从图中可以看到,几类动态元音的时间结构是不同的:央化双元音化元音的首成分最长;升峰双元音的尾成分最长;降峰与平峰双元音则拥有相对比较平衡的时间结构,即首、尾成分、过渡段三者较为均衡。

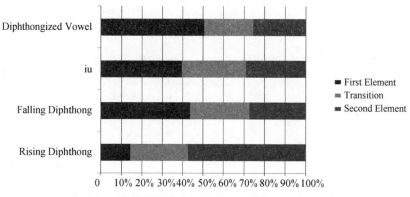

图 3.32　徽语黟县方言升峰、降峰、平峰双元音、央化双元音化元音(自下至上)的时间结构

与黟县不同,祁门方言有 8 个单元音[ɿ i u y a e o ɚ],只有 3 个央化元音化元音[iːɐ uːɐ yːɐ]。也就是说,[iːɐ uːɐ yːɐ]与相应的单元音[i u y]构成音位对立(Hu & Zhang, 2015)。除此之外,祁门还有 4 个升峰双元音[ie ia io ua],1 个降峰双元音[ei],1 个平峰双元音[ui]。另外需要指出的是,祁门方言的央化双元音化元音还可以鼻化[ĩːɐ ũːɐ ỹːɐ]。

图 3.33 显示了祁门方言 5 位男发音人(上)与 5 位女发音人(下)的单元音[ɿ i u y a e o ɚ]与央化元音化元音[iːɐ uːɐ yːɐ]在由首两个共振峰 F_1/F_2 构成的声学元音图中的均值(左)与元音椭圆(两个标准差)分布。从图中可以观察到,祁门元音的个体与前文所述的黟县方言区别较大,但二者的声学元音空间格局却呈现出一致性:与黟县方言类似,祁门方言也区分 3 层元音高低,3 层元音前后。其中,[i iː y yː ɿ u uː]是高元音,[e ɚ o]是中元音,低元音[a]不区分前后;[i iː y yː e]是前元音,[u uː o]是后元音,[ɿ ɚ a]是央元音。祁门与黟县最大的不同便是祁门的所有央化双元音化元音[iːɐ uːɐ yːɐ]与相应的单元音[i u y]

都是对立的。而且,从图中可以看到,祁门的央化双元音化元音
[iːɐ uːɐ yːɐ]的首成分与相应的单元音[i u y]的分布几乎重合;也就
是说,它们彼此之间只存在着[±动态性]的区别。

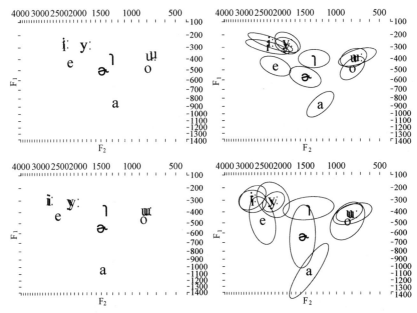

**图 3.33　徽语祁门方言单元音[i u y a e o ɚ]和央化双元音化元音[iːɐ uːɐ yːɐ]:
均值(左)与元音椭圆(右);男(上)、女(下);单位:赫兹(Hz)**

　　至于祁门方言央化双元音化元音的尾成分,图 3.34 的左图显示了
祁门央化双元音化元音[iːɐ uːɐ yːɐ]在由首二个共振峰 F_1/F_2 构成的声
学元音图中的频谱运动示意图,箭头连接央化双元音化元音的首尾成
分共振峰均值;右图显示了首尾成分的元音椭圆(两个标准差);其中,
上图是 5 位男发音人的数据,下图是 5 位女发音人的数据;单位:赫兹
(Hz)。从图中可以看到,祁门方言的央化双元音化元音的尾成分也
是指向一个央化的低元音位置,这里也是转写为[ɐ]。其中,[iːɐ yːɐ]
中的[ɐ]的椭圆相互重叠,[uːɐ]中的[ɐ]略偏后。因此,与黟县方言类
似,祁门央化双元音化元音的尾成分的作用并不是为了实现某个固有的
频谱目标,而只是为了实现元音的动态性。与黟县方言不同的是,祁门
的央化双元音化元音与对应的单元音均构成音位对立。因此,从历时的

角度看,祁门方言的央化双元音化比黟县方言前进了一步。祁门另有三个鼻化央化双元音化元音[ĩːɐ̃ ũːɐ̃ ỹːɐ̃],情况与[iːɐ uːɐ yːɐ]类似,此处从略。

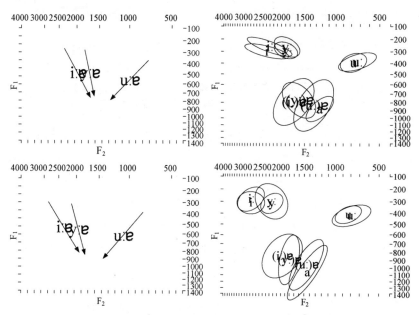

图 3.34　徽语祁门方言央化双元音化元音[iːɐ uːɐ yːɐ]的共振峰运动示意图(左)与首尾成分元音椭圆(右):男(上)、女(下):单位:赫兹(Hz)

图 3.35 自下至上显示了徽语祁门方言 4 个升峰双元音[ie ia io ua]、1 个降峰双元音[ei]、1 个平峰双元音[ui]、央化双元音化元音的时间结构;从左至右的不同灰度横条(bar)分别显示了动态元音的首成分(onset)、过渡段(transition)、尾成分(offset)时长。图中分别显示了男(左)、女(右)发音人所有样本的均值,并采用归一的百分比时间刻度;但男女发音人的数据并无显著差别。从图中可以看到,央化双元音化元音的时间结构与其他类别的动态元音明显不同:央化双元音化元音的首成分最长,而祁门方言的普通双元音,无论是升峰,还是降峰、平峰,都是尾成分最长。祁门的降峰、平峰双元音很少,各只有一个,因此,数据可能不具有代表性。这里的重点是:祁门与黟县方言的央化双元音化元音的时间结构是类似的,都是首成分占主导地位。

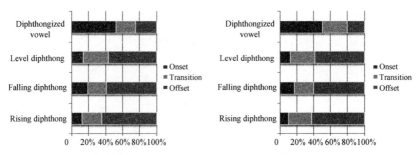

图 3.35　徽语祁门方言升峰、降峰、平峰双元音、央化双元音化元音（自下至上）的时间结构：男（左）、女（右）

徽语休宁方言在央化双元音化上则又往前走了一步（Hu & Zhang，2017）。与祁门方言一致的是，休宁的 3 个央化双元音化元音 [iːɐ uːɐ yːɐ] 也与相应的单元音 [i u y] 构成音位对立。除了央化双元音化元音，休宁方言还有 10 个单元音 [ɿ ɹ i u y a ɤ e o ɔ (ɔːɐ) ɚ]、7 个升峰双元音 [ia ua uɯ ie ue ye io]、1 个降峰双元音 [au]、1 个平峰双元音 [iu]、1 个三合元音 [iau]。注意，括号内的 [ɔːɐ] 是单元音 [ɔ] 的自由变体。

图 3.36 显示了休宁方言 5 位男发音人（上）与 5 位女发音人（下）的单元音 [ɿ ɹ i u y a ɤ e o ɔ (ɔːɐ) (æ) ɚ] 与央化元音化元音 [iːɐ uːɐ yːɐ] 在由首两个共振峰 F_1/ F_2 构成的声学元音图中的均值（左）与元音椭圆（两个标准差）分布。单元音 [ɔ] 的变体 [ɔːɐ] 在图中标为 [ɔː]。此外，方便起见，只在鼻尾韵环境出现的 [æ(n)] 也放在了图中，因为与此处讨论无关，下文不多论及。如图所示，休宁的元音系统比祁门略为复杂，即使不计前元音 [æ]，后元音也区分 4 层元音高低：高元音 [i iːɐ y yːɐ ɿ ɹ u uːɐ]、半高元音 [e ɤ o]、半低元音 [(æ) ɔ (ɔːɐ)]、不区分前后的低元音 [a]。有意思的是，[ɔ] 的变体 [ɔːɐ] 比 [ɔ] 高，似乎是有了动态性之后，便不怕与邻近的 [o] 相混了。此外，休宁区分 3 层元音前后：前元音 [i iːɐ y yːɐ e æ]、央元音 [ɿ ɹ ɤ ɚ a]、后元音 [u uːɐ o ɔ (ɔːɐ)]。需要注意的是，[ɤ ɚ] 在声学元音图上高度重合，这可能是因为 [ɚ] 是新近后起的，只用于少数书面语词。这里的重点还是，央化双元音化元音 [iːɐ uːɐ yːɐ] 与相应的单元音 [i u y] 在声学元音图上并无显著区别。而且，如图 3.37 进一步所示，休宁方言的央化双元音化元音 [iːɐ uːɐ yːɐ]

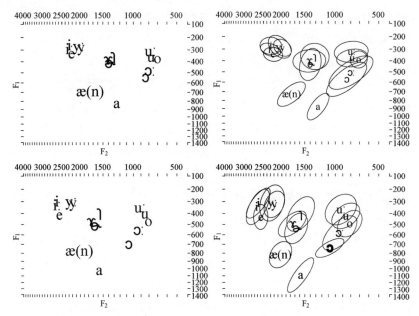

图 3.36 徽语休宁方言单元音[ɿ i u y a ɣ ɤ o ɔ (ɔː) (ɐː) æ(n) ɐ]和央化双元音化元音
[iːɐ uːɐ ɐːɐ yːɐ]：均值(左)与元音椭圆(右)；男(上)、女(下)；单位：赫兹(Hz)

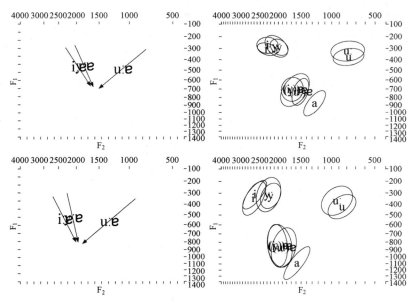

图 3.37 徽语休宁方言央化双元音化元音[iːɐ uːɐ ɐːɐ yːɐ]的共振峰运动示意图
(左)与首尾成分元音椭圆(右)：男(上)、女(下)：单位：赫兹(Hz)

的尾成分几乎完全互相重叠,不分彼此。也就是说,央化双元音化元音[iːɐ uːɐ yːɐ]与相应的单元音[i u y]之间只能靠动态性区分。这与祁门方言相同,而与黟县方言不同。

那么,休宁元音的央化双元音化向前进了一步体现在哪里?答案是在于时间结构。图3.38自下至上依次显示了徽语休宁方言各类动态元音的时间结构:升峰双元音、降峰双元音、平峰双元音、央化双元音化元音。从左至右的不同灰度横条(bar)分别显示了动态元音的首成分(onset)、过渡段(transition)、尾成分(offset)时长。图中分别显示了男(左)、女(右)发音人所有样本的均值,并采用归一的百分比时间。从图中可以看到,男女发音人的数据相当一致。与黟县、祁门方言一样,休宁的升峰双元音还是尾成分占主导。但是,休宁方言最关键的不同之处是,在央化双元音化元音中,首成分不再占主导地位,而是拥有了比较平衡的时间结构:即三个组成部分,首成分、过渡段、尾成分的时长相对比较平衡。因此,休宁方言的央化双元音化元音的时间结构与典型的双元音——降峰双元音比较接近。从历时的角度,也就是说,随着央化双元音化的进一步推进,休宁方言的央化双元音化元音不仅在音系上与相对应的单元音构成音位对立,而且在语音上拥有了与典型双元音类似的时间结构。

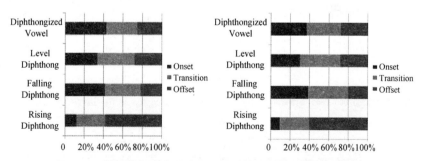

图3.38　徽语祁门方言升峰、降峰、平峰双元音、央化双元音化元音(自下至上)的时间结构:男(左)、女(右)

因此,通过对徽语方言材料的讨论,进一步说明了双元音化也并非截然的(abrupt),而是渐进的(gradient)。也就是说,在论证单-双元音并非截然二分的基础上,徽语央化双元音化过程本身的渐进性进一步丰富了单-双元音这一连续统的渐变梯度。

作为小结,我们通过对汉语方言的元音的语音与音系分析,试图揭示被传统的单、复元音这一机械分类所掩盖的语言事实,用更加贴近事实的动态理论来重新描写元音。单元音、双元音化元音、语言中的部分复合元音(比如前面分析中的汉语方言降峰双元音)均属于单个发音事件(a single articulatory event)。语音上,如果说单元音拥有一个相对静态的频谱目标,那么双元音化元音、双元音则拥有一个相对动态的频谱目标。音系上,它们都属于一个基本单位,即一个音位。语言中的另一些复合元音则属于发音事件序列(a sequence of articulatory events)。比如前文所分析的汉语方言中的升峰双元音,一般均由两个相对静态的频谱目标构成,在音系上应该分析为两个元音音位的序列。据此推理,三合元音可以分析为由一个静态目标和一个动态目标构成。

3.4　元音的特征

发音器官的运动改变声腔的形状,便决定了元音的音色,其中贡献较大的发音器官是舌、唇、咽腔。在元音产生中,舌一般是作为一个整体的发音器官在起作用。不过,也有例外,比如舌尖元音与[ATR](舌根前伸):除了舌体之外,前者使用舌尖,后者使用舌根(tongue root)。元音的基本特征包括传统元音描写的高低、前后、圆唇三类特征,大致就是将舌作为一个整体的发音器官产生的元音对立,以及唇型不同。除此之外的元音特征,都属于其他特征。元音的其他特征也可能造成元音的音质区别,比如[ATR];也可能在造成元音的音质区别的同时让元音带上附加特性,比如舌尖元音;但更多的则是叠加在元音发音之上的次要发音(secondary articulation)带来的附加特性,比如鼻化、咽化、儿化(r音化)等。

在元音的三项基本特征之中,元音高低最为基本,是基本中的基本。世界上所有的语言都有元音高低的区别。元音最少的语言只有一高一低两个元音。但两个元音的语言并不常见,西北高加索语言(northwest Caucasian languages)是比较著名的例子,一高一低两个元音一般写作[ə a](Catford，1977)；因为元音少，这些语言的辅音库藏都特别丰富(Anderson，1978)。此外，非洲也有二元音语言，比如在尼日利亚、喀麦隆、乍得等地使用的乍得语族的 Margi 语，在本族词汇中只有[i a]两个元音，在借词中才有可能出现其他元音[ɛ o](Maddieson，1987；Ladefoged & Maddieson，1996)。同样地，元音少，辅音自然便多，Margi 语的辅音按照 Hoffmann(1963)的分析有 84个，在没有喷音(click)的语言中是属于辅音最多的语言之一；此外，Margi 语还有一高一低两个声调。从历时看，二元音语言可能是从多元音系统发展而来的，比如澳洲北部的 Arrernte 语，圆唇元音随着唇化辅音发展之后，元音的圆唇对立与前后对立消失，最后产生了双元音系统[ə a]；有意思的是，Arrernte 语的元音的共时变异性(variation)很高，而且变异是自由的，不以辅音环境为条件，比如，根据 Ladefoged & Maddieson(1996：287)所展示的东部 Arrernte 语[ə]元音的声学元音散点图，[ə]可以被标为[ɪ e ə ɐ ʊ]或其他临近的音标。不过，也有不同的报道，比如 Tabain & Breen(2011)发现中部 Arrernte 语的[ə ɐ]受到辅音环境的影响，而且[ə]所受的影响比[ɐ]大。

i y　　　　　　　　　　u
　e ø　　　　　　　　o
　　ɛ œ　　　　　ɔ
　　æ ɶ　　　ɒ
　　　　a

图 3.39　奥地利阿姆斯泰藤
方言的元音示意图

语言中区分元音高低维度最多可以达到五层，比如属于德语巴伐利亚方言的奥地利阿姆斯泰藤(Amstetten)方言(Traunmüller，1982，转引自 Ladefoged & Maddieson，1996：289 – 290)。如图 3.39所示，阿姆斯泰藤方言区分五层元音高低，其中在上面四层均区分元音前后、圆唇。

可以看到，除了经常用来标写非周边的(non-peripheral)短元音[ɪ ʏ ʊ]之外，德语阿姆斯泰藤方言的元音使用了所有的国际音标前元音符号，以及圆唇后元音符号。换个角度，也就是说，国际音标的元音符号最多可以标写如德语阿姆斯泰藤方言般的五层元音高度，而且在最低的一层，没有元音前后或者圆唇的对立[①]。以前旧版本的国际音

---

① 当然，还可以借用非周边的元音符号来标写高达七层元音高低(IPA，1989)。不过，实际语言中并未发现需要如此多层的高低区分(Ladefoged & Maddieson，1990：95)。

标有一个央低元音音标[A]，国内方言学界与少数民族语言描写文献中经常见到。其实，这个国际音标已经废止，因为不是一个必要的存在。在标写三角形的元音格局时，一般用前低元音符号[a]标写不分前后的低元音，如图 3.39 所示；而在标写梯形或四边形的元音格局时，则根据前、后低元音的实际音质选用临近的国际音标元音符号，比如美国英语、苏州方言的低元音一般都是写作前[æ]、后[ɑ]的对立，而老派上海话的鼻化韵里面的低元音则是前[ã]、后[ɑ̃]的对立。

关于汉语元音的高低，这里强调两点。首先，舌尖元音可以归类为高元音。其次，元音的高低层级不能只看单元音的情况，同时也要注意分析双元音。许多北方方言的单元音可能只有两层高低之分，比如前文分析的晋语太原方言就是如此。其实，北京普通话大致也是如此，因为[e/ɛ]并不出现在 CV 音节，[o]其实是双元音[uo]，半高元音[ɤ]并没有与之对立的高元音，因此相对于低元音[a]来说，其他单元音[i y ɿ ʅ ɤ u]都是高元音。综上，元音高低的分析需要包括双元音，至少包括[ei ai əu au]等降峰双元音。

元音的第二项基本特征是元音前后（vowel backness）。与元音高低相比，元音前后的对立要简单得多，一般只有前、后（front-back）二重区分，极少语言拥有前、央、后（front-central-back）三重对立。这是因为元音前后总是和元音的第三项基本特征——圆唇（lip rounding）交织在一起：语言中的前元音多为不圆唇，后元音则多为圆唇。比如，世界语言中常见的五元音系统[i e a o u]，虽然[i e]是前元音，[a]是央元音，[o u]是后元音，但是在音系上并没有构成前后元音对立，因为前元音都是不圆唇的，后元音都是圆唇的。换句话说，元音前后与圆唇存在着可预知的（predictable）关系。语言中最常见的前后对立出现在高元音之中，只要出现了前高不圆唇元音[y]，[i y u]之间不仅存在着圆唇对立[i y]，也存在着前后对立[y u]，汉语方言中便往往如此。除了高元音位置之外，半高元音位置也容易出现前后与圆唇对立，比如法语，比如前文论及的吴语宁波方言；图 3.39 所示意的德语奥地利阿姆斯泰藤方言在四层元音高低上拥有前后与圆唇对立，这是罕见的现象。

汉语方言中元音的前、央、后三层对立的例子有待进一步讨论。

不过,汉语一个普遍性的问题涉及舌尖元音,因为从声学元音图上看,舌尖元音是央高元音。因此,如果把舌尖元音纳入高低、前后、圆唇等元音的基本特征系统中考量,那么在高元音存在前、后对立的方言中,比如上文提到的宁波方言中,不圆唇与圆唇舌尖元音[ɿ ʮ]便与前高元音[i y]、后高元音[u]构成了前、央、后三层对立。当然,舌尖元音在发音上带有特殊性,超出元音的基本特征范畴,下文另述。

一个前、央、后元音分布比较均衡的例子来自赣南客家话江西信丰(铁石口)方言(Zhang & Hu,2015),图3.40显示了信丰方言单元音在F_1 / F_2声学元音图上的2个标准差的椭圆分布,材料基于3位女发音人。从声学元音图中可以观察到,信丰元音的分布非常均衡:[i ɨ u]是高元音,[e ə o]是半高元音,[æ ɐ ɔ]是半低元音,低元音[a]不分前后;[i e æ]是前元音,[ɨ ə ɐ]是央元音,[u o ɔ]是后元音。Lindau(1978:550)指出,拥有3个央元音的语言不多见,而4个央元音的语言更是罕见。信丰的1个央元音[ɨ]圆唇,3个央元音[ə ɐ]不圆唇,加上一个没有在图中显示的不圆唇舌尖元音[ɿ],就有4个不圆唇央元音了。不过,信丰的前元音均为不圆唇,后元音均为圆唇,因此,即使加上舌尖元音[ɿ],在音系上要构成3层对立也有些勉强。

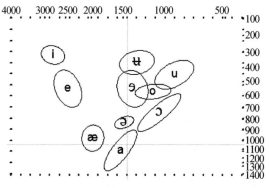

**图 3.40　赣南客家话江西信丰(铁石口)
方言单元音(不含舌尖元音)**

另一个与元音前后、圆唇交织在一起的元音基本特征是元音周边性的对立。比如图3.40中显示的信丰方言的例子,[e ə o]之间、[æ ɐ ɔ]之间也存在着周边性的区别:[e o][æ ɔ]是周边元音,[ə][ə]

是非周边元音。双元音也可以有周边性的对立,前文提到的太原方言,与降峰双元音[ai ei]之间属于元音高低的区别不同,降峰双元音[au əu]之间是周边性的对立:[au]是周边的,[əu]是非周边的。

Ladefoged & Maddieson(1996:291-292)举了几个例子来说前、央、后3层对立。其中一个是属于巴布亚语言(Papuan languages)的Nimboran语,这个语言虽然只有6个元音,却拥有前、央、后3个不圆唇高元音[i ɨ ɯ];另外有一个是挪威语,拥有前、央、后3个圆唇高元音[y ʉ u]。

不过,挪威语的例子可能有争议,这便涉及元音的第3个基本特征——圆唇。前文指出,在世界大部分语言的元音系统中,前后和圆唇之间存在着一种互相可预测的关系,即前元音通常不圆唇、后元音通常圆唇(Lindau,1978;Maddieson,1980;Ladefoged & Maddieson,1990)。不过,还是有相当一部分语言利用圆唇对立区别元音,比如西方语言中的法语、德语、瑞典语等,而在汉语方言中,圆唇对立更是极普遍的元音特征。根据洛杉矶加州大学音系音段库藏目录数据库(UPSID,参见 Maddieson,1980)中所搜集的454种世界语言资料的统计,在有唇型区别的语言中,前高元音是最容易形成圆唇对立的。同时,高元音也是最容易形成前、央、后对立的。而对于挪威语、瑞典语的争议便在于究竟是前、央、后对立,还是3种唇型对立(Ladefoged & Maddieson,1990:100)。

以文献较多的瑞典语为例,瑞典语中写成[ʉ]的元音究竟是一个圆唇央元音,还是与[i y]一样是前高元音但是拥有第3种唇型(Sweet,1877,1879;Malmberg,1956;Fant,1973)? Fant(1973)提供了这三个元音的 X 光发音图片,结果显示它们之间的舌位区别不大,元音之间的音位对立可能来自唇型区别。Lindau(1978)和Ladefoged & Maddieson(1990,1996)指出语言中存在着两种不同的圆唇:一个是"水平撮唇"(horizontal lip protrusion),说话人双唇沿着咬合面(occlusal plane,俗称 bite plane)向前撮圆,语言中的前高圆唇元音[y]一般采用这种圆唇动作;另一个是"垂直敛唇"(vertical lip compression),说话人双唇垂直于咬合面的方向向内收敛以构成圆唇,敛唇式圆唇动作在语音学文献中也常被称作"内圆"(inrounding),欧洲一些语言中的后高圆唇元音[u]常用这种圆唇动作。根据笔者对瑞典发音人的观察,瑞典[ʉ]元音的发音其实是[y]的舌位与[u]的唇型的结合,因此并不是瑞典语的高元音[i y ʉ]之间存在着前、央、后3层元音前后对立,而是瑞典语前高元音[i y ʉ]之间存在3种唇型对立;挪威语也是类似的情况。

胡方(2006b,2007)指出吴语宁波方言的元音也存在着3种唇型的对立。不过,与欧洲的语言不同,宁波并非使用敛唇与撮唇的对立,而是存在着两种撮唇:水平撮唇(horizontal protrusion)与垂直撮唇(vertical protrusion)。除了2个舌尖元音[ɿ ʮ]之外,宁波拥有10个单元音[i y ɤ e ø ɛ a ɔ u o]。其中,[i y ɤ]都是前高元音,7个发音人的电磁发音仪(EMA)材料并没有发现它们的舌发音存在系统的差别(胡方,2005,2006a,2014),但是,它们存在唇型区别。如图3.41所示意,宁波方言3个前高元音的舌发音大体一致,圆唇元音[y]的发音特点是双唇沿着咬合面前撮,开口度相对较小;而另一个圆唇元音[ɤ]的发音特点是双唇垂直于咬合面撮圆,因而唇形的开口度更大而位置相对靠后。

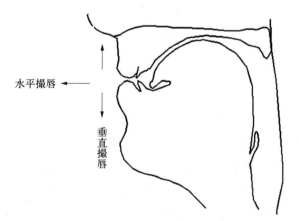

图3.41 吴语宁波方言前高元音[i y ɤ]唇形特点
示意图:水平撮唇([y])与垂直撮唇([ɤ])

图3.42显示了宁波元音在以感知刻度为基础的元音声学图中的2个标准差的置信椭圆。从图中可以看到,[i y ɤ]拥有相似的第

一共振峰(F_1)值,即从声学或感知声学的角度来看它们的元音高度一致,均为前高元音。[y ʏ]的元音椭圆分布在[i]的右侧,即第二共振峰(F_2)的值较小,显示二者均为前高圆唇元音。同时,[y ʏ]的元音椭圆相互之间有较大程度的重叠,主要的区别是[y]的椭圆分布略左,即其 F_2 略大。来自成对 t 检验的结果显示,二者的 F_2 区别是显著的(对于 10 位男性发音人材料:p<.05;对于 10 位女性发音人材料,p<.001)。[y ʏ]之间的 F_2 区别无法用舌发音的不同来解释,因为二者的舌位相似,但是可以用唇发音的材料来解释。圆唇在声学上降低元音的所有共振峰值(尤其是 F_2 和 F_3),因为圆唇动作使声道长度增加、声道开口度缩小。根据圆唇的声学理论(Stevens & House,1955;Fant,1960),当(1)双唇前撮导致声道变长,或(2)双唇开口度减小时,F_2 减小。宁波方言前高元音的唇发音材料所示,水平撮唇([y])与垂直撮唇([ʏ])均增加声道长度,减小声道开口度;不过,与垂直撮唇相比,水平撮唇导致更长的声道、更小的唇开口度。也就是说,水平撮唇比垂直撮唇具有更为明显的降低 F_2 的声学效果。

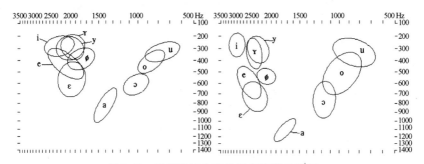

图 3.42　吴语宁波方言单元音声学元音图
(左:10 位男发音人 2 个标准差置信椭圆;右:10 位女发音人 2 个标准差置信椭圆)

因此,宁波的发音材料与声学材料均支持 3 个前高元音拥有近似的舌位,但区别于唇形动作:[i]是展唇(spread),[y ʏ]均是圆唇(rounded);其中,[y]是水平撮唇(horizontal protrusion),而[ʏ]是垂直撮唇(vertical protrusion)。结合欧洲语言的情况,我们可以将圆唇特征修改如下:

表 3.6　元音的唇形区别特征

［－圆唇］	［＋圆唇］		
［＋展唇］	［＋水平撮唇］	［＋垂直撮唇］	［＋(垂直)敛唇］
一般语言中的[i]	一般语言中的[y]	宁波方言[ʏ]	瑞典语[ʉ]

元音的基本特征涉及声腔基本形状的改变,音质的改变由发音与声学的关系决定。元音的基本特征不仅包括元音高低、元音前后、圆唇,也包括周边与非周边性对立,以及部分双元音,如前文所讨论,有些双元音(文中所讨论的汉语方言中的降峰双元音)是一个动态的发音目标,并不是一个双目标的发音序列(sequence)。元音的其他特征是叠加在元音主要发音(primary articulation)之上的次要发音(secondary articulation)特征,以及韵律的(prosodic)、发声态的(phonatory)修饰特征。不过,有些特征可能兼具基本特征与其他特征的特点,比如舌尖元音,比如舌根前伸(ATR)、后缩(RTR)或其他一些后发音部位(back articulation)特征。

先说韵律的。3 个韵律特征之中,音强变化造成响度的不同,基频变化形成音高的区别;语言中运用前者构成音位对立便是重音(stress),运用后者便是声调(tone)。音强或者基频的不同一般不会造成元音之间的音位对立。因此,这里主要讨论另一个韵律特征,时长造成的元音区别,这是语言中常见的元音次要特征。

时长区别是否会引起元音音质的变化?逻辑上皆有可能。但是,因为英语的强势影响,英语等一些西方语言中的长短元音与元音音质的对应关系也深入人心。其实,在汉语中,长短元音可以同音质,也可以引起音质的改变。如图 3.43 所示,出现在吴语宁波方言喉塞尾入声音节的两个短元音[a(ʔ) o(ʔ)](图中斜体音标),其中的一个短元音[a(ʔ)]与舒声音节的正常长度的元音[a](图中正体音标)在声学元音图中位置基本一致,尤其是在男发音人中,二者的椭圆几乎重合,而另一个短元音[o(ʔ)]则介于正常长度的元音[o]与[ɔ]之间。

汉语方言中的元音少有系统的长短对立,常见的是如上所述的存在于有塞音尾入声音节的方言中的短元音。不过,粤语是个典型的例外,因为粤语方言普遍拥有长短元音的对立,而且,这种长短对

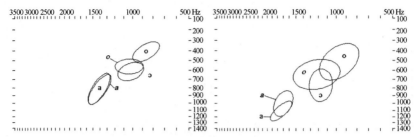

**图 3.43　吴语宁波方言短元音(斜体音标)声学元音图：
相应的正常长度元音(正体音标)**

(左：10 位男发音人 2 个标准差置信椭圆；右：10 位女发音人 2 个标准差置信椭圆)

立既存在于舒声音节(开音节、鼻尾音节)，也存在于塞音尾的入声音节(Yue-Hashimoto，1972；李行德，1985；李新魁等，1995；Bauer & Benedict，1997；Zee，1999)。金健、张梦翰(2013)对不同音节环境中的广州方言长短元音组对进行了多元方差分析，2 男 2 女 4 位青年发音人的结果总结如表 3.7：表中列出了长短元音的三个声学参数(韵腹相对时长、首二个共振峰 F_1、F_2)之中具有显著差异者；如同时有多个参数在统计上差异显著，那么偏 Eta 方、调整 R 方得分较高的排在前面。从表中可以看到，在所有发音人的所有舒、促音节环境中，长短元音的相对时长均存在显著差异，说明时长是区别广州方言长短元音的最重要的声学参数；同时，在大部分情况下，时长的不同也伴随着元音音色的不同，除了[œː/ɵ]之间存在着元音前后(F_2)的不同，一般都是元音高低(F_1)的不同。不过，需要注意到，广州方言长短元音的音色区别可能存在着发音人、元音、韵母环境的变异。此外，由于长短元音的对立在壮侗语中常见，因此不免令人怀疑粤语的长短元音对立来自历史上与壮侗语少数民族的长期共处与相互影响。

**表 3.7　粤语广州方言长短元音相关声学参数多元
方差分析结果(据金健、张梦翰，2013)**

长短 元音	韵　　母	男一	男二	女一	女二
[aː/ɐ]	[aːi aːu / ɐi ɐu]	相对时长、F_1			
	[uaːi / uɐi]	相对时长、F_1	相对时长	相对时长、F_1	相对时长

长短元音	韵　母	男一	男二	女一	女二
[aː/ɐ]	[aːm aːn aːŋ/ɐm ɐn ɐŋ]	相对时长、F₁	相对时长、F₁	相对时长、F₁	相对时长
	[iaːm uaːn uaːŋ/iɐm uɐn uɐŋ]	相对时长、F₁	相对时长、F₁	相对时长、F₁	相对时长、F₁
[ɛ/e]	[ɛːŋ/eŋ]	相对时长、F₁	相对时长	相对时长、F₁	相对时长、F₁
	[iɛːŋ/ieŋ]	相对时长			
[o/ɔː]	[ɔːŋ/oŋ]	相对时长、F₁	相对时长	相对时长、F₁	相对时长
[aː/ɐ]	[aːp aːt aːk/ɐp ɐt ɐk]	F₁、相对时长	相对时长、F₁	F₁、相对时长	相对时长、F₁
	[iaːp uaːt/iɐp uɐt]	F₁、相对时长	F₁、相对时长	F₁、相对时长	相对时长、F₁
[ɛ/e]	[ɛːk/ek]	相对时长、F₁	相对时长、F₁	F₁、相对时长	F₁、相对时长
[o/ɔː]	[ɔːk/ok]	F₁、相对时长	相对时长	F₁、相对时长	相对时长、F₁
[œː/ɵ]	[œːt/ɵt]	F₂、相对时长	F₂、F₁、相对时长	相对时长、F₁、F₂	F₂、相对时长

　　语言学中最为人熟知的长短元音对立可能就是如英语中的那种，既有时长的不同，又有音质的不同。而且，音质的不同是系统的，一般用比相应的长元音低一点的国际音标来标写短元音，比如长元音[iː]、短元音[ɪ]。其实，比英语更为典型的是德语，因为德语在不同的元音高度都拥有比英语更为完整的长短元音对立：[iː ɪ yː y eː ɛ ɛː æ ø œ a oː ɔ uː ʊ]。英语、德语的长短元音不仅仅是长短问题，无法将长元音切短而得到短元音。因此，语言学中经常称为松紧元音，长元音是紧元音(tense vowels)，短元音是松元音(lax vowels)。不过，松紧是个模糊的术语，发音上的松弛与紧张只是一种直观的感官描述，并没有什么生理、物理或者心理上的证据；事实上，松紧元音在发音生理与感知声学上究竟如何实现，是可以讨论的。根据 Hoole & Mooshammer(2002)对于德语元音的发音研究，所谓松紧，从某种意义上说，松元音确实比紧元

音发音松散一些,但这并不意味着松元音就因此无法如紧元音一般实现"目标",因为松元音的发音幅度反而更大。电磁发音仪(EMA)的发音运动学数据表明:紧元音受分布式发音力(distributed force input)控制,而松元音受脉动式发音力(pulsatile force input)控制(Hoole & Mooshammer,2002)。事实上,英语、德语的松紧元音不仅区别于元音高低,而且区别于周边性(peripherality):紧元音是周边的(peripheral),松元音是非周边的(non-peripheral)。与 Wood(1975)一样,Hoole & Mooshammer(2002)也观察到松紧元音在发音上的不同:相邻元音高度的紧元音[i e]或者松元音[ɪ ɛ]的发音舌位类似,但颚位开合程度不同:[i ɪ]是较闭的,[e ɛ]是较开的;而相应的松紧元音[i ɪ]或者[e ɛ]则是颚位开合程度类似,而舌位高低不同:[ɪ ɛ]的舌位要比[i e]低很多。因此,Meyer(1910)就曾经报道过,[ɪ]的舌位比[e]还要低,这与人们对教科书中的国际音标的认知不同。

第二,讨论舌尖元音与相关问题。舌尖元音(apical vowels)在汉语方言中广泛存在(高本汉,1915—1926),但在国际音标中,舌尖元音并不被承认(IPA,1999)。在标音实例(IPA illustrations)中,舌尖元音被处理为与声母辅音同部位的成音节咝擦音或者近音(syllabic sibilants or approximants),比如普通话(Lee & Zee,2003)、吴语上海方言(Chen & Gussenhoven,2015)、客家话(Lee & Zee,2009)等。但自从高本汉首次使用舌尖元音之后,中国语言学界一直使用非国际音标符号[ɿ ʮ ʅ ʯ]来标写舌尖元音(高本汉,1915—1926)。以研究最广泛的普通话来说,两个舌尖元音[ɿ ʅ]分别与声母塞擦音、擦音或近音[ts tsʰ s]和[tʂ tʂʰ ʂ r]同部位;不过,语音学的研究也指出:普通话的舌尖元音比同部位的辅音窄缩程度要小(周殿福、吴宗济,1963;鲍怀翘,1984;Ladefoged & Wu,1984;Lee-Kim,2014)。也就是说,从语音层面讲,[ɿ ʅ]不是浊咝擦音,而是与高元音[i]类似的近音。Cheng(1973)甚至直接用央高元音[ɨ]来标写舌尖元音。

对于汉语语音与音系来说,舌尖元音特别重要,因为元音的舌尖化是现代汉语及其方言的音系形成的重要组成部分。历时地看,汉语各方言中的舌尖元音大致来自中古的前高元音[i y]。元音高化是世界语言中的常见音变,汉语也不例外,即使是高元音,也有继续高化的途径,其中最常见的是双元音化(朱晓农,2004;胡方,2013),而舌尖化也是汉语及方言中最常见的高元音继续高化的手段之一(朱晓农,2004;赵日新,2007;胡方,2007)。事实上,舌尖化是汉语除了粤语等少数方言之外的现代方言的重要的共同创新(shared innovation)之一。

舌尖元音是双重发音(double articulation)的元音,发音时舌背(tongue dorsum)、舌尖(tongue tip)同时起作用(鲍怀翘,1984;Hu,2003,2014)。也就是说,发一般的舌面元音,更准确地说是舌背元音(dorsal vowels)的时候,舌头整体作为一个发音器官;而舌尖元音并非只是舌尖在参与发音,舌背也是发音器官,相当于一条舌头充当了两个发音器官。图3.44依次显示了3男3女6位吴语宁波方言发音人的舌尖元音[ɿ ʮ]的舌发音图,为了方便比较,图中叠加了三个顶点元音[i a u]的发音图,以及发音人的硬腭形状示意图(胡方,2014)。虽然由于传感器粘贴位置的差异以及个体生理解剖上可能存在着的差异,舌尖元音的舌发音图存在着一定的差异,但是都呈现了舌尖作为一个独立发音器官参与发音的特点。

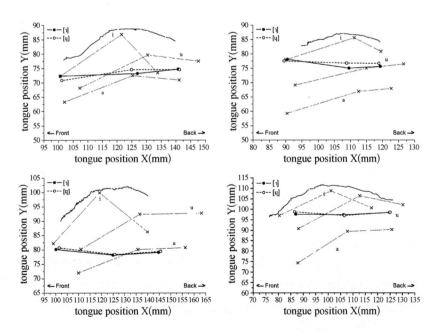

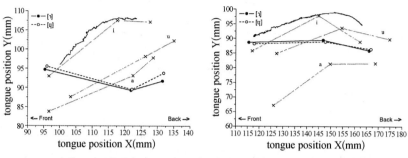

图 3.44　吴语宁波方言舌尖元音[ɿ ʮ]的舌发音图(3 男 3 女,发音人面朝左)

　　在声学元音图上,舌尖元音一般占据央、高元音位置。传统上把元音图理解为舌位图,没有位置可以放舌尖元音,因为元音图取的是元音发音的舌位最高点。但如前所述,元音图的物理-心理基础是以元音的共振峰结构(尤其是首二个共振峰)为依据的声学元音图,因此将舌尖元音纳入声学元音图中并无不妥,反而易观察其属性。

　　与舌尖元音相关的是擦化元音(fricative vowels)。擦化元音的报道相对较少,无论是在汉语方言中(Chao,1928;伍巍,1995;Hu,2007;Ling,2011),还是在世界别的语言中(Ladefoged & Maddieson,1990)。石汝杰(1998)对包括吴语、徽语、晋语、江淮官话、西北官话以及其他官话方言中的元音擦化现象进行了检视,指出擦化高元音最终将发展为舌尖元音。朱晓农(2004)描述了汉语方言高元音继续高化的多种途径;赵日新(2007)描述了绩溪徽语中高元音的舌尖化[i]>[ɿ]。Hu & Ling(2019)详细描写了吴语苏州方言的擦化元音,并明确指出:擦化元音是前高元音舌尖化的中间状态。

　　吴语苏州方言是汉语方言中最广为人知的擦化元音的例子。苏州拥有常态高元音、擦化高元音、舌尖元音的三层对立。苏州的 12 个单元音在文献中一般标写为[ɿ ʮ i y u ɪ ɛ ø o æ ɑ],其中,标写为高元音[i y u]的带有强摩擦特性(Chao,1928;袁家骅,1960;汪平,1987)。擦化元音在语图上可见明显摩擦噪声。如表 3.8 所示,苏州方言的擦化高元音[i y]与相应的常态高元音[ɪ ʏ]的谐波-噪声比(the Harmonics-to-Noise Ratio,HNR)存在着显著区别。

表 3.8 　吴语苏州方言常态与擦化前高元音的
谐噪比(HNR,单位:分贝)

	HNR 均值	标准差	F 值	P 值
i	16.1	4.6	24.041	P<0.000 1
ɪ	20.9	3.9		
y	19.6	4.3	13.222	P=0.001
ʏ	22.8	3.2		

　　擦化元音除了带有可闻的摩擦噪声之外,其共振峰模式也不同。也就是说,擦化带来了音质的改变。图 3.45 显示了苏州方言 12 个单元音[ɿ ʮ i y u ɪ ʏ ɛ ø o æ ɑ]在声学元音图上的分布,图中每个 2 个标准差的椭圆基于 30 个采样点(10 位男发音人×3 遍重复)。从图中可以看到,擦化元音[i y]分布在常态前高元音[ɪ ʏ]与舌尖元音[ɿ ʮ]之间,直观地显示了擦化元音处于前高元音舌尖化过程的中间状态。为什么会这样呢?那是因为擦化之后,舌发音发生了变化。有发音材料为证。图 3.46 显示了苏州方言擦化与常态前高元音[i ɪ y ʏ]的腭位图(palatograms,上)与舌位图(linguagrams,下),可以发现,擦化元音的发音牵涉更多的舌叶部位,而常态前高元音的发音则主要是舌面的,或者更准确地说,是前舌背的(anterodorsal)。因此,相应地,在被动发音器官上,擦化元音的发音不仅涉及硬腭,而且带有龈后(post-alveolar)。所以说,在发音上,

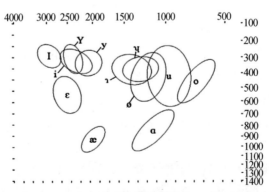

图 3.45 　吴语苏州方言元音图(10 位男发音人
2 个标准差置信椭圆)

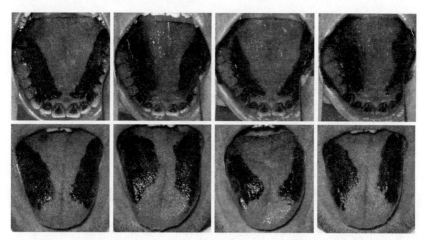

图 3.46　吴语苏州方言[i ɿ y ʮ](从左到右)的腭位图(上)与舌位图(下)

常态前高元音、擦化前高元音、舌尖元音也是处于舌面(anterodorsal)、舌叶(laminal)、舌尖(apical)这一舌尖化的发展链上。

第三,讨论元音鼻化与鼻元音。鼻化(nasalization)是语音中常见的一个次要发音(secondary articulation),在元音的发音中尤为常见。在声腔(vocal tract)中,软腭(velum)是一个可以独立控制的要素,软腭下降,打开腭咽口(velopharyngeal port),咽鼻腔通道连接在一起,声门下的气流通过咽腔之后从口腔与鼻腔同时涌出,便实现了鼻化。元音鼻化既可以是语音(phonetic)层面的,也可以是音系(phonological)层面的现象。元音与鼻音相邻接时,鼻化自然发生,而当鼻化在语言中具有音系地位、区别意义的时候,便成为元音的其他特征。元音鼻化了之后便是鼻化元音(nasalized vowel);鼻化元音既可以是语音层面的,也可以是音系层面的。此外,文献中也常用鼻元音(nasal vowel)这个术语,多用来指与口元音(oral vowel)对立的情况,即音系层面的鼻化元音。

鼻元音最有名的例子可能便是法语了。图3.47显示了法语元音图,从图中可以看到,法语的元音在半低、低

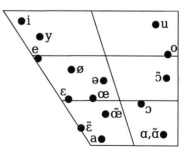

图 3.47　法语元音图

的位置拥有口、鼻元音对立。三个半低元音[ɛ œ ɔ]与后低元音[ɑ]都有相应的鼻元音[ɛ̃ œ̃ ɔ̃ ɑ̃]。此外,图3.47虽然只是一个示意图,但是标示了鼻化元音与口元音之间的位置差别:[ɛ̃ œ̃]比[ɛ œ]要低(论语音的接近性,[ɛ̃]事实上应该标写为[æ̃]),[ɔ̃]比[ɔ]要高,而[ɑ̃ ɑ]则差不多。这恰好概括了元音鼻化对元音音色影响的三种可能性。

鼻化如何影响元音的音色,一直是语音学上讨论的一个问题,Hawkins & Stevens(1985)甚至认为鼻化引起的音色差别是除了鼻化本身的物理属性之外的、感知元音鼻化的最为重要的补充属性。然而,鼻化究竟如何影响元音音色,却是众说纷纭。法语(Chen,1973)、斯拉夫语(Lightner,1970)、印欧语言(Foley,1975),甚至包括一些汉语方言(Chen,1975)等众多语言在历时音变中呈现出鼻化具有降低元音音色的作用,尤其是对于高、中元音(high and mid vowels)来说;但是同时,也有一大批反例(参见 Bhat,1975 以及里面所引用的文献),Beddor(1982)考察了75种语言之后认为鼻化的元音高化作用与元音低化作用一样常见。不过,Beddor(1993:189)也发现了一些规律:无论是语音还是音系层面的鼻化,高元音倾向低化,低元音倾向高化;音系层面的鼻中元音(nasal mid vowels)倾向低化,而语音层面的鼻化后中元音(nasalized mid back vowels)倾向高化,鼻化前中元音(nasalized mid front vowels)则倾向低化。

另一方面,鼻化如何影响元音音色的感知也有诸多研究。根据感知的材料,Wright(1975,1980,1986)总结了鼻化对元音感知的影响:高、中元音鼻化之后感知偏低,而低元音则偏高,不过后中元音[ɔ]与低元音一致。对于鼻化为何导致元音低化,Ohala(1974)提供了一个非常有趣的解释。他认为正是因为鼻化具有听感上降低元音高度的作用,因此由于模仿存在缺陷,听者便在习得这一语言的最初阶段在发音上也低化了,这便是音变的开始。很多音变确实如此发生,首先是感知上的细微差别,然后听者者在产生上强化了这种差别,感知与产生二者之间的交互便导致了音变的发生。因此,对于鼻化导致低元音高化,也可以如此解释。此外,Mohr & Wang(1968)的感知研究发现三个顶点元音鼻化之后在感知上比口元音更互相接近,即鼻化具有减低元音的周边性(peripherality),使元音央化的作用。Wright(1975,

1980,1986)运用更加细致的实验控制检视了包括顶点元音、中元音在内的更多的元音,发现相比较于口元音,鼻元音的感知空间一致缩小。鼻化元音感知上的这一特点解释了为什么在语言中鼻元音的数量从来不会超过口元音。但也有报道说,比如印度雅利安语支的 Maithili 语拥有 8 个口元音、8 个鼻元音,而且,8 个鼻元音在声学元音图中比相应的口元音更低,分布更周边(Jha,1986)。

　　元音鼻化中声学与感知的交互,以及它们在具体语言的语音与音系中的作用,一直是引人入胜的话题。汉语方言中的鼻元音一般均来自历史上鼻尾的脱落(Chen,1972,1973,1975;另参见 Zee,1985)。以吴语宁波方言为例,两个鼻元音[ã ɔ̃]是相当晚近的发展,因为在传教士的记载中,它们还是鼻尾韵(Morrison,1876;Möllendoff,1901,1910),但是发展非常快,甚至鼻化有完全消失的倾向,尤其是在一些常用的口语词中,比如"鲳[tsʰɔ̃]鱼"读如"叉[tsʰo]鱼"。其实,鼻尾脱落形成鼻元音并不只是涉及[ã ɔ̃]这两个元音,而是涉及所有的齿龈鼻音韵尾[in yn ɛn øn an ɔn un]等,只是相应的鼻元音已经与口元音混同,其中最后消失的是[u],因为在 1980 年代后期的调查中还存在(汤珍珠等,1990),比如,"官"[kũ]与"姑"[ku]以元音鼻化与否相区别。

　　胡方(2014)检视了宁波方言仅有的两个鼻元音[ã ɔ̃]的舌发音情况,其中 2 男 2 女如图 3.48,不过与叠加在图中的相应的口元音[a ɔ]相比较,并未观察到是否存在着系统的差别。这可能是因为这两个元音的发音位置在咽腔,所采样的舌发音点并不能提供关键的发音信息。不过,通过检视鼻元音的声学元音图,发现宁波方言的鼻元音与相应的口元音之间的音质差别不大。图 3.49 显示了宁波方言的鼻元音与鼻化元音与相应的口元音在 F_1/F_2 声学元音图上的分布,口鼻元音之间的均值差别不大。此外,图 3.49 中也显示了宁波方言三个鼻化元音[ĩ ə̃ õ]的声学元音图,它们是元音在鼻尾韵中受到后接鼻音[-ŋ]的影响形成的条件音变。从图中可以看到,[ĩ]与相应的口元音[i]位置接近,[õ]比[o]偏低,另外一个[ə̃]没有可比较的对象。不过,这也是汉语方言中常见的一个现象:在 CV 开音节的环境中元音对立最多,比如宁波方言出现在 CV 开音节的单元音就有 12 个[ɿ ʮ i y ɣ ø ɛ a ɔ u o];但是在闭音节中,无论是 CVC 的(喉)塞尾韵音节,还是 CVN

的鼻尾韵音节,由于分布环境受限,元音对立一半均会减少。比如在宁波方言中,闭音节环境下的元音对立急剧减少:喉塞尾的入声音节中简化为只有两个元音[a(ʔ) ə(ʔ)],也即是如前文所提到的只有高低对立的情况;鼻尾韵环境下的元音对立稍多,音系性质的鼻元音与语音层面变异的鼻化元音算在一起是 5 个[ĩ ə̃ ɑ̃ɔ̃ õ]。因此,鼻尾韵环境下的[ə]无论从历时还是共时音系来看,都是部分元音对立中和(neutralization)的结果,只是具体如何中和,有时不易考证。

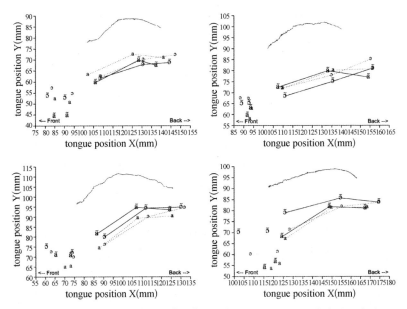

图 3.48　吴语宁波方言鼻元音[ɑ̃ ɔ̃]的舌发音图(2 男 2 女,发音人面朝左)

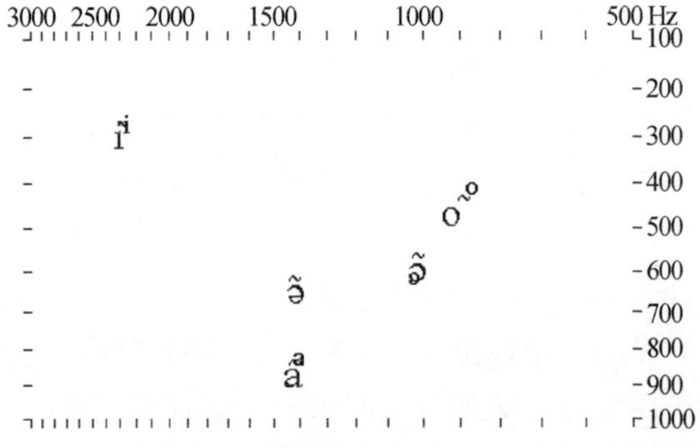

图 3.49　吴语宁波方言鼻元音[ɑ̃ ɔ̃]与鼻化元音[ĩ ə̃ õ]的声学元音图

鼻化产生的生理机制容易理解，但是鼻化的声学表现却非常复杂，对此进行讨论的文献也较多（Delattre，1954；House & Stevens，1956；Hattori，Yamamoto & Fujimura，1958；Fant，1960；Fujimura，1960，1961；Fujimura & Lindqvist，1971；Bell-Berti & Baer，1983；Hawkins & Stevens，1985；Bognar & Fujisaki，1986；Feng & Castelli，1996；Chen，1997；方强，2004等）。鼻化主要的贡献在于元音的低频部分，主要是两点：（1）减弱第一共振峰；（2）在250赫兹附近增生了一个共振峰，即所谓的鼻音共振峰。不过，研究也发现，并没有一个声学特性能够概括语言中的所有鼻化元音；也就是说，元音鼻化的有些声学属性可能存在语言之间、元音之间的差异（Hawkins & Stevens，1985）。而且，在声学上对鼻化进行量化非常困难（Maeda，1993；Chen，1997，2000）。因此，在语音学上也经常使用口鼻气流气压计，从空气动力学的角度对鼻化进行量化，简要地说，便是用鼻气流的强度来衡量鼻化的程度（Benguerel，1974；Huffman，1989；Cohn，1990；Krakow & Huffman，1993；Maddieson & Ladefoged，1993；Ladefoged，2003）。

从空气动力学上讲，口鼻腔耦合时，多少气流通过口腔，多少气流通过鼻腔，取决于腭咽口的开合程度与口腔内的阻抗。研究表明，腭咽口开合程度与舌位高低相关（Bell-Berti 等，1979；Henderson，1984；Beddor 等，1986；Krakow 等，1988）。无论是鼻化元音，还是口元音，低元音的软腭位置都要比高元音（Moll，1962）和中元音（Henderson，1984）低。而比（非鼻化的）高元音软腭更高的是阻塞音（obstruents）（Bell-Berti，1980）。也就是说，相当于不同的音类有一个内在的软腭高低顺序，从低到高，也就是鼻化度（nasality）从高到低依次是：鼻音、鼻化（低、中、高）元音、低元音、中、高元音、阻塞音。另一方面，口腔内的阻抗也会影响气流。恒定的气流源在恒定的腭咽口开合情况下，口腔内阻抗增加造成口腔气流减小因而鼻腔气流增加（Krakow & Huffman，1993）。也就是说，其他条件相等的情况下，高元音比低元音的鼻气流大，因为口腔内阻抗大的关系（Huffman，1989）。这些生理因素的存在增加了在具体的语言中对不同的元音的鼻化程度进行比较的难度，因为并没有简单的方法将生理的因素与语言的因素区分开来。

在解释鼻气流的材料时,另有一个需要在技术层面控制的因素,那便是整体的总气流变化(Huffmann,1989;Krakow & Huffmann,1993)。在言语产生过程中,通过声腔的总气流随着声门下气压与声门开合度的变化而变化,因此不能简单地根据鼻气流的大小对鼻化进行量化。一个简便的控制方法就是将鼻气流的绝对数据转换成百分比,也就是鼻气流占总气流的百分比:鼻气流/(鼻气流+口气流)×100%(Huffmann,1989:19)。这样,占比不会受到总气流变化的影响。在理想状态下,鼻音的鼻化度(nasality)应该接近100%,口元音与口辅音的鼻化度应该接近0,而鼻化元音或者鼻化辅音的鼻化度介于上述两类标杆音段之间。此外,鼻化的量化可供选择的物理量主要有两项:一个是气流量(airflow volume)(比如 Huffman,1989),另一个是气流速度(airflow velocity)(比如 Ladefoged,2003)。数学上讲,气流量是某个时间段内气流速度的积分,是一个更为理想的参量。不过,气流量受到时长的影响,不大适合比较不同时长的音段;因此,二者各有利弊。最后,需要注意的是鼻化度的阀阈(threshold)问题。上面提到,口元音发音时也可能有一定程度的鼻气流存在,而且每个说话人可能也存在着变异,因此最好为每个发音人每个元音设定鼻化度的阀阈。也就是,在这个阈值之内,该音段被感知为口腔音(orality)(Huffman,1989:30-31)。

提供口鼻气流气压采集设备的厂家比较多。以前老牌的 Kay 公司的语音设备发声气流机制系统(Phonatory Aerodynamic System,PAS,型号6600),被 Pentax 合并之后依然由 Pentax 医疗部提供。由著名言语科学家 Martin Rothenberg 博士创立的 Glottal Enterprises 公司专业从事嗓音与言语空气动力学设备研发。由美国加州大学洛杉矶校区(UCLA)语言学系语音实验室技术员研发的 PcQuirer 或者 MacQuirer,是其成立的 Scicon 公司的主力语音设备产品。此外,主打医疗市场的 Laryngograph 公司也提供便捷型的口鼻气流气压测量设备。

图3.50 显示了一个在元音鼻化的结构上比较复杂的吴语宁波方言口元音在鼻尾韵音节条件下部分鼻化的例子[oŋ]。从气流图中可

以很好地观察鼻化的时间结构：阴影部分 40 多毫秒是未鼻化的口元音[o]，有明显的口气流，而鼻气流几乎是直线；接下来中间一小段 50—60 毫秒是鼻化元音[õ]，口鼻气流同时存在；最后 100 多毫秒口气流急剧下降，鼻气流占主导，是鼻音段[ŋ]。

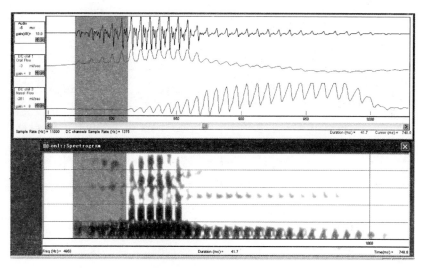

图 3.50　一位吴语宁波方言男发音人[oŋ]的口鼻气流图
上：声波、口气流、鼻气流；下：宽带语图

　　而且，鼻化的时间结构本身也是衡量鼻化程度的一个重要指标。在鼻音环境下的条件鼻化，根据气流材料可以很好地界定部分鼻化与完全鼻化：部分鼻化拥有未鼻化的口元音、部分鼻化的鼻化元音、鼻尾辅音三个组成部分，而完全鼻化的元音只由鼻化元音与鼻尾辅音两个组成部分构成。就吴语宁波方言而言，三个鼻化元音只有[õ(ŋ)]是部分鼻化，其他两个[i(ŋ) ə(ŋ)]都是完全鼻化。不过，无论是完全鼻化还是部分鼻化，它们都是语音层面的条件变体，在音系层面是不标的，与鼻元音[ã ɔ̃]不同。6 位宁波发音人的鼻化元音的时间结构均值（单位：毫秒；样本数＝3）总结如表 3.9，括号内为标准差。从表中可以看到，/iŋ əŋ/ 中的元音完全鼻化，[i ə]的长度介于 100 至 170 毫秒之间，而鼻尾[ŋ]的长度介于 60 至 170 毫秒。也就是说，鼻化元音的长度超过鼻尾。有一个例外是女发音人二，/əŋ/ 的鼻尾只有 27 毫秒，几近消失,也就是说,对于这个发音人来说,语音层面的鼻化元音[ə̃]正在变成音系层面的鼻元音/ə̃/。

表 3.9 吴语宁波方言鼻化元音的时间结构均值
(单位:毫秒),括号内为标准差

	/iŋ/		/əŋ/		/oŋ/		
	[ĩ]	[ŋ]	[ə̃]	[ŋ]	[o]	[õ]	[ŋ]
男一	133(12)	88(4)	121(8)	105(12)	38(6)	69(9)	98(9)
男二	166(7)	77(5)	170(17)	117(19)	96(9)	84(11)	95(7)
男三	144(8)	103(18)	98(12)	129(8)	38(4)	100(11)	92(11)
女一	151(14)	123(17)	108(7)	130(3)	49(7)	73(12)	104(11)
女二	109(18)	62(19)	115(21)	27(4)	54(12)	61(9)	69(14)
女三	134(2)	85(14)	136(9)	84(4)	55(21)	72(18)	77(4)

如果是鼻元音或者完全鼻化的元音,气流材料也可以用来量化鼻化度(nasality)。表 3.10 总结了吴语宁波方言两个鼻元音[ã ɔ̃]的鼻化度;表中用平均口、鼻气流速度的均值(单位:毫升每秒;样本数=3)来计算鼻化度百分值(括号内为标准差)。为了建立阀阈,鼻元音相对应的口元音[a ɔ]的数据也列于表中。如前所述,口元音的鼻化度可以定义为口音性的阀阈(orality threshold),从表中可以看到,阈值因说话人、因元音而已。因此,对于相应的说话人的鼻元音,鼻元音的鼻化度减去口元音的鼻化度便是该鼻元音能被感知到的鼻化度。比如,说话人男一[ã]的阀阈是 17%,因此,[ã]可被感知的鼻化度是 19%。

表 3.10 吴语宁波方言鼻元音[ã ɔ̃]的平均气流速度均值
(单位:毫升每秒;样本数=3)与鼻化度均值(%)

		[ã]		[a]		[ɔ̃]		[ɔ]	
		ml/s	%	ml/s	%	ml/s	%	ml/s	%
男一	鼻	85	36%	45	17%	166	51%	10	5%
	口	154	(2%)	203	(8%)	160	(4%)	194	(1%)
男二	鼻	110	46%	34	13%	122	53%	12	7%
	口	130	(5%)	222	(2%)	138	(11%)	159	(1%)

		[ã]		[a]		[ɔ̃]		[ɔ]	
		ml/s	%	ml/s	%	ml/s	%	ml/s	%
男三	鼻	63	38%	32	16%	89	53%	8	5%
	口	103	(4%)	173	(2%)	78	(7%)	159	(0)
女一	鼻	114	44%	36	24%	105	38%	22	10%
	口	143	(0)	108	(5%)	169	(2%)	210	(1%)
女二	鼻	72	25%	34	14%	13	8%	10	6%
	口	216	(4%)	215	(2%)	166	(3%)	182	(2%)
女三	鼻	29	12%	19	7%	26	19%	19	13%
	口	221	(4%)	261	(4%)	110	(1%)	129	(1%)

从表中可以看到,宁波方言的[ã]的口元音[a]阀阈比另一个鼻元音[ɔ̃]要高。[ã]的阈值一般高于10%,而[ɔ̃]的阈值在10%或以下。低元音[a]的腭咽口开合度较大,这在前人的文献中多有论述(Czermak,1869;Moll,1962;Fritzell,1969;Ohala,1971,1974,1975;Bell-Berti,1980;Henderson,1984)。同时,低元音的鼻化度在感知上具有双重属性。一方面,低元音比其他元音更易鼻化与被感知为鼻化(Lintz & Sherman,1961;Ali 等,1971;Brito,1975);另一方面,低元音比其他元音需要更强的鼻化度以被感知为鼻化(House & Stevens,1956;Abramson 等,1981;Maeda,1982)。根据表中的数据,宁波的[ɔ̃]比[ã]拥有更高的可感知的鼻化度,即使在女一发音人中,[ã]的绝对鼻化度比[ɔ̃]高,但后者的可感知鼻化度28%(38%—10%)还是比前者20%(44%—24%)高。也就是说,在宁波方言中的两个鼻元音中,一般来说,[ã]比[ɔ̃]鼻化度要低。此外,值得注意的是,发音人女二与女三的两个鼻元音的鼻化度都较小,这说明在某些说话人中,鼻化正在消失。在音系上,这将造成鼻元音与口元音的合并,[ã]的鼻化消失之后,自然是与[a]合并,而有趣的是,[ɔ̃]的鼻化消失之后并不与[ɔ]合并,而是与[o]合并,比如前文提到的"鲳[tsʰɔ̃]鱼"变读为"叉[tsʰo]鱼"。

第四,讨论 r 音化。r 音的英文术语叫作 rhotic,但在中文中没有合适的翻译,直译就是 r 音,最接近的意译是卷舌音,但是不准确,因为卷舌(retroflex)只是 r 音的一个音类,或者只是其中的一种发音方式。元音的发音带上了-r 音的色彩,就叫 r 音化(rhoticization)。

美国英语的 r 音化是单纯的音系-语音过程(a phonological/phonetic process):元音后的 r 附加在前面的元音发音上,使元音的发音带上-r 音的色彩。美国英语的元音 r 音化研究较为深入,学者们发现 r 音色彩并非只有一种发音方式,而是拥有两种典型的方式,其一是卷舌(retroflexed tongue),其二是隆舌(bunched tongue),或者还可以是介于二者之间的个性化的方式(Delattre & Freeman,1968;Zawadski & Kuehn,1980;Lindau,1985;Hagiwara,1995;Alwan 等,1997;Westbury 等,1998;Espy-Wilson 等,2000;Zhou 等,2008)。

汉语普通话、北京话中的 r 音化则首先是一个构词过程(a morphological process),然后才是一个形态音系过程(a morphophonological process),一般都统称为儿化。图 3.51 显示了一位北京男发音人儿化词"刀把儿"[taupar]的功能性核磁共振(fMRI)截图:上图从左至右显示了发音前、[t][a][u];下图从左至右显示了[p]、舌尖最卷的时刻、r 音除阻(release)、发音后。从图中可以看到,

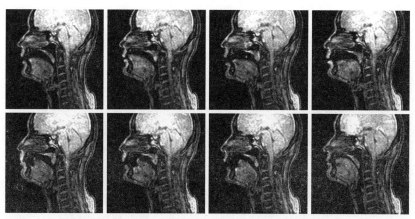

图 3.51　普通话儿化词"刀把儿"[taupar]的 fMRI 中矢截面图像:发音前、[t][a][u]（上图从左至右）;[p]、最大卷舌时点、r 的除阻、发音后（下图从左至右）

"刀把儿"的发音,从第二个音节的辅音声母[p]开始,舌尖已经卷起,接着达到最卷的时刻,然后 r 音除阻(release),发音完成。同时可以注意到的是,r 音化过程中的卷舌,其被动发音位置已经超过龈后,到达硬腭前,甚至硬腭。

r 音化在声学上的最大的关联就是使元音的第三共振峰降低。汉语普通话也不例外,儿化韵的元音第三共振峰(F_3)的急剧降低,通常逼近 F_2(王理嘉、贺宁基,1983;杨顺安,1991;Lee,2005)。图 3.52 列举了普通话三个顶点元音与央元音[i a u ə]r 音化之后的声波图与宽带语图,共振峰轨迹也叠加在宽带语图之上:a. [tiɚ]<[ti+r]"笛儿";b. [par]<[pa+r]"把儿";c. [tʂur]<[tʂu+r]"珠儿";d. [pɚ]<[pən + r]"本儿"。例词的录音样本来自林焘等(1998)《北京话音档》。从图中可以看到,所有四个 r 音化元音的 F_3 均低于 2 000 赫兹。如图 3.52a 所示,前元音的 r 音化涉及插入央元音[ɚ];r 音化的低元音与后元音则直接添加 r 音色至元音上,如图 3.52b、c 所示;如图 3.52d 所示,前接韵母有鼻尾,r 音化引起的音节重组将删除鼻尾,如果鼻尾是龈鼻音[n],元音上的条件鼻化不被保留,如果鼻尾是软腭鼻音[ŋ],元音上的条件鼻化将被保留。普通话韵母完整的 r 音化规则见表 3.11。此处总结的儿化韵与林焘等(1998)基本相同,唯一的区别是林焘等(1998)将[or uor]区分为两个韵母,而事实上,大部分北方人说的

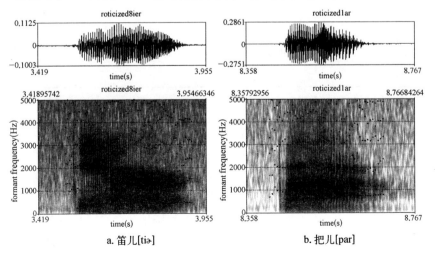

a. 笛儿[tiɚ]   b. 把儿[par]

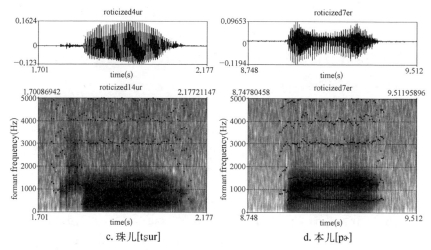

图 3.52　普通话儿化词例：声波(上)与叠加了共振峰轨迹的宽带语图

表 3.11　普通话儿化韵规则表

ar＜a, ai, an	iar＜ia, ian	uar＜ua, uai, uan	yar＜yan
		uor＜uo	
ər＜ʅ, ɭ, ei, ən	iər＜i, in	uər＜uei, uən	yər＜y, yn
ɤʵ＜ɤ	iɛr＜iɛ	ur＜u	yɛr＜yɛ
aur＜au	iaur＜iau		
our＜ou	iour＜iou		
ãr＜aŋ	iãr＜iaŋ	uãr＜uaŋ	
ə̃r＜əŋ	iə̃r＜iəŋ	uə̃r＜uəŋ	
		ũr＜uŋ	yə̃r＜yŋ

普通话是不区分[o uo]二韵的,更加谈不上区分它们的儿化韵;因此,林焘等(1998)的儿化韵是 25 个,这里是 24 个。

　　第五,讨论元音的咽化、会厌化、软腭化、小舌化、舌根前伸、后缩等涉及后发音器官的次要发音特征。

　　辅音和元音都可以咽化。咽化辅音是亚非语系的语言(Afro-Asiatic languages)的重要的音系特点,比如柏柏尔语(Berber)和阿拉伯语的小舌音、咽音、咽化音这三类辅音非常丰富,其中咽化音被称为强调辅音(emphatic consonants);而且在不同的语言中,软腭化、咽化、小舌化、会厌化、喷音、内爆音这些软腭与喉之间的发音机制互相交织在一起,非常复杂。Ladefoged & Maddieson(1996:306-307)引述 Novikova(1960)基于 X 光影像材料,将生活在西伯利亚的拉穆特人(Lamut)所操的阿尔泰语系通古斯语族的鄂温语(Even)作为拥有咽化元音对立的典型例子:[i u o ə]为普通元音,[iˤ uˤ oˤ a]为对应的咽化元音。鄂温语与我国境内的鄂温克语、鄂伦春语等关系接近,据李兵(2013)的研究,控制咽腔的大小是包括拉穆特语在内的通古斯语族的语言的元音和谐现象的一个主要特点。根据其本人的田野调查以及对前人语音学材料的分析,李兵认为通古斯语族语言中的元音咽化可以用舌根收缩[RTR](retracted tongue root)来描述:一组元音舌根不收缩[-RTR],另一组元音的舌根收缩[+RTR]。事实上,Ladefoged & Maddieson(1996)也提到鄂温语的咽化元音与非洲 Akan 语的[ATR](advanced tongue root)之间的关系。不过,他认为鄂温语的咽化元音的咽腔窄缩程度要比 Akan 语中[-ATR]元音的强。其他具有较强的咽腔窄缩特征的元音的语言主要包括一些高加索语言(Caucasian languages)、非洲的 Khosian 语族的语言。而 Khosian 语族的语言中最强的咽化元音又被称为刺耳元音(strident vowels),因为发音时涉及会厌(epiglottis)、勺会厌(aryepiglottic folds),所以在文献中也被称为元音的会厌化,而且在 Khosian 语族的语言中强咽化的会厌化元音与普通咽化元音具有音位对立(Ladefoged & Maddieson,1996:310-313)。

其中,作为元音其他特征的舌根前伸(advanced tongue root,简称 ATR)的概念出现得较早。学者们发现,在许多非洲的语言中,包括西部非洲的尼日尔-刚果语系与东部非洲的尼罗-撒哈拉语系的诸多语言,存在着通过舌根(tongue root)前伸来调节咽腔大小,从而实现元音对立的现象(Ladefoged,1964;Pike,1967;Stewart,1967;Lindau,1978)。比如拥有 ATR 和谐的 Akan 语有十个元音,根据是否舌根前伸可以分为两组:一组[i e æ o u]属于[+ATR]元音,发音时舌根前伸,咽腔较大;另一组[ʊ ɛ a ɔ ɪ]属于[-ATR]元音,发音时舌根不前伸,咽腔相对较小。近些年来,Esling 与他的合作者们一直致力于后软腭(post-velar)部位的发音研究,并提出了一些新的看法,比如勹会厌肌带、会厌喉管(epilaryngeal tube)的作用等,试图将ATR、RTR、咽喉部位的发音、咽化,甚至相关的发声态、嗓音、声调现象都联系起来一并解释(Esling,1996,1999;Edmondson 等,2000;Esling & Edmondson,2002;Edmondson & Esling,2006;Moisik 等,2010,2012;Moisik & Esling,2014)。

此外,台湾"中研院"的孙天心与他的合作者们近年来报道四川西部的一些嘉戎语、道孚语、羌语的元音拥有软腭化,甚至小舌化现象,因为这种现象明显不属于辅音(Sun,2000,2004,2005;林幼菁等,2012;Evans 等,2016)。不过,这些语言均存在元音和谐现象,而且这种现象是否属于超音段?是音段层面的,还是音节层面的?与声调起源相关?都是可以进一步探讨的。总之,关于元音的咽化、会厌化,以及新近报道的软腭化、小舌化,文献中提出的[ATR][RTR]等特征,甚至更广泛的后软腭发音、发声态、声调等超音段特征,都是值得进一步深入研究的内容。

第六,讨论发声态。除了咽腔部位的次要发音可以叠加在元音的发音之上构成元音的其他特征,喉部的发音也可以。喉部的发音属于发声(phonation)范畴,因为涉及嗓音(voice)。语言中最常见的是清(voiceless)、浊(voiced),不过元音一般都是浊的发音,清的元音大多属于条件变体或者语流中的弱化。比如,喉擦音[h]一定会引起后接元音的清化。事实上,如果后接元音的话,喉擦音几乎就是后接元音的清化段。此外,如果送气辅音后接元音,送气(aspiration)其实就是喉部发音叠加在后接元音之上造成的元音清化。

有些语言运用清浊之外的发声态来区别意义,比如 Ladefoged & Maddieson(1996)引用 Kirk 等(1993)的材料所报道的墨西哥土著语言 Jalapa Mazatec 的元音拥有常态嗓音(modal voice)、气嗓音(breathy voice)、嘎裂声(creaky voice)三重对立。不过,元音之间拥有发声态对立的语言往往都是声调语言,Jalapa Mazatec 有声调,汉语方言、中国境内少数民族语言与周边其他民族语言也是如此。汉语方言中的发声态虽然作用于元音之上,但往往是声调的伴随特征,比如普通话的第三声常常伴随着嘎裂声。在有清浊阻塞音声母对立的方言,比如吴语中,发声态显然是属于声母的特性,也就是说浊阻塞音声母后接元音的气嗓音(breathy voice)并非元音的特性,而是声母的特性,而且帮助区别声调的阴阳。

少数民族语言中的发声态对立更多地被认为是元音的特性,尤其是彝语、白语、景颇语、哈尼语等语言中的松紧元音对立。需要注意的是,这个松紧元音跟英语、德语等西方语言中的松紧元音不是同一个概念。一般来说,这里的松元音就是常态嗓音(modal voice),或者略带一些气嗓音,而紧元音则比较复杂,有些学者认为是紧喉(又称喉化,glottalization),也就是嘎裂声(creaky voice),但有些学者认为有更加复杂的喉部发音牵涉在里面(Maddieson & Ladefoged,1985;Edmondson 等,2000;Esling & Edmondson,2002;Edmondson & Esling,2006)。同时,也不能否认,这些少数民族语言中的元音的发声态现象,也往往和声调现象交织在一起(徐琳、赵衍荪,1984;Wang,2015),而且紧喉音是否涉及[RTR]也是可以进一步讨论的(Kuang,2011,2013)。

最后,讨论作为发音序列的复合元音。复合双元音都有首尾两个组成成分,不过如前文所述,不一定首尾成分都有频谱目标。根据已有材料,很多方言的降峰双元音(falling diphthongs)只有一个动态的目标,而升峰双元音(rising diphthongs)则是两个静态目标的序列。结合双元音化的材料,我们倡导元音的动态理论,而不是机械地把元音分类为单、复元音。也就是说,我们把只有一个动态目标的复合元音视为元音的基本特征,把作为发音序列的复合元音作为元音的其他特征。

只有一个动态目标的双元音、双元音化单元音是一个发音事件,与单元音一样,在语音层面就是一个语音单位、一个音位。由两个静态目标组成的双元音在语音上是一个发音序列。那么,它在音系上是什么地位? 这是需要在具体的语言中分析的。拿辅音作比拟,有些辅音发音序列在语言中一般不被用作一个语音单位,比如 pl、tr 等塞音-流音序列,有些辅音发音序列在一些语言中常常用作一个语音单位,比如孪音(geminate)、塞擦音(affricate)、鼻冠塞音(prenasalized stop),但并不是所有的双音序列、塞音-擦音序列、鼻音-塞音序列在语言中都被用作一个语音单位。拿声调作比拟,有些拱度调(contour tone)可以被分解为平调的组合,有些拱度调本身就是一个语音单位的复杂调(complex tone),这要视语言而定,既有语音的因素,也有音系的因素。元音序列也是如此,不仅要看语音层面的因素,也要看它在具体语言中的音系地位。

参考文献

Atkinson, J. E. 1973. *Aspects of intonation in speech: implications from an experimental study of fundamental frequency*. Ph. D. dissertation, University of Connecticut.

Bauer, Robert S., & Benedict, Paul K. 1997. Modern Cantonese phonology, Berlin: Mouton de Gruyter.

Gui, M. C. 2005. *The phonology of Guangzhou Cantonese*, Munich: Lincom Europa.

Chiba, T. 千叶勉 & Kajiyama, M. 梶山正登(1941, 1958). *The vowel: Its nature and structure*. Tokyo: Kaiseikan.

Di Benedetto, M.-G. 1989. Vowel representation: some observations on temporal and spectral properties of the first formant frequency. *Journal of the Acoustical Society of America*, 86: 55 – 66.

Engineering toolbox 2018. Retrieved from https://www.engineeringtoolbox.com/ on 9 Jan 2018.

Fant, G. 1960. *Acoustic Theory of Speech Production*. The Hague, Netherlands: Mouton.

Fant, G. 1966. A note on vocal tract size factors and non-uniform F-pattern scalings. *Speech Transmission Laboratory Quarterly Progress and Status Report*, 4, 20 – 33.

Fant, G. 1968. Analysis and synthesis of speech processes. In Malmberg, B. (Ed.) *Manual of Phonetics*, Chapter 8, 173 – 276, Amsterdam: North-Holland Publishing Company.

Fant, G. M. 1973. *Speech sounds and features*. Cambridge, Mass.: MIT Press.

Fant, G. 1975. Non-uniform vowel normalization. *Speech Transmission Laboratory Quarterly Progress and Status Report*, 16, 001 – 019.

Fischer-Jørgensen, E. 1990. Intrinsic F_0 in tense and lax vowels with special reference to German. *Phonetica*, 47, 99 – 140.

Fowler, C. A., & Brown, J. M. 1997. Intrinsic F_0 differences in spoken and sung vowels and their perception by listeners. *Perception & Psychophysics*, 59, 729 – 738.

Gay, T. 1968. Effects of speaking rate on diphthong formant movements. *Journal of the Acoustical Society of America*, 44, 1570 – 3.

Hombert, J.-M. 1977. Development of tones from vowel height? *Journal of Phonetics*, 5, 9 – 16.

Hombert, J.-M., Ohala, J. J., Ewan, W. G. 1979. Phonetical explanations for the development of tones. *Language*, 55, 37 – 58.

Honda, K. 1983. Relationship between pitch control and vowel articulation. In Bless, D. M. & Abbs, J. H. (eds.) *Vocal Fold Physiology: Contemporary research and clinical issues*, pp. 286 – 297, San Diego, CA: College-Hill Press.

Honda, K., & Fujimura, O. 1991. Intrinsic vowel F_0 and Phrase-final F_0 lowering: Phonological vs. Biological Explanations. In: Gauffin, J. & Hammerberg, B. (eds.) *Vocal Fold Physiology*, pp. 149 – 157.

Hoole, P. 2006. *Experimental studies of laryngeal articulation*. Unpublished Habilitation Thesis, Munich University.

Hoole, P., & Honda, K. 2011. *Automaticity vs. feature-enhancement in the control of segmental F_0*. In Clements, N. & Ridouane, R. (eds.) *Where do phonological features come from? Cognitive, physical and developmental bases of distinctive speech categories*, pp.131 – 171. John Benjamins.

Hoole, P., & Hu, F. 2004. Tone-vowel interaction in Standard Chinese. In *Proceedings of TAL 2004*, pp. 89 – 92, Beijing, China.

Hu, F. 2004. Tonal effect on vowel articulation in a tone language. In *Proceedings of Toanl Aspects of Languages (TAL) 2004*, pp. 97 – 100. Beijing, China.

Jha, S. K. 1985. Acoustic analysis of the Maithili diphthongs. *Journal of Phonetics*, 13, 107 – 115.

Joos, M. 1948. Acoustic phonetics. *Language*, 24, 1 – 136.

Kao, Diana L. 1971. *Structure of the Syllable in Cantonese*, The Hague, Mouton.

King, L., Ramming, H., Schiefer, L., & Tillmann, H. G. 1987. Initial F_0-contours in Shanghai CV-syllables: an interactive function of tone, vowel height, and place and manner of stop articulation. In *Proceedings of the 11 th International Congress of Phonetic Sciences (ICPhS)*, 1, pp. 154 – 157. Tallinn, Estonia: Academy of Sciences of the Estonian SSR.

Ladefoged, P. 1964. *A Phonetic Study of West African Languages: An Auditory-instrumental Survey*. Cambridge University Press.

Ladefoged, P. 1967. *Three Areas of Experimental Phonetics*. Oxford: Oxford University Press.

Ladefoged, P. 1971. *Preliminaries to linguistic phonetics*. Chicago: University of Chicago Press.

Ladefoged, P. 1975. *A course in phonetics*. New York: Harcourt Brace Jovanovich.

Ladefoged, P. 1976. The phonetic specification of the languages of the world. *UCLA Working Papers in Phonetics*, 31: 3 – 21.

Ladefoged, P. 1996. *Elements of Acoustic Phonetics* (2nd ed.). Chicago: The University of Chicago Press.

Ladefoged, P. 2006. A Course in Phonetics (5th ed.). Boston, MA: Thomson Wadsworth.

Ladefoged, P., & Broadbent, D. E. 1957. Information conveyed by vowels. *Journal of the Acoustical Society of America*, 29, 98 – 104. Also integrated in Ladefoged (1967).

Ladefoged, P., DeClerk, J., Lindau, M., & Papçun, G. 1972. An Auditory-Motor Theory of Speech Production. *UCLA Working Papers in Phonetics*, 22, 48 – 75.

Ladefoged, P., & Maddieson, I. 1996. *The sounds of the world's languages*. Oxford: Blackwell.

Lehiste, I. 1970. *Suprasegmentals*. Cambridge, M.A.: MIT Press.

Lieberman, P. 1970. A study of prosodic features. Status Report on Speech Research, Haskins Laboratories, 23, 179 – 208.

Lindau, M. 1978. Vowel features. *Language*, 54, 541 – 563.

Lindau, M. 1979. Vowel features expanded. *Journal of Phonetics*, 7, 163 – 176.

Lisker, L. 1984. On reconciling monophthongal vowel percepts and continuously varying F-patterns. *Haskins Laboratories Status Reports on Speech Research*, 79/80: 167 – 174.

Manrique, A. 1979. Acoustic analysis of the Spanish diphthongs. *Phonetica*, 36, 194 – 206.

Miller, J. D. 1989. Auditory-perceptual interpretation of the vowel. *Journal of the Acoustical Society of America*, 85, 2114 – 2134.

van Nierop, D. J. P. J., Pols, L. C. W., & Plomp, R. 1973. Frequency analysis of Dutch vowels from 25 female speakers, *Acustica*, 29, 110 – 118.

Nordström, P. E., & Lindblom, B. 1975. A normalization procedure for vowel formant data. *Proceedings of the 8th International Congress of Phonetic Sciences*, pp. 212, Leeds.

Ohala, J. J., & Eukel, B. 1987. Explaining the intrinsic pitch of vowels. In

Channon, R. & Shockey, L. (eds.) *In Honor of Ilse Lehiste*, pp. 207 – 215. Dordrecht: Foris.

Pape, D., & Mooshammer, C. 2006. Is intrinsic pitch language-dependent? Evidences from a cross-linguistic vowel pitch experiment (with additional screening of the listeners' DL for music and speech). *Proceedings of the ISCA Tutorial and Research Workshop (ITRW) on Multilingual Speech and Language Processing*, Stellenbosch, South Africa.

Peterson, G., E. & Barney, H. 1952. Control methods used in a study of vowels. *Journal of the Acoustical Society of America*, 24: 175 – 184.

Pols, L., Tromp, H., & Plomp, R. 1973. Frequency analysis of Dutch vowels from 50 male speakers. *Journal of Acoustical Society of America*, 78: 1187 – 1197.

Shi, B., & Zhang, J. 1987. Vowel intrinsic pitch in standard Chinese. In *Proceedings of the 11ᵗʰ International Congress of Phonetic Sciences (ICPhS)*, 1, pp. 142 – 145. Tallinn, Estonia: Academy of Sciences of the Estonian SSR.

Stevens, K. N. 1972. The quantal nature of speech: evidence from articulatory-acoustic data. In P. B. Denes & E. E. David Jr. (Eds.), *Human Communication, a Unified View*, pp. 51 – 66. New York: McGraw Hill.

Stevens, K. N. 1989. On the quantal nature of speech. *Journal of Phonetics*, 17, 3 – 46.

Stevens, K. N. 1998. *Acoustic phonetics*. Cambridge, MA: MIT Press.

Syrdal, A. K., & Gopal, H. S. 1986. A perceptual model of vowel recognition based on the auditory representation of American English vowels. *Journal of the Acoustical Society of America*, 79: 1086 – 1100.

Torng, P., & Alfonso, P. J. 1999. Intrinsic pitch in Mandarin vowels: An acoustic study of laryngeal and supralaryngeal interaction. In *Proceedings of the 14ᵗʰ International Congress of Phonetic Sciences (ICPhS)*, pp. 2149 – 2152. San Francisco, USA.

Traunmüller, H. 1988. Paralinguistic variation and invariance in the characteristic frequencies of vowels. *Phonetica*, 45: 1 – 29.

Volkmann, J., Stevens, S. S., & Newman, E. B. 1937. A scale for the measurement of the psychological magnitude pitch. *Journal of the Acoustical Society of America*, 8, 185 – 190.

Whalen, D. H., & Gevitt, A. G. 1995. The universality of intrinsic F_0 of vowels. *Journal of Phonetics*, 23, 349 – 366.

Wood, S. 1979. A radiographic analysis of constriction locations for vowels. *Journal of Phonetics*, 7, 25 – 43.

Yang, B. 1991. An acoustical study of Korean monophthongs produced by male and female speakers. *Journal of the Acoustical Society of America*, 91: 2280 -2283.

Yue-Hashimoto, A. O.-K. 1972. *Studies in Yue Dialects 1: Phonology of Cantonese*, Cambridge University Press.

Zee, E. 1980. Tone and vowel quality. *Journal of Phonetics*, 8, 247 - 258.

Zee, E. 1999. Chinese (Hong Kong Cantonese), in *Handbook of the International Phonetic Association*, pp. 58 - 60, Cambridge, U.K.: Cambridge University Press.

Zhu, X. 1994. *Shanghai tonetics*. Ph.D. dissertation. The Australian National University, Canberra, Australia.

Zwicker, E. 1961. Subdivision of the audible frequency range into critical bands. *The Journal of the Acoustical Society of America*, 33, 248.

金健、张梦翰 2013 广州方言长短元音统计分析,《语言研究集刊》第十辑,第79—98 页,上海:上海辞书出版社。

李新魁、黄家教、施其生、麦耘、陈定方 1995 《广州方言研究》,广州:广东人民出版社。

李行德 1985 《广州话元音的音值及长短对立》,《方言》第 1 期,第 28—38 页。

袁家骅,等 1960 《汉语方言概要》,北京:文字改革出版社。

第四讲　辅　　音

　　辅音与元音是一组相应的概念,二者一起构成音段。从发音上讲,元音是口腔内没什么阻塞的声音,辅音则是口腔内有阻塞或者收窄的声音。辅音的收窄方式各异,但收窄程度较大,或者完全阻塞,因此可以用发音方式(manner of articulation)与发音部位(place of articulation)来描写。元音的收窄程度较小,因此用发音部位来描写比较困难。不过,也并非不可以。比如,一般认为前元音[i y ɪ y e ø ɛ œ]等的发音部位在硬腭,均是硬腭元音(palatal vowels)。此外,根据 Catford(2001),元音由近音(approximants)与谐振音(resonants)组成:[i y]等高元音在清化时可以听见摩擦,在语音上属于近音;非高元音发音通道较大,即使清化时在收窄位置也听不见摩擦,属于纯粹的谐振音。因此,纯粹按照语音学的标准,辅、元音的区别也存在一定的模糊之处。

　　在腭咽口(velopharyngeal port)关闭,即鼻腔通道关闭的条件下,口腔内完全阻塞的是爆发音(plosive),即窄义的塞音(stop)。塞音的发音可以结合喉气流机制(glottalic airstream mechanism),产生外向(egressive)气流,即呼气的喷音(ejective);也可以产生内向(ingressive)气流,即吸气的内爆音(implosive)。塞音的发音还可以结合软腭气流机制(velaric airstream mechanism),产生内向气流,即喷音(click)。喷音、内爆音、喷音,都是广义的塞音。在鼻腔通道关闭的条件下,口腔内的不完全阻塞构成湍流的,即是擦音(fricative)。塞音与擦音一起构成阻塞音(obstruents)。

　　还是在鼻腔通道关闭的条件下,当口腔内的不完全阻塞扩大至声带振动的情况下听不见摩擦的程度,便是近音(approximant)。此外,除了阻塞程度之外,阻塞方式也可以构成口腔内的不完全阻塞。其一是,口腔内的阻塞-打开可以快速交替:当这种交替是由气流机制控制的发音器官颤动时,便产生颤音(trill);当这种交替是由发音器官的肌肉控制时，便产生拍音（tap）或闪音（flap）。其二是，当口腔的中央（central）通道完全阻塞之时，舌两边甚至单边可以形成边（lateral）通道，产生边音（lateral）。根据声带振动条件下是否可以听见摩擦，边音也有擦音与近音的区别。

在口腔完全阻塞的情况下，腭咽口可以打开，气流从鼻腔通道出来，产生鼻音（nasal）。从口腔完全闭塞这个角度讲，鼻音也是一种塞音（stop）。此外，软腭之前部位的发音，理论上都可以有腭咽口打开这个选项，即形成鼻化（nasalization）这一次要发音（secondary articulation）因素。

鼻音、近音、边音、颤音等都是响音（sonorant）。响音与阻塞音一起构成辅音。以上概述的都是属于辅音的发音方式（manner of articulation），结合发音部位（place of articulation），便是人类语言所有辅音的可能性。

从感知声学上讲，元音的响度（sonority）较高，辅音的响度较低。而在辅音之中，响音的响度较高，阻塞音的响度较小。从功能上讲，元音经常出现在音节的核心位置，而辅音则经常出现在音节的边缘位置；许多语言的音节构成符合响度序列原则。汉语属于典型的音节性语言，除了曾经为了度量衡生创的多音节字如"䀓䀔"等少数例外之外，一个汉字一个音节，音节一目了然。汉语音节一般符合响度序列原则，开口度较大的元音在音节核心充当韵核，开口度较小的元音成分可以充当韵头或者韵尾，辅音只能充当声母或者韵尾，没有复辅音，而且可以充当韵尾的辅音极其受限，一般只限于部分鼻音、塞音。汉语中也有辅音充当音节核心的例子，不过仅限于成音节的鼻边音等响音，而且一般自成音节，即不再与声母相拼。但世界语言中也有另一个极端的情况，辅音甚至是清辅音可以充当音节核心，许多词汇完全由辅音构成，甚至整个句子可以完全由辅音组成，比如摩洛哥柏柏尔语（Tashlhiyt Berber）与摩洛哥阿拉伯语（Dell & Elmedlaoui，2002）。

辅音种类复杂，全面检视辅音的发音与声学超出这一讲谈论的范围，这一讲首先简述发音部位，然后以阻塞音与响音两大音类为纲，主要谈汉语中的辅音相关问题。

4.1　发　音　部　位

要理解语言的音系,首先要了解人类的语音能力;对辅音来说,首先要了解的就是发音器官的阻塞可能性。图 4.1 显示了声门上发音器官的示意图。其中,除了唇、咽腔之外,上面的发音器官(upper articulators)在说话时基本保持不动,因此也称为被动发音器官(passive articulators)。对辅音的发音的描写涉及下发音器官(lower articulators),也就是主动发音器官(active articulators)与被动发音器官的收窄或接触。由于主、被动发音器官之间往往拥有常见的配合模式,有些是受到生理解剖关系的约束,有些或者是出于习惯,因此惯例上用主动-被动发音器官来完整地描写辅音的发音位置,但也常常见到省略主动发音器官,而只以被动发音器官描写辅音的发音位置。其前提原则就是,被动发音器官足够描写该语言辅音的区别性。

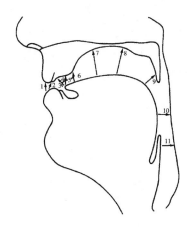

图 4.1　声门上发音器官示意图(转引自 Ladefoged & Johnson,2015：174)

结合图 4.1,下面简述辅音的发音部位。

1. 双唇音(bilabial),由下唇-上唇构成的发音,简称为唇音(labial),因为一般语言中没有双唇与舌唇音的对立。世界语言中最常见的如清塞音[p]和鼻音[m],一些语言比如英语、法语、泰语等有清浊对立[p b],汉语的塞音有送气的区别[p pʰ],有些汉语方言中也有清浊擦音[ɸ β]。在部分非洲、高加索、新几内亚等地的语言中有颤音[ʙ],汉语及方言中未见报道。不过,[ʙ]可能作为塞音[p]的个人特色的(idiosyncratic)变体,尤其是出现在后接[u]元音的时候。另有报道,在四川凉山彝族自治州木里藏族自治县境内的傈苏(Lizu 或 Ersu)、史兴(Shixing 或 Shuhi)、纳木依(Namuyi 或 Namuzi)、普米

(Pumi 或 Prinmi)等四种一般认为属于羌语支的语言里,成音节的[ʙ]作为元音/u/的变体出现在双唇或齿龈塞音后面(Chirkova,2012;Chirkova & Chen,2013)。更少见的是舌唇音,图 4.1 中未列,发音时舌尖或舌叶触碰上唇,国际音标使用一个海鸥状的附加符号表示,主要出现在太平洋岛国瓦努阿图的一些土著语言中,有塞音、擦音、鼻音等[t̼ ð̼ n̼](Ladefoged & Maddieson,1996)。

2. 唇齿音(labiodental),由下唇-上齿构成的发音,不能简称为齿音(dental),因为齿音是舌尖/舌叶-上齿发音的简称。最常见的唇齿音是擦音[f v],英语与汉语方言中均常见。汉语普通话有[f],近音[ʋ]作为零声母环境下介音/u/(拼音 w)的变体出现。唇齿鼻音[ɱ]在英语中作为条件变体出现,比如在 emphasis"重点"中,[m]会被后接的[f]逆同化为[ɱ]。汉语一些方言中有唇齿塞擦音[pf pfʰ],一般塞音阶段是双唇的,除阻为唇齿擦音,比如西安话"猪"[pfu]。

3. 齿音(dental),由舌尖/舌叶-上齿构成的发音,简称为齿音。在世界上大部分语言中,只有擦音具有齿、齿龈(alveolar)、龈后(postalveolar)三个位置的区别。英语中的齿音[θ ð]有些说话人实现为齿间音(interdental),有些人实现为舌尖-齿音,也有人实现为舌叶-齿音。但也有少数语言的其他辅音存在齿音与龈音之间的发音位置对立,这时需要用标示齿音的附加符号,比如印度南部达罗毗荼语系(Dravidian languages)的马拉雅拉姆语(Malayalam)便有齿音[t̪t̪ʰ d̪d̪ʱ n̪]与龈音[t tʰ d dʱ n]的对立。

4. 龈音(alveolar),由舌尖/舌叶-上齿龈脊构成的发音,简称龈音。在国际音标中,[t d n r ɾ s z ɬ ɮ ɹ]全部列在龈音正下方,这并不代表这些音标只能标写龈音。事实上,除了擦音之外,这些音标可以用来标写齿音、龈音、龈后音,只是因为龈音最常见。而且,语言中纵然存在齿音、龈音、龈后音之间的个体内或个体间的变异,但一般没有对立,因此在音位原则上无须细分。

5a. 龈后音(postalveolar),由舌尖/舌叶-上齿龈脊后构成的发音,简称龈后音。国际音标辅音表下只列了擦音[ʃ ʒ],其他共用龈音符号。需要注意的是,与齿音有附加符号不同,国际音标中并没有龈后音的附加符号。此外,在中国语言学界流传的一些国际音标版本中，[ʃ ʒ]被定义为"舌叶音"，这是完全错误的；龈后音可以是舌尖的，也可以是舌叶的，比如，Lee & Zee（2003）就认为汉语普通话的 /tʂ tʂʰ ʂ r/ 的准确音值应该是舌尖-龈后音[tʃ tʃʰ ʃ ɻ]。另外需要注意的是，由于英语的强大影响，[ʃ ʒ]容易被等同于英语中的发音，这也是不对的。国际音标符号是发音参照，不等同于任何语言中的发音，这是原则。而且，即使是英语的发音，也不都是舌叶的，也有人是舌尖的，只是英语的[ʃ ʒ]的发音略带唇形动作，因此音色与普通话的舌尖-龈后音不同。事实上，英语的[ʃ ʒ]的圆唇情况各地变体，甚至个人之间也是不同的。不过，圆唇降低[ʃ ʒ]的频率，对其构成与[s z]之间的区别对立在声学上起到加强的作用（enhancement）。

5b. 卷舌音（retroflex），舌尖卷起，以至于舌尖下面的舌叶部分与上齿龈后形成接触的发音，是下舌叶-龈后音（sublamino-postalveolar）或者舌尖下-龈后音（subapico-postalveolar）。卷舌音在国际音标的辅音表中有些突兀，因为其他辅音都是按照发音部位排列的，而"卷舌"描写的似乎是"发音方式"（manner of articulation）。但正如 Ladefoged & Johnson（2015：175 - 176）所指出的：卷舌音还是发音部位，只是强调的是主动发音器官以及卷舌这个发音动作，而其被动发音器官就是龈后，他们甚至明确指出，就在上齿龈脊的背后（the back of the alveolar ridge）。而根据我们的观察，龈后的位置可以有一定的变异性。而且，卷舌动作也可以存在变异性。印度一些语言中的教科书式的舌尖下或者下舌叶的发音是卷舌音，汉语普通话中舌尖-龈后的发音也是卷舌音。有些学者认为普通话的卷舌音没有卷到位，因此应该叫作翘舌音；我们认为没有必要，除非在语言中找到卷舌音与翘舌音的对立，否则这只是程度的不同，属于卷舌动作的语音层面的变异。其实这个问题，吴宗济等以前就说过（参见 Ladefoged & Wu, 1984；吴宗济、林茂灿主编, 1989）。

中国语言学界流行的国际音标的一些版本使用舌尖前音、舌尖中音、舌尖后音等以主动发音器官为主的术语，用来描写汉语，其实也是可以的，尤其是用舌尖前、舌尖后描写普通话中的龈音与卷舌音的对立，极其准确地抓住了音位对立的本质。不过，这套术语也存在一些问题，尤其把描写特定语言的术语作为通用的国际音标是不妥当的。

具体见下文 4.2.2 的讨论。这里首先要指出来的是,问题之中最关键的便是错误使用了舌尖与舌叶发音的概念,混淆了主动发音器官与被动发音器官。比如在澳洲的土著语言中,舌尖音(apical)与舌叶音(laminal)的音位对立是很常见的。在国际音标中,用附加符号[̺]与[□]分别表示舌尖性与舌叶性。

　　6. 龈腭音(alveolo-palatal)。普通话与汉语方言,以及少数民族语言中常见的龈腭音(alveolo-palatal)并不在国际音标的辅音表中,而是在"其他符号"之中。龈后音与龈腭音在语音上有一定的区别:龈后音的主动发音器官可以是舌尖,也可以是舌叶,而龈腭音的主动发音器官则一定是舌叶,或者是舌体的前面部分(antero-dorsal),中文术语也叫舌面①前;龈后音的被动发音器官是齿龈脊后的某个位置,而龈腭音的被动发音位置是从龈至腭的整个区域。但是,如果龈后音与龈腭音都是舌叶的,那么它们之间便会趋同:舌叶-龈后音的发音也可能有部分舌体参与。相应地,舌叶-龈后音的被动发音位置也会从龈向腭的区域伸展。龈后音与龈腭音的区分的另一个考量则完全是音系的,或者甚至就是一种记音习惯:龈后音是舌冠音类(coronal),强调其与其他的舌冠音(比如龈音)构成对立;而龈腭音则不属于舌冠音,往往与硬腭音发生关系。而且,无论从共时还是历时音系的角度看,龈腭音往往是腭化或者龈腭化的结果;同时,无论舌冠音,还是软腭音,都可以发生龈腭化,也就是说,龈腭音本身就可能有两个来源。Ladefoged & Johnson(2015:177 - 179)提出用腭龈音(palato-alveolar)这个术语来代替龈后音[ʃ ʒ],我们认为没有必要,因为龈后音[ʃ ʒ]与龈腭音[ɕ ʑ]事实上反映了上述两种语音与音系的考量,以及

---

　　① 赵元任、罗常培、李方桂(1940)在翻译高本汉的《中国音韵学研究》时,舌面对译法文 dorsale(即英文 dorsal),因此,无论是与龈、腭部位相配合的舌面的前部,还是与软腭相配合的舌面的后部,都是舌面音,比如:舌面-齿龈(dorso-alvèolaires)、舌面-前硬腭(dorso-prèpalatales)、舌面-软腭(dorso-vélaires)等。赵元任、罗常培、李方桂同时创建了"舌根音"这一术语概念,但对译于法文 gutturale(即英文 guttural)。然后,赵、罗、李三位在辅音分类表中将舌面细分为"舌面(舌前)"与"舌面(舌根)"两类,但没想到这便成为术语混乱的起始。舌根对译 guttural 并没有问题,因为确实与舌根(tongue root)有关。但是,用舌根来指舌面(tongue dorsum)的后部,是错误的,因为舌根与舌面是不同的解剖部位,二者并不重叠。而在以后中国语言学的发展传统中,又将"舌面(舌前)"进一步简化为"舌面",将"舌面(舌根)"简化为"舌根",这样便形成了一个错误的术语系统。

记音的习惯。汉语、波兰语习惯用[ɕ ʑ],在音系框架上将此处理为(龈)腭化音,但事实上,以普通话为例的话,[tɕ tɕʰ ɕ]既有来自舌冠音[ts tsʰ s]的,也有来自软腭音[k kʰ x]的。英语及其他西方语言习惯用[ʃ ʒ],用以标写与舌冠音[s z]的对立,而事实上,英语的[ʃ ʒ]的来源也是龈腭化,也是既有舌冠音,比如 sheep "绵羊",也有软腭音的,比如 church "教堂"。此外,Ladefoged & Johnson 认为舌叶-腭龈音与龈腭音存在着主动发音器官上的细微差别,即后者有更多的舌前部的参与,我们认为这种差别并非一定是本质性的,也可以是属于同一种发音的程度不同。

7. 腭音(palatal),由舌前部(antero-dorsal)与硬腭构成的发音,因为主动发音器官可预测,因此简称为(硬)腭音。在中国语言学传统中,用舌面前音指称龈腭音,用舌面中音指称腭音。这是符合汉语音系的特点的,因为能够很好地描写龈腭化与腭化。龈腭化与腭化是汉语近代至现代演变的一个重要音系过程,影响绝大部分汉语方言。音韵学上所谓的尖团合流就是指历史上的舌冠音 ＊/ts tsʰ dz s/ 等与软腭音 ＊/k kʰ g x(h)/ 等在拼细音 /i y/ 的条件下(龈)腭化而合流。但由于各方言的演变速度不同,有些方言不一定如普通话一样最终合流为龈腭音 /tɕ tɕʰ dʑ ɕ/ 等。比如笔者在 1990 年代调查到的吴语临海方言老派音系(1950 年代之前出生的说话人),＊/ts tsʰ dz s/ 等拼 /i y/ 时已经读为 /tɕ tɕʰ dʑ ɕ/ 等,但 ＊/k kʰ g x(h)/ 等在拼细音 /i y/ 时却读为 /c cʰ ɟ ç/ 等。也就是说,/tɕ tɕʰ dʑ ɕ/ 等与 /c cʰ ɟ ç/ 等构成了对立,即舌前部(舌面前)在龈腭位置与硬腭位置构成了音位对立。从这里可以看到,舌面前、舌面中通过描写主动发音器官动作生动地把握了此类音位对立的性质;不过,由于被动发音器官能够更加清晰地提供发音定位(articulatory landmarks),我们还是提倡用通用的术语来定义参考音类。

这里也可以看到,腭音比龈腭音略后,教科书中举腭音的例子最常用的是德语的擦音[ç],比如德语的 ich "我"[ɪç]。而在尖团合流为 /tɕ tɕʰ dʑ ɕ/ 等的汉语以及方言中,龈腭音与高元音[i]发音位置基本重合,这便意味着高元音[i]也是偏前的龈腭元音,而不是典范的、标准的硬腭元音(palatal vowel)。

8. 软腭音(velar)，由舌背(dorsal)与软腭构成的发音，一般不用全称舌背-软腭音，而用简称软腭音，有时也用主动发音器官简称为舌背音(dorsal sounds)。中文术语称为舌面后，意即用舌面在(硬腭)后面构成发音；又称为舌根音，则是错误的，因为舌背不是舌根(tongue root)。图 4.1 中舌在 10 咽腔位置的部分才是舌根，无论是对于辅音还是元音的发音，舌根都是一个重要的发音部位。

软腭是双唇、齿龈(舌冠)之后最常见的辅音发音部位，塞音[k kʰ g]、擦音[x ɣ]、鼻音[ŋ]均常见。有意思的是，软腭鼻音[ŋ]的分布往往受限，比如在英语与汉语普通话中，均只能出现在音节尾，不能出现在音节首。此外，与腭化类似，软腭还可以作为次要发音(secondary articulation)叠加在主要发音(primary articulation)之上，构成软腭化。比如，英语的非音节首边音，便是软腭化的[ɫ]。

9. 小舌音(uvular)，由舌背后部与小舌构成的发音。小舌颤音(uvular trill)[ʀ]在欧洲语言中常见，但最常用来举例的法语的小舌音是一个近音(approximant)或者浊擦音[ʁ]。需要注意的是，国际音标中并没有小舌近音符号，因此共用浊擦音符号，如有必要，使用附加符号。

汉语中未见有小舌音的报道，中国境内的少数民族语言中，羌语以小舌音丰富著称，无论北部还是南部方言都有小舌塞音与擦音[q qʰ(ɢ) χ ʁ]，而且小舌塞音与软腭塞音[k kʰ g]形成对立。不过，小舌浊塞音[ɢ]较少见，在一些方言中仅见于个别复辅音词(孙宏开，1981)。另有报道，恩棋白语有整齐的小舌塞音、鼻音、擦音[q qʰ ɢ ɴ χ ʁ](Wang，2006：65)。

10、11. 咽音(pharyngeal)与会厌音(epiglottal)，由舌根或者会厌向咽腔壁收缩构成的发音。因为咽腔收缩很难完全闭合声腔，因此这个发音位置一般没有塞音，而会厌部位则可以有塞音。而且，由于发音部位在鼻咽通道之后，因此也不可能产生鼻音。国际音标辅音表中列了咽擦音[ħ ʕ]；会厌塞音、擦音则在其他符号中[ʡ ʜ ʢ]。闪含语系的语言以富有咽音著称，也存在咽音与会厌音变体，不过一般没有咽音与会厌音的对立。会厌与咽音的对立见报道于一些高加索语言，比如 Agul 语有会厌塞音[ʡ]、咽擦音[ħ ʕ]、会厌擦音[ʜ ʢ]，其中咽与

会厌擦音便构成了音位对立（Ladefoged & Maddieson，1996：167 -
168）。不过，也有将 Agul 语这种情况在音系上都处理为一个发音位
置的：清塞音[ʠ]、清浊擦音[ħ ʡ]、清浊颤音[ʜ ʢ]；也即是将会厌擦音
处理为颤音，因为易被感知为颤音。

汉语中未见咽音或者会厌音的报道，但台湾的阿美语（Amis）有喉
音（塞音、擦音[ʔ h]）与会厌音（塞音、擦音[ʡ ʜ]）的对立（Maddieson &
Wright，1995；Edmondson 等，稿）。

此外，作为次要发音的咽化在相关语言中也常见。

最后是喉音（glottal），并未在图 4.1 中标示。喉作为发音器官，其
实带有一定的歧义性。发音的定义是在声腔的某个位置构成窄缩。
那么，当没有发音，即声腔内没有窄缩的时候，喉本身便成为最窄缩的
地方。也就是说，在声腔别处没有发音的时候，便构成了喉音。喉音
只可能是擦音[h ɦ]或者塞音[ʔ]，因为声门可以闭合、打开。声门一
闭一开，如果这个关闭或者开启可以被感知到，便是一个喉塞音。喉
塞音韵尾[-ʔ]在保留入声的汉语方言中常见，而且一般都是不除阻的，
即只有声门关闭的动作，并没有作为塞音除阻的声门打开动作。喉塞
音尾[-ʔ]常常实现为前接元音的嘎裂，因为声门往往不是一次就能够
完全关闭，而是嘎裂性地延续振动数个周期。喉塞音也常出现在音节
首位置，但在汉语方言与少数民族语言中，一般都是作为零声母的一
个变体，很少具有真正的音位意义。

由于协同发音（coarticulation）的关系，在语音上，清喉擦音也可
以被视为邻接元音的清化，比如英语的 hand［hænd］"手"也即是
［æ̥ænd］。此外，除了少数语言存在软腭送气[ˣ]等情况之外，语言中的
送气①一般都是清喉擦音[ʰ]，因为送气是由于嗓音开始时间（Voice
Onset Time，简称 VOT）推迟引起的：塞音除阻之后，声带振动延后，
此时声腔内没有窄缩，肺部气流涌出，便是一个清喉擦音。

汉语吴语方言普遍存在一个浊喉擦音/ɦ/音位，不过[ɦ]的语音
实现也是相当复杂，因为浊喉擦本身便和气嗓音（breathy voice）交织
在一起。浊喉擦是从窄义的发音（articulation）来定义的，而气嗓音是

---

① 中国语言学界常用上标倒写逗号来表示送气，不是国际音标。

从发声态(phonation)来描述的;二者就是从不同的角度观察同一个现象。而在印度一些语言中存在的作为浊送气的[ɦ]也是类似的情况。

4.2　阻　塞　音

4.2.1　塞　　音

塞音是世界语言中最常见的辅音,最常见的三个部位依次是双唇、齿龈、软腭。汉语也不例外,各方言几乎都有这三个部位的塞音。其他部位的塞音少见一些。由于(龈)腭化是汉语常见的一个历时音变,对现代汉语诸方言的音系具有重要影响,因此在一些现在还处于这一历时音变过程中,尖团还未完全合流的方言中,可能存在龈腭塞音[ȶ]等、腭塞音[c]等。在有卷舌声母的方言中,也可能有卷舌的塞音[ʈ]等。少数民族语言比如羌语有小舌塞音[q]等后部发音的塞音。此外,喉塞音[ʔ]也是常见的,不过在汉语方言中的喉塞音一般不出现在声母位置,而是出现在韵尾。文献中有些方言的声母位置也有标喉塞音的,但一般都不具有音位意义。

汉语中的塞音一般都出现在元音前充当声母,不受限制。在现代汉语诸方言中,只有三个最常见部位的清不送气擦音[p t k]与喉塞音[ʔ]是可以出现在韵尾的;不过,与充当声母时不同,当它们出现在韵尾时不爆破(no audible release)。在有入声韵的汉语方言中,最规则的是拥有[p t k]这三个塞音韵尾,比如一些粤语方言,因为这与中古汉语保持一致(高本汉,1915—1926);最多可以有[p t k ʔ]4个韵尾,比如部分闽方言,因为有一些历史演变的情况发生,因此在还拥有[p t k]这三个塞音韵尾的同时,有部分字音发生演变,产生了一个新的塞音韵尾[ʔ];最少有喉塞音[ʔ]一个韵尾,比如许多吴语方言、江淮官话、晋语方言等,即中古的[p t k]这三个塞音韵尾演变合并成了一个喉塞音韵尾[ʔ];也有处于中间状态的,比如许多客赣方言,还有一些闽方言等。只有一个喉塞音韵尾的方言的喉塞音韵尾也处于进一步消失中:比如瓯江片吴语中,喉塞尾只出现在非单念、非词尾的条件下,入声韵的单字是没有喉塞尾的;再比如许多晋语方言中的喉塞尾的韵已经非常少,有些甚至接近于完全消失。

　　塞音在除阻之前口腔完全闭塞,因此在声学上是空白段;闭塞突然打开的这种爆发除阻在声学上往往留下冲直条(burst)。但塞音的闭塞持阻与除阻阶段在声学上都没有留下发音部位的信息。塞音的发音部位,在声学上体现在与元音的过渡上,即通过叠加在相邻元音上的共振峰过渡,来为塞音的发音部位提供感知上的声学关联物。结合元音,辅音的不同的发音部位(对于塞音来说就是阻塞部位)形成不同的声腔,决定各自的共振峰发生点,这便是音轨(locus)。尤其是第二共振峰(F_2)的音轨,很好地反映了辅音的发音部位。这对塞音尤其重要,这里拿三个最常见发音部位的塞音来说明。双唇塞音的F_2音轨较低,通常在 600 赫兹以下,因此无论后接什么元音,F_2过渡都是上升的。齿龈塞音的F_2音轨大约在 1 800 赫兹,因此根据不同的后接元音,F_2过渡可升、可平、可降。软腭塞音的F_2音轨最高,大约在 3 000 赫兹左右,因此无论后接什么元音,F_2过渡都是下降的。图 4.2 显示了双唇、齿龈、软腭浊塞音后接不同元音情况下第一、第二共振峰过渡示意图。

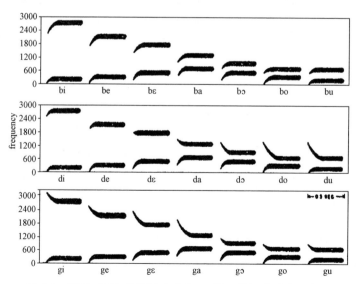

图 4.2　双唇、齿龈、软腭浊塞音第一、第二共振峰过渡示意图
(原图来自 Delattre 等,1955:770,之后被广泛地用于教学)

音轨体现辅音发音部位,同时又反映与后接元音的协同发音。因此,学界多用音轨方程(locus equation)来进行量化(Delattre et al., 1955; Lindblom, 1963; Sussman et al., 1991,1993; Fowler, 1994; Iskarous et al., 2010)。Lindblom(1963)发现,当塞音后接不同元音时,将 F_2 起始值为纵轴、元音中段 F_2 目标值为横轴建立坐标,塞音以元音为变量呈现线性关系;其中,斜率与截距可以用来对塞音的音轨特征进行定量描写。其后,学者们对这种线性关系的本质及其与发音之间的关系进行了探索。

除了发音部位的区别之外,塞音还可以结合喉发音来形成对立,主要涉及清浊与送气、发声态(phontation types)、喉气流机制等。

嗓音(voice)与嗓音起始时间(voice onset time,简称 VOT)是爆发音的常见区别对立方式。一方面,爆发音可以是清音(voiceless),也可以是浊音(voiced,即常态浊嗓 modal voice),或者是气嗓音(breathy voice)、嘎裂音(creaky voice)等其他发声态(phonation types)。另一方面,浊嗓音在音节发音中的时间结构关系也可以形成塞音之间的区别对立。塞音在口腔内某个发音部位形成完全阻塞,以其除阻时间为基点,计算规则的声带振动何时开始,便是嗓音起始时间。嗓音起始时间最早由 Haskins 实验室的 Lisker 与 Abramson 提出,是语言中区分塞音清浊与送气的最佳声学关联物(Lisker & Abramson, 1964)。他们发现:清不送气塞音的 VOT 接近零或者是个很小的正值,表明塞音除阻与声带振动几乎同时开始;清送气塞音的 VOT 是个正值,表明塞音除阻之后声带振动延后开始;浊塞音的 VOT 是个负值,表明声带振动早于塞音除阻。正值的 VOT 称为 VOT 延迟值(VOT lag);负值的 VOT 称为 VOT 引线值(VOT lead)。此外,研究还发现:塞音的发音位置越后,VOT 延迟值越大。比如,清不送气软腭塞音[k]的 VOT 可以大于 20 毫秒,但这个数值 VOT 的双唇塞音则会被感知为清送气塞音[pʰ]。清浊与送气经常在语言中构成音系对立;而发音部位形成的 VOT 区别则是语音层面的不同。

在语音学或者语言学教科书中,英语和汉语普通话经常被作为塞音清浊与送气对立两分的两个例子来讨论。英语的塞音清浊对立,但不区分送气;清塞音一般送气,但在咝擦音[s-]之后为不送气。汉语普通话的塞音拥有送气对立,但不区分清浊;只有在语流弱化情况下,不送气清塞音会实现为浊塞音。也就是说,对于英语与汉语普通话的说话人来说,对于同样的语音可能性,他们的音系范畴是不同的。因此,汉语普通话或其他类似的官话方言背景的说话人,在学习英语的时候,一是要掌握浊塞音,二是要注意送气清塞音在[s-]之后变读为不送气。在二语学习过程中,母语中没有的语音是需要学习者练习掌握的,母语中有的语音,一般拿母语中的直接替换即可。但有趣的是,在我国的英语教育界,却流行所谓的浊化理论。也就是说,指导学生说英语的时候,清塞音在[s-]之后要浊化,比如,sport->sbort。联系到英语的浊塞音事实上 VOT 并不小于零(尤其不是在音节间的情况下)这一语音事实,这中间的一语、二语音系与语音之间的错综关系,着实可以仔细研究。

比英语、汉语普通话更为复杂的塞音对立就是兼有英汉二语的特征。也就是说,既区分清浊,也区分送气。完整拥有清不送气、清送气、浊(不送气)、浊送气四重对立的除了印地语等一些印度的语言(Ladefoged, 1975)之外比较罕见。汉语与一些少数民族语言中拥有清不送气、清送气、浊三重对立。塞音、塞擦音今音三分被认为是吴语区别于周围其他方言的区别特性(Chao, 1928, 1967)。其中,大部分情况是塞音、塞擦音今音为清不送气、清送气、浊三分,只有在宣州吴语等少数方言中,浊塞音进一步演变为闪音(傅国通等,1986;郑张尚芳,1986;蒋冰冰,2000)。塞音三分为清不送气、清送气、浊是中古汉语的特点(高本汉,1915—1926),除了吴语之外,只有老湘语也保留了中古汉语的这一特点。与吴语相比,老湘语的浊塞音虽然也在清化过程中,但还是比较好地保留了浊音色彩;比如曾婷的研究发现,在湘乡话中,即使是单念的时候,还是有 59%的浊塞音样本保留了 VOT 引线值(Zeng, 2015, 2019)。

而吴语的浊塞音的性质问题,则一直是学界讨论的热点。从吴语研究的肇始时期,赵元任便明确指出,吴语的浊阻塞音是清音浊流(1928,1935,1967),而所谓浊流,就是浊送气(voiced aspiration;见 Chao, 1967)。赵元任(1935)也提到,这个最早是刘复在 1920 年代告诉他的,根据刘复的实验研究,吴语的浊塞音在单念时不是真浊音。因此,学术界一直以来的共识便是:吴语的浊阻塞音只在音节间位置保留真浊音,在单念或处于居中重读位置时是清音浊流。事实上,赵元任(1935)细分了汉语方言中的塞音种类,并明确指出,江阴和上海话的浊塞音是清音浊流,比如[pʰo]"爬",但是宁波的浊塞音则是浊音浊流,比如[bʰɑ]"牌"。赵元任(1967)进一步指出,江苏与浙江吴语的浊塞音存在类型区别:"江苏的浊塞音声母,当出现在重读位置的词首时,其闭塞段通常是清音,后接浊送气。它们只有在音节间位置时才是完全的浊音。相对应的词在浙江大体上更加接近完全的浊音。"①不过,与早期的这些论断相关的实验语音学资料并没有出版或者被保留下来,因此人们其实并不清楚"清音浊流"在物理上究竟如何实现,南北吴语在此问题上究竟存在什么样的区别。

1980年代以来,吴语的实验语音学研究重新活跃,首先是曹剑芬(1982,1987)关于常阴沙话的研究,然后是石锋(1983)对于苏州话的研究,接着是任念麒(Ren,1992)、徐云扬(1995)对于上海话的研究,以及Cao & Maddieson(1992)对于包括常阴沙、上海、宁波、温州在内的南北吴语的考察,都探讨阻塞音的清浊问题。他们的结果相当一致,发现吴语的浊塞音只有在音节间位置才可能保留真浊音,即保持声带振动;在单念时或者语流中重读位置,确实如赵元任等所说的是清音,但并没有发现所谓的"浊流",人们听觉上的浊感可以归功于其后接元音,尤其是在元音开始部分的气声化以及与浊辅音音节相关联的低声调。而且,根据Cao & Maddieson(1992),浊音的性质并不如当初赵元任(1935,1967)所认为的那样存在南北吴语的类型区别,浙江的吴语如宁波话、温州话的浊塞音,其语音学性质与上海话、常阴沙话是一样的。

不过,据我们2000年前后对温州、金华、景宁、丽水、临海、宁波、上海等地比较系统的考察,发现各地的吴语的塞音还是有相当的区别的。除了胡方(2001)报告过温州的塞音,其他材料均是首次在这里讨论。上海的材料与前人的研究类似,因此这里主要简述浙江的六地吴语。宁波虽然地处浙江东海之滨,但属于太湖片,是典型的北部吴语。临海是旧台州府的核心城市,是台州片的代表方言。虽然台州片一般

<hr/>

① 原文: The voiced initial stops in Kiangsu, when occuring initially in stressed position, are usually voiceless during most of the time of closure, followed by a voiced aspiration. They are fully voiced only in intervocalic positions. The corresponding words in Chejiang (i.e. Zhejiang) are on the whole more fully voiced.

被归类于南部吴语,但事实上,台州片在语音、音系层面更接近北部吴语,只是在词汇、语法层面与南部吴语的典型——瓯江片有更多的共同之处。也就是说,台州片是太湖片与瓯江片之间的过渡。太湖片-台州片-瓯江片自北至南沿海岸线分布,构成海洋吴语区,与内陆吴语区的婺州片、处衢片有一些系统性的区别。下文要讨论的温州属于瓯江片,金华属于婺州片,景宁、丽水属于处衢片。

测试词包含双唇、齿龈、软腭三个部位的目标塞音,后接低元音,因为低元音的第一共振峰(F_1)值大,可以避免因声调的关系可能产生的高基频带来的对首二个谐波的干扰,而谐波的测量是评估发声态的主要声学参数。这样便有 3 组测试词,而每组又有 3 重对立,即共 9 个单音节测试词。其中,再将不送气清与浊置于双字组后字,这样就又增加了 4 个双音节测试词。因此,每个方言共有 13 个各包含一个目标塞音的测试词。其中,软腭塞音一组并非每个方言都能找到合适的测试词,因此那些方言便只有 10 组测试词。此外,根据方言点的具体情况,有时会根据声调等情况适当增加包含目标浊塞音的测试词。各地的发音人介于 4—6 人,除了个别发音人在录音室进行,其他录音主要来自笔者在 2000 年夏天的田野调查,使用索尼电子录音机(型号:Digital Audio Tape-corder TCD - D7)和舒尔指向型话筒(型号:SM48),录音重复 5 遍。声学分析使用 Kay 公司的 4300B 型计算机化话语实验室(CSL4300B)。首先,以宽带语图及窄带语图为参考,从声波直接测量嗓音起始时间(VOT),以观察清不送气、清送气、浊三类塞音的区别。其次,对于清不送气塞音和浊塞音,分别在其后接元音的开始、中间及结束部分进行快速傅立叶变化(FFT),提取其谱信息(声音采样频率为 1 万赫兹,用海明窗,窗宽 51.2 毫秒),然后分别测量第一谐波(H_1)和第二谐波(H_2)、第一谐波和第一共振峰中最强之谐波(F_1)、第一谐波和第三共振峰中最强之谐波(F_3)之间的振幅差,即 $H_1 - H_2$、$H_1 - F_1$、$H_1 - F_3$,以评估浊塞音后的元音是否出现气声化(breathy voice)现象。在统计上,我们采用成对 T 检验来检测在清浊塞音之后的元音的这三组谱特性是否存在显著区别。

下面分地点讨论。首先是南部吴语的代表,瓯江片的代表方言温州话。温州有 8 个声调:

1. 阴平 33　　3. 阴上 45　　5. 阴去 42　　7. 阴入 323

2. 阳平 31　　4. 阳上 25　　6. 阳去 22　　8. 阳入 212

共有 3 男 3 女 6 位发音人,所用的测试词如下,元音后面的数字代表声调类别序号,下同:

拜[pa]　　派[pʰa]　　牌[ba2]　　败[ba6]　　白[ba8]

戴[ta]　　太[tʰa]　　痰[da2]　　淡[da4]　　大[da6]　　达[da8]

界[ka]　　快[kʰa]　　轧[ga8]

结拜[tɕi-pa]　　击败[tsei-ba]　　穿戴[tɕʰyo-ta]　　川大[tɕʰyo-da]

首先,我们检验了音节间塞音的情况,发现温州方言所有出现在音节间的浊音均为真浊音,即 VOT<0,而相应的出现在音节间的清不送气塞音则均为清塞音,在所有的样本中无一例外。如图 4.3 所例示的一位男性发音人的样本,在音节间的情况下,浊塞音[d]在闭塞段

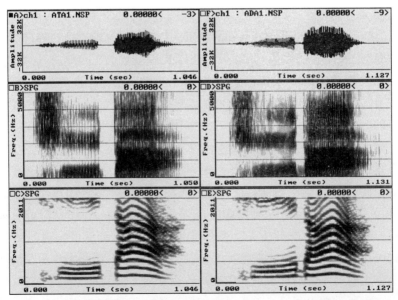

图 4.3　吴语温州方言音节间清浊对立例图:[tɕʰyo-ta](左)与[tɕʰyo-da](右)的声波(上)、宽带语图(中)、窄带语图(下)

保持声带振动,声波上周期脉冲持续,语图上浊音杠明显,是真浊音,与相对应的清塞音[t]区别明显。

其次,如表 4.1 所示,在大多数情况下,单音节词的浊塞音 VOT 大于零,与清不送气塞音区别不大。

表 4.1　温州塞音(单念,大部分样本)嗓音
起始时间(VOT),单位:毫秒

	[pa]	[ba]	[pʰa]	[ta]	[da]	[tʰa]	[ka]	[ɡa]	[kʰa]
均值	6.5	7.4	49.8	7.3	9.4	46.4	18.3	20.6	62
标准差	2.7	3.2	20.3	2.9	4.9	19.9	4.7	6.1	16.5
样本数	30	73	30	29	109	46.4	30	28	30

不过,并不是所有单音节词的浊塞音样本都清化了。我们发现有两位发音人的单音节词系统地保留了真浊音:其中一位男发音人的 40 个样本中有 13 个是真浊音,即约占三分之一;一位女发音人的 45 个样本中有 9 个是真浊音,即占五分之一。这些样本总结为表 4.2。其他发音人的单音节词也有零星的真浊音。图 4.4—4.6 例示了一位男性发音人的温州方言浊塞音声母及相对应清不送气塞音声母单音节词的声波图、宽带语图、窄带语图及声调曲线图。我们可以从声波图中看到浊塞音在元音周期之前的脉冲,也可以从相应的宽带语图中清晰地看到浊音杠,这说明声带在浊塞音除阻之前便已经开始振动,即 VOT<0。

表 4.2　温州浊塞音(单念,部分样本)嗓音起始
时间(VOT),单位:毫秒

	[ba]	[da]	[ɡa]
均值	−50.5	−13.1	−72
数值范围	−116.9～−5.8	−35.2～−2.8	−113.6～−30.3
样本数	11	9	2

综上,VOT 的材料可以得出这样的结论:温州方言在音节间位置完全保留真浊音;在单念时部分发音人部分地保留了真浊音,而在大

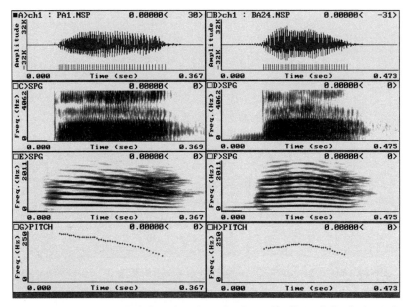

图 4.4　吴语温州方言单音节词清浊声母对立例图:[pa](左)与[ba](右)的声波、宽带语图、窄带语图、基频曲线(自上至下)

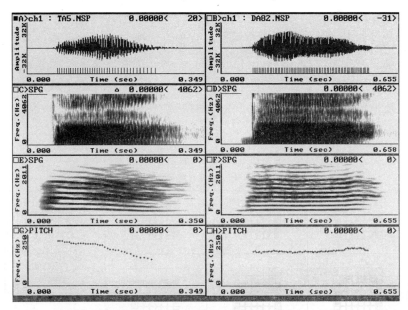

图 4.5　吴语温州方言单音节词清浊声母对立例图:[ta](左)与[da](右)的声波、宽带语图、窄带语图、基频曲线(自上至下)

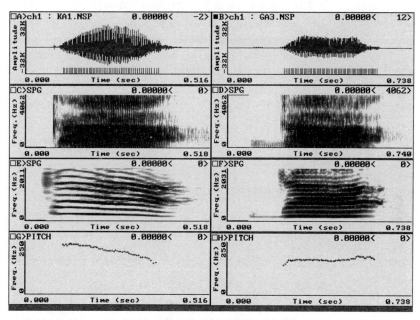

图 4.6　吴语温州方言单音节词清浊声母对立例图：[ka]（左）与[ga]（右）的声波、宽带语图、窄带语图、基频曲线（自上至下）

部分情况下，浊音已经清化。因此，赵元任当年关于浙江吴语浊塞音比江苏的要浊这一观察还是具有一定道理的。至少，这里所采样的材料证实了温州吴语的单音节词是可以保留真浊音塞音声母的。接下去的问题是，温州方言的浊塞音影响后接元音，引起后接元音的气声化？如果是这样，这种影响持续多久？是仅影响元音的开头部分，还是持续整个元音时长？

　　如前所述，我们对清不送气塞音及浊塞音后元音起始段、中间段、结尾段都做了快速傅里叶（FFT）分析，分别测量了 $H_1 - H_2$、$H_1 - F_1$ 和 $H_1 - F_3$ 值，并对每两组数据做了成对样本 t 检验。三项谱参数在元音开始处的均值数据（单位：分贝）等总结在表 4.3a-c 中，表中按列依次显示塞音对、清塞音的谱参数、浊塞音的谱参数、供 T 检验的配对数、二者均值的差别、P 值。为了避免声调可能的影响，不同声调的浊塞音声母（以元音后的数字标明调类）与相应的清塞音声母分开评估。

表 4.3a 温州塞音后接元音起始段 $H_1 - H_2$ 均值
（单位：dB）、配对数、差别、P 值

塞音	$H_1 - H_2$（清）	$H_1 - H_2$（浊）	配对数	差别	P 值
[p]-[b2]	3.04	4.52	27	−1.48	0.0182
[p]-[b6]	3.19	6.64	30	−3.45	<0.0001
[p]-[b8]	3.16	6.61	24	−3.45	<0.0001
[t]-[d2]	3.24	4.90	29	−1.66	0.0031
[t]-[d4]	3.24	5.33	29	−2.09	0.0096
[t]-[d6]	3.24	5.46	29	−2.22	0.0045
[t]-[d8]	3.24	6.93	29	−3.69	<0.0001
[k]-[g8]	0.93	5.97	30	−5.04	<0.0001

表 4.3b 温州塞音后接元音起始段 $H_1 - F_1$ 均值
（单位：dB）、配对数、差别、P 值

塞音	$H_1 - F_1$（清）	$H_1 - F_1$（浊）	配对数	差别	P 值
[p]-[b2]	−6.15	−2.27	27	−3.88	<0.0001
[p]-[b6]	−5.86	1.47	30	−7.33	<0.0001
[p]-[b8]	−5.71	1.21	24	−6.92	<0.0001
[t]-[d2]	−5.84	−1.83	29	−4.01	<0.0001
[t]-[d4]	−5.84	1.77	29	−7.61	<0.0001
[t]-[d6]	−5.84	1.22	29	−7.06	<0.0001
[t]-[d8]	−5.84	2.93	29	−8.77	<0.0001
[k]-[g8]	−4.76	1.38	30	−6.14	<0.0001

表 4.3c 温州塞音后接元音起始段 $H_1 - F_3$ 均值
（单位：dB）、配对数、差别、P 值

塞音	$H_1 - F_3$（清）	$H_1 - F_3$（浊）	配对数	差别	P 值
[p]-[b2]	16.65	22.39	27	−5.74	<0.0001
[p]-[b6]	17.30	26.00	30	−8.7	<0.0001

塞音	H_1-F_3（清）	H_1-F_3（浊）	配对数	差别	P 值
[p]-[b8]	18.49	27.77	24	-9.28	<0.0001
[t]-[d2]	17.49	22.28	29	-4.79	0.0003
[t]-[d4]	17.49	22.11	29	-4.62	0.0314
[t]-[d6]	17.49	26.03	29	-8.54	<0.0001
[t]-[d8]	17.49	27.11	29	-9.62	<0.0001
[k]-[g8]	16.34	23.47	30	-7.13	<0.0001

H_1-H_2 的测量被认为是检验气声化的有效手段，气声化的元音基频能量高，H_1-H_2 值较大。而且，典型的气声化的元音其图谱上会表现出比非气声化元音更迅速的能量衰减现象，因此具有更大的 H_1-F_1 和 H_1-F_3 值。从表中可以看到，温州方言浊塞音后接元音起始段的 H_1-H_2、H_1-F_1、H_1-F_3 值均较大，与相对应清塞音差别显著，大部分情况下 P 值小于 0.01，只有 2 对数据 P 值也小于 0.05。这说明以相应的清不送气声母为参照，温州方言浊塞音声母的后接元音起始段在基频处具有更多的能量，但能量的衰减也更快。也就是说明，温州方言浊塞音声母的后接元音起始段呈现明显的气声化现象。

当我们检视元音的中间段与结尾段时，显示气声化现象的这种差异的显著性明显变弱。表 4.4a - c 与表 4.5a - c 分别显示了温州方言清不送气塞音和浊塞音起始音节的后接元音在音节中和音节尾的 H_1-H_2、H_1-F_1、H_1-F_3 均值、配对数、差别及 P 值。从表中可以看到，当元音处于音节中间段时，显示浊塞音引起的气声化现象的指标参数 H_1-H_2 的 P 值没有小于 0.01 的，8 项配对中只有 3 项小于 0.05，H_1-F_1 与 H_1-F_3 的 P 值各有一项小于 0.01，H_1-F_3 的 P 值另有 2 项小于 0.05。当元音处于音节结尾段时，H_1-H_2 的 P 值只有 1 项小于 0.05，H_1-F_1 的 P 值有 2 项小于 0.01、1 项小于 0.05，H_1-F_3 的 P 值有 5 项小于 0.01。

表 4.4a 温州塞音后接元音中间段 $H_1 - H_2$ 均值
（单位：dB）、配对数、差别、P 值

塞音	$H_1 - H_2$（清）	$H_1 - H_2$（浊）	配对数	差别	P 值
[p]–[b2]	2.73	3.53	27	−0.80	0.0714
[p]–[b6]	2.60	3.26	30	−0.66	0.0455
[p]–[b8]	2.53	3.18	24	−0.65	0.0455
[t]–[d2]	2.69	4.26	29	−1.57	0.0186
[t]–[d4]	2.69	3.20	29	−0.51	0.3931
[t]–[d6]	2.69	3.25	29	−0.56	0.3100
[t]–[d8]	2.69	2.68	29	0.01	0.9874
[k]–[g8]	3.93	3.39	30	0.54	0.2739

表 4.4b 温州塞音后接元音中间段 $H_1 - F_1$ 均值
（单位：dB）、配对数、差别、P 值

塞音	$H_1 - F_1$（清）	$H_1 - F_1$（浊）	配对数	差别	P 值
[p]–[b2]	−3.44	−3.04	27	−0.40	0.5690
[p]–[b6]	−4.15	−5.05	30	0.9	0.1555
[p]–[b8]	−4.63	−1.64	24	−2.99	0.0002
[t]–[d2]	−4.17	−4.03	29	−0.14	0.8408
[t]–[d4]	−4.17	−5.09	29	0.92	0.1261
[t]–[d6]	−4.17	−5.13	29	0.96	0.2186
[t]–[d8]	−4.17	−3.33	29	−0.84	0.2632
[k]–[g8]	−5.04	−5.16	30	0.12	0.7875

表 4.4c 温州塞音后接元音中间段 $H_1 - F_3$ 均值
（单位：dB）、配对数、差别、P 值

塞音	$H_1 - F_3$（清）	$H_1 - F_3$（浊）	配对数	差别	P 值
[p]–[b2]	17.17	19.05	27	−1.88	0.0729
[p]–[b6]	16.50	17.00	30	−0.50	0.4772

塞音	$H_1 - F_3$（清）	$H_1 - F_3$（浊）	配对数	差别	P 值
[p]-[b8]	17.63	22.12	24	−4.49	0.0001
[t]-[d2]	15.99	18.47	29	−2.48	0.0636
[t]-[d4]	15.99	16.71	29	−0.72	0.5982
[t]-[d6]	15.99	17.07	29	−1.08	0.3702
[t]-[d8]	15.99	19.38	29	−3.39	0.0117
[k]-[g8]	13.86	15.59	30	−1.73	0.0140

表 4.5a 温州塞音后接元音结尾段 $H_1 - H_2$ 均值
（单位：dB）、配对数、差别、P 值

塞音	$H_1 - H_2$（清）	$H_1 - H_2$（浊）	配对数	差别	P 值
[p]-[b2]	2.62	3.51	27	−0.89	0.2815
[p]-[b6]	2.40	4.73	30	−2.33	0.0254
[p]-[b8]	1.91	2.84	24	−0.93	0.4646
[t]-[d2]	2.48	3.12	29	−0.64	0.3431
[t]-[d4]	2.48	4.36	29	−1.88	0.1679
[t]-[d6]	2.48	4.90	29	−2.42	0.1071
[t]-[d8]	2.48	3.43	29	−0.95	0.3153
[k]-[g8]	1.92	2.13	30	−0.21	0.7171

表 4.5b 温州塞音后接元音结尾段 $H_1 - F_1$ 均值
（单位：dB）、配对数、差别、P 值

塞音	$H_1 - F_1$（清）	$H_1 - F_1$（浊）	配对数	差别	P 值
[p]-[b2]	−4.99	−3.84	27	−1.15	0.3945
[p]-[b6]	−5.05	1.21	30	−6.26	<0.0001
[p]-[b8]	−5.51	1.69	24	−7.20	<0.0001
[t]-[d2]	−3.89	−2.44	29	−1.45	0.0971
[t]-[d4]	−3.89	−5.89	29	2.00	0.1735

塞音	$H_1 - F_1$（清）	$H_1 - F_1$（浊）	配对数	差别	P 值
[t]-[d6]	−3.89	−0.09	29	−3.80	0.0485
[t]-[d8]	−3.89	−0.79	29	−3.10	0.0939
[k]-[g8]	−4.71	−4.25	30	−0.46	0.6546

表 4.5c　温州塞音后接元音结尾段 $H_1 - F_3$ 均值（单位：dB）、配对数、差别、P 值

塞音	$H_1 - F_3$（清）	$H_1 - F_3$（浊）	配对数	差别	P 值
[p]-[b2]	14.33	15.45	27	−1.12	0.4784
[p]-[b6]	14.49	21.16	30	−6.67	<0.0001
[p]-[b8]	14.85	24.87	24	−10.02	<0.0001
[t]-[d2]	15.58	16.18	29	−0.60	0.6560
[t]-[d4]	15.58	12.76	29	2.82	0.0743
[t]-[d6]	15.58	22.92	29	−7.34	0.0003
[t]-[d8]	15.58	22.48	29	−6.90	0.0003
[k]-[g8]	14.80	19.16	30	−4.8	0.0042

这些情况总体上说明浊塞音引起的后接元音的气声化在元音的起始段显著，但并不完全持续整个元音段。或者说，气声化是否持续至元音的中间段或贯穿整个元音段并不重要，这也从另一个角度说明，气声化虽然发生在元音段，但这是属于浊塞音声母的性质特征。而且，当浊音处于音节间位置时，其后接元音即使在起始段也并不一定显示气声化的特征。表 4.6a－c 显示了温州方言音节间清不送气塞音和浊塞音起始音节的后接元音在音节起始段的 $H_1 - H_2$、$H_1 - F_1$、$H_1 - F_3$ 均值、配对数、差别及 P 值。从表中可以看到，[p-b] 组的 $H_1 - H_2$ 的 P 值小于 0.05，$H_1 - F_1$ 的 P 值小于 0.01，但 $H_1 - F_3$ 的 P 值不显著；[t-d] 组的 $H_1 - F_1$ 与 $H_1 - F_3$ 的 P 值虽然显著，但关键的 $H_1 - H_2$ 的 P 值不显著。

表 4.6a　温州音节间塞音后接元音起始段 H_1-H_2 均值
（单位：dB）、配对数、差别、P 值

塞音	H_1-H_2（清）	H_1-H_2（浊）	配对数	差别	P 值
[p-b]	1.04	2.79	29	−1.75	0.038 9
[t-d]	2.50	2.17	30	0.33	0.521 2

表 4.6b　温州音节间塞音后接元音起始段 H_1-F_1 均值
（单位：dB）、配对数、差别、P 值

塞音	H_1-F_1（清）	H_1-F_1（浊）	配对数	差别	P 值
[p-b]	−5.89	−1.94	29	−3.95	<0.000 1
[t-d]	−4.58	−2.04	30	−2.54	<0.000 1

表 4.6c　温州音节间塞音后接元音起始段 H_1-F_3 均值
（单位：dB）、配对数、差别、P 值

塞音	H_1-F_3（清）	H_1-F_3（浊）	配对数	差别	P 值
[p-b]	18.52	19.98	29	−1.46	0.214 7
[t-d]	17.05	21.24	30	−4.19	0.000 1

　　从以上的分析我们可以看到,温州方言的浊塞音正处于清化过程之中,浊塞音在音节间位置保持完整的真浊音,即使在单念时也并未完全清化,部分发音人部分地保留了真浊音。浊音后元音在音节起始部分有气声化现象,但气声化并不一定持续至音节中或贯穿整个音节。当浊塞音处于音节间位置时,与相对应的清不送气塞音起始音节的元音相比并无发声态上的不同。在谱特征上看,气声化的元音在基频处拥有更强的能量,其能量也衰减得更快。

　　接着看临海,临海位于浙江海岸线中部,温州与宁波之间。临海有 7 个声调,阴高阳低,中古阳平与阳上今合并为阳上:

　　　1. 阴平 33　　3. 阴上 42　　5. 阴去 55　　7. 阴入 5
　　　　　　　　　　4. 阳上 31　　6. 阳去 13　　8. 阳入 2

双音节测试词同前,单音节测试词如下,浊声母字音标后的数字为其调类:

拜([pa]) 派([pʰa]) 牌([ba4]) 败([ba6]) 白([ba8])

戴([ta]) 太([tʰa]) 大([da6])

如前所述,由于没有合适的软腭塞音拼低元音的单音节测试词,这里略去软腭塞音[k g kʰ]的材料。从表4.7可以看到,临海的清不送气塞音与浊塞音之间的 VOT 值并无明显差异。

表 4.7　临海塞音(单念)嗓音起始时间
(VOT),单位:毫秒

	[pa]	[ba]	[pʰa]	[ta]	[da]	[tʰa]
均值	6.6	6.7	72.2	7.3	9.9	75.9
标准差	3.3	4.5	27.4	2.9	3.1	32.8
样本数	25	62	25	25	24	24

　　临海的清浊塞音区别体现在后接元音起始处的发声态。从表4.8中可以看到,清、浊塞音后接元音起始处的三项谱特征参数无一例外地全部呈现显著区别。与相应的清不送气塞音相比,浊塞音后的元音起始段拥有更强的基频能量,但谱能量衰减更为迅速。也就是说,浊塞音引起后接元音在起始处出现明显的气嗓音。同时,需要注意到,浊塞音引起的后接元音的气嗓音只在元音的起始段显著,并不持续到元音的中间段与结尾段。从表4.9可以看到,清、浊塞音后接元音的中间段仅有[t-d]组的 H_1-H_2 的 P 值<0.01、H_1-F_1 的 P 值<0.05,其他的清浊对比组的差别在统计上均不显著。虽然元音的中间段[p-b8]的 H_1-F_3 的 P 值<0.05,但是这个显著不具有意义,因为与气嗓音的谱特性的理据相反。从表4.10中可以看到,清浊声母的后接元音在结尾处的 H_1-H_2 不存在显著区别,H_1-F_1 与 H_1-F_3 呈现统计上显著的几处与谱特性理据相反,因此这些显著性并不具有物理学上的意义。

表 4.8a　临海塞音后接元音起始段 H_1-H_2 均值（单位：dB）、配对数、差别、P 值

塞音	H_1-H_2（清）	H_1-H_2（浊）	配对数	差别	P 值
［p-b4］	1.59	7.26	22	−5.67	＜0.0001
［p-b6］	0.81	6.43	17	−5.62	＜0.0001
［p-b8］	1.41	6.39	23	−4.98	0.0001
［t-d6］	0.97	5.33	24	−4.36	＜0.0001

表 4.8b　临海塞音后接元音起始段 H_1-F_1 均值（单位：dB）、配对数、差别、P 值

塞音	H_1-F_1（清）	H_1-F_1（浊）	配对数	差别	P 值
［p-b4］	−5.19	3.77	22	−8.96	＜0.0001
［p-b6］	−5.87	2.74	17	−8.61	0.0001
［p-b8］	−5.20	2.22	23	−7.42	＜0.0001
［t-d6］	−3.14	3.93	24	−7.07	＜0.0001

表 4.8c　临海塞音后接元音起始段 H_1-F_3 均值（单位：dB）、配对数、差别、P 值

塞音	H_1-F_3（清）	H_1-F_3（浊）	配对数	差别	P 值
［p-b4］	14.40	20.75	22	−6.35	＜0.0001
［p-b6］	14.63	20.70	17	−6.07	0.0004
［p-b8］	14	20.47	23	−6.47	0.0001
［t-d6］	18.16	24.43	24	−6.27	0.0001

表 4.9a　临海塞音后接元音中间段 H_1-H_2 均值（单位：dB）、配对数、差别、P 值

塞音	H_1-H_2（清）	H_1-H_2（浊）	配对数	差别	P 值
［p-b4］	3.92	3.42	22	0.50	0.3539
［p-b6］	2.35	1.94	17	0.41	0.4384
［p-b8］	3.83	2.83	23	1.00	0.1856
［t-d6］	2.18	3.45	24	−1.27	0.0072

表 4.9b 临海塞音后接元音中间段 H_1-F_1 均值
（单位：dB）、配对数、差别、P 值

塞音	H_1-F_1（清）	H_1-F_1（浊）	配对数	差别	P 值
[p-b4]	−2.33	−1.21	22	−1.12	0.4286
[p-b6]	−3.40	−3.05	17	−0.35	0.8391
[p-b8]	−2.46	−5.31	23	2.85	0.0533
[t-d6]	−5.41	−3.70	24	−1.71	0.0298

表 4.9c 临海塞音后接元音中间段 H_1-F_3 均值
（单位：dB）、配对数、差别、P 值

塞音	H_1-F_3（清）	H_1-F_3（浊）	配对数	差别	P 值
[p-b4]	16.84	18.27	22	−1.43	0.2428
[p-b6]	16.26	17.66	17	−1.50	0.3193
[p-b8]	16.56	13.52	23	3.04	0.0206
[t-d6]	14.47	16.06	24	−1.59	0.3000

表 4.10a 临海塞音后接元音结尾段 H_1-H_2 均值
（单位：dB）、配对数、差别、P 值

塞音	H_1-H_2（清）	H_1-H_2（浊）	配对数	差别	P 值
[p-b4]	6.63	8.31	22	−1.68	0.3963
[p-b6]	2.05	3.19	17	−1.14	0.2156
[p-b8]	6.69	7.18	23	−0.49	0.5664
[t-d6]	10.38	9.98	24	0.40	0.7161

表 4.10b 临海塞音后接元音结尾段 H_1-F_1 均值
（单位：dB）、配对数、差别、P 值

塞音	H_1-F_1（清）	H_1-F_1（浊）	配对数	差别	P 值
[p-b4]	6.18	8.96	22	−2.78	0.2529
[p-b6]	2.74	−0.53	17	3.27	0.0253
[p-b8]	6.31	1.28	23	5.03	0.0037
[t-d6]	7.60	7.26	24	0.34	0.8298

表 4.10c　临海塞音后接元音结尾段 $H_1 - F_3$ 均值
（单位：dB）、配对数、差别、P 值

塞音	$H_1 - F_3$（清）	$H_1 - F_3$（浊）	配对数	差别	P 值
［p-b4］	26.00	25.11	22	0.89	0.6858
［p-b6］	23.68	18.18	17	5.50	0.0001
［p-b8］	25.93	16.94	23	8.99	＜0.0001
［t-d6］	25.72	25.20	24	0.52	0.6703

　　与温州方言的浊塞音在音节间完全保留真浊音不同,临海方言的浊塞音在音节间位置只有一半样本保留真浊音,另一半样本与单念时一样,闭塞段没有声带振动。不过,有意思的是,临海方言音节间的浊塞音也引起后接元音在起始段的气声化。表 4.11 显示了临海音节间清浊塞音后接元音起始段的谱特性参数,除了一处例外,其余 5 项参数均显示了统计上的显著性。

表 4.11a　临海音节间塞音后接元音起始段 $H_1 - H_2$ 均值
（单位：dB）、配对数、差别、P 值

塞音	$H_1 - H_2$（清）	$H_1 - H_2$（浊）	配对数	差别	P 值
［p-b］	0.32	6.20	25	−5.88	＜0.0001
［t-d］	1.10	2.31	25	−1.21	0.1252

表 4.11b　临海音节间塞音后接元音起始段 $H_1 - F_1$ 均值
（单位：dB）、配对数、差别、P 值

塞音	$H_1 - F_1$（清）	$H_1 - F_1$（浊）	配对数	差别	P 值
［p-b］	−6.45	5.38	25	−11.83	＜0.0001
［t-d］	−4.26	0.30	25	−4.56	0.0041

表 4.11c　临海音节间塞音后接元音起始段 $H_1 - F_3$ 均值
（单位：dB）、配对数、差别、P 值

塞音	$H_1 - F_3$（清）	$H_1 - F_3$（浊）	配对数	差别	P 值
［p-b］	14.11	24.13	25	−10.02	＜0.0001
［t-d］	14.64	19.12	25	−4.48	0.0002

因此,临海方言的浊塞音表现出了与温州明显不同的地方。大体上,临海方言的浊塞音比温州更清化,不过同时也更依赖气声化来实现音系上的浊音类。也就是说,临海与温州的浊塞音虽然清化程度不同,但都是属于语音上的清化。

第三个方言是宁波。宁波处于台州的北面,是吴语太湖片沿海分布的南端。对应中古汉语,宁波保留阴平、阴上、阴去、阴入 4 个阴声调,3 个舒声阳调合并为一个阳去调,因此宁波方言有 6 个声调:

1. 阴平 51　　　3. 阴上 34　　5. 阴去 44　　7. 阴入 5
　　　　　　　　　　　　　　　6. 阳去 13　　8. 阳入 2

所用单音节例字如下:

拜([pa])　　　派([pʰa])　　败([ba6])　　白([ba8])
戴([ta])　　　太([tʰa])　　大([da6])　　特([da8])
戒([ka])　　　卡([kʰa])　　锯([ɡa6])　　轧([ɡa8])

与温州、临海相比,宁波的双音节例字多了软腭塞音组:

tɕiɪʔ pa 结拜　　　　　tɕiɪʔ ba 击败
tɕʰʏ ta 穿戴　　　　　 tɕʰʏ da 川大
loʔ kaʔ 六格　　　　　 loʔ ɡaʔ 落轧

宁波方言塞音的 VOT 总结如表 4.12。与临海一样,单念的情况下,宁波方言浊塞音的 VOT 均大于零,并不存在真浊音。不过,宁波方言的浊塞音也呈现了一个前面温州、临海二地方言所没有的特点,那就是宁波的浊塞音的 VOT 要略大于相应的清不送气塞音,对于双唇、齿龈、软腭 3 个发音部位的塞音来说,均是如此,没有例外。这是因为宁波浊塞音除阻之后,元音周期开始之前,总存在类似弱送气的一小段,长度大概在 2 个声带振动周期。图 4.7 显示了宁波方言一位男性发音人浊塞音[da¹³]"大"(左)和[ba²]"白"(右)的声波(上)、宽带语图(中)、窄带语图(下)。[da¹³]是阳去调,低升调;[ba²]是阳入调,低短调。从图中可以看到,[da¹³]在塞音除阻之后有 10—20 毫秒一段很短的类似送气段,然后元音开始,而且元音开始的 15 个振动周期在声波图与语图中都能观察到摩擦噪声存在,与后面的周期明显不同;[ba²]是个入声音节,长度只有舒声音节的 50%—60% 左右,但塞音除阻之后也有 10 毫秒左右的类似送气段,然后是叠加了噪声的元音振动周期,大概 8 个周期左右,然后才是正常的元音振动周期。也就是说,宁波的塞音材料似乎说明浊塞音确实存在清音浊流,即虽然在单念时实现为清音,但伴随浊流,而这个浊流导致元音刚开始的声带振动周期消失,形成一小段 10 毫秒左右或者甚至 20 毫秒的类似送气段,然后浊流叠加在元音振动周期之上,产生一段 50—100 毫秒左右的可视伴噪声元音段,最后才是目测正常的元音周期。

表 4.12　宁波塞音(单念)噪音起始时间(VOT)(单位:毫秒)

	[pa]	[ba]	[pʰa]	[ta]	[da]	[tʰa]	[ka]	[ga]	[kʰa]
均值	5.4	9.1	87.8	7.1	10.2	91.8	17.9	25.0	107.0
标准差	3.6	4.3	21.1	2.5	5.7	33.3	4.8	5.8	37.2
样本数	30	50	30	30	54	30	29	58	29

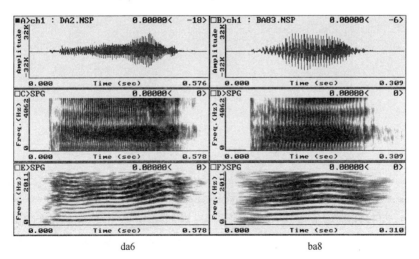

da6　　　　　　　　　　　　ba8

图 4.7　宁波方言[da6](左)与[ba8](右)的声波(上)、宽带语图(中)、窄带语图(下)

接下来的问题是：叠加了可视浊流的元音起始段，是否也是气声化的？宁波方言的气声化能持续整个音节么？表 4.13 显示了后接元音起始段的谱特性参数；从表中可以看到，所有的参数均显示了清浊辅音之间的区别显著，而且只有一处是 P 值小于 0.05，其余都是小于0.01，甚至 0.0001。表 4.14 显示了后接元音中间段的谱特性参数；从表中可以看到，2 对参数的 P 值小于 0.01，3 对参数的 P 值小于 0.05，其他 13 对参数显示清浊辅音之间的区别不显著。表 4.15 显示了后接元音结束段的谱特性参数；从表中可以看到，所有的参数均显示清浊辅音之间的区别不显著，因为数据中显示的 7 对参数的显著性与谱特性的理据相反，不具有物理学上的可解释性。因此，结合谱特性材料，可以认为宁波方言的浊塞音引发后接元音较强的气声化，甚至在语图上有可视浊流出现，但气声化不一定持续到音节中间，更不会持续整个音节。这个似乎有点矛盾，既然是强的气声化，为什么也不持续整个音节呢？因此，这便只能解释为气声化是属于声母辅音的特性，而不是元音的属性，虽然气声化体现在元音上。

表 4.13a 宁波塞音后接元音起始段 $H_1 - H_2$ 均值
（单位：dB）、配对数、差别、P 值

塞音	$H_1 - H_2$（清）	$H_1 - H_2$（浊）	配对数	差别	P 值
[p]-[b6]	3.66	9.73	30	−6.07	<0.0001
[p]-[b8]	3.70	9.16	19	−5.46	0.0012
[t]-[d6]	2.81	9.30	29	−6.49	<0.0001
[t]-[d8]	2.90	7.53	25	−4.63	<0.0001
[k]-[g6]	2.39	9.65	29	−7.26	<0.0001
[k]-[g8]	2.93	8.95	29	−6.02	<0.0001

表 4.13b 宁波塞音后接元音起始段 $H_1 - F_1$ 均值
（单位：dB）、配对数、差别、P 值

塞音	$H_1 - F_1$（清）	$H_1 - F_1$（浊）	配对数	差别	P 值
[p]-[b6]	−4.26	5.93	30	−10.19	<0.0001
[p]-[b8]	−4.04	3.34	19	−7.38	<0.0001

塞音	H_1-F_1（清）	H_1-F_1（浊）	配对数	差别	P 值
[t]-[d6]	−1.92	7.29	29	−9.21	＜0.0001
[t]-[d8]	−3.16	2.81	25	−5.97	＜0.0001
[k]-[g6]	−0.59	8.84	29	−9.43	＜0.0001
[k]-[g8]	−0.59	6.43	29	−7.02	＜0.0001

表 4.13c　宁波塞音后接元音起始段 H_1-F_3 均值
（单位：dB）、配对数、差别、P 值

塞音	H_1-F_3（清）	H_1-F_3（浊）	配对数	差别	P 值
[p]-[b6]	15.44	24.39	30	−8.95	＜0.0001
[p]-[b8]	16.38	23.24	19	−6.86	＜0.0001
[t]-[d6]	18.48	25.11	29	−6.63	＜0.0001
[t]-[d8]	15.97	18.86	25	−2.89	0.0374
[k]-[g6]	16.69	24.12	29	−7.43	0.0004
[k]-[g8]	16.69	22.35	29	−5.66	0.0001

表 4.14a　宁波塞音后接元音中间段 H_1-H_2 均值
（单位：dB）、配对数、差别、P 值

塞音	H_1-H_2（清）	H_1-H_2（浊）	配对数	差别	P 值
[p]-[b6]	3.33	4.95	30	−1.62	0.0108
[p]-[b8]	4.07	4.32	19	−0.25	0.7770
[t]-[d6]	3.32	3.76	29	−0.44	0.3267
[t]-[d8]	3.40	2.84	25	0.56	0.2178
[k]-[g6]	2.84	3.67	29	−0.83	0.0023
[k]-[g8]	2.84	3.40	29	−0.56	0.3570

表 4.14b　宁波塞音后接元音中间段 H_1-F_1 均值
（单位：dB）、配对数、差别、P 值

塞音	H_1-F_1（清）	H_1-F_1（浊）	配对数	差别	P 值
[p]-[b6]	−3.09	−1.24	30	−1.85	0.0004
[p]-[b8]	−2.92	−1.43	19	−1.49	0.3019

塞音	$H_1 - F_1$（清）	$H_1 - F_1$（浊）	配对数	差别	P值
[t]-[d6]	-2.79	-1.16	29	-1.63	0.1635
[t]-[d8]	-3.78	-4.60	25	0.82	0.4060
[k]-[g6]	-3.86	-2.14	29	-1.72	0.0466
[k]-[g8]	-3.86	-1.95	29	-1.91	0.1278

表 4.14c 宁波塞音后接元音中间段 $H_1 - F_3$ 均值
（单位：dB）、配对数、差别、P值

塞音	$H_1 - F_3$（清）	$H_1 - F_3$（浊）	配对数	差别	P值
[p]-[b6]	15.71	17.70	30	-1.99	0.0356
[p]-[b8]	14.54	19.01	19	-4.47	0.1128
[t]-[d6]	17.83	17.37	29	0.46	0.6467
[t]-[d8]	15.27	14.04	25	1.23	0.4661
[k]-[g6]	15.55	15.43	29	0.12	0.9158
[k]-[g8]	15.55	18.53	29	-2.98	0.1169

表 4.15a 宁波塞音后接元音结尾段 $H_1 - H_2$ 均值
（单位：dB）、配对数、差别、P值

塞音	$H_1 - H_2$（清）	$H_1 - H_2$（浊）	配对数	差别	P值
[p]-[b6]	7.43	9.42	30	-1.99	0.1097
[p]-[b8]	10.90	10.08	19	0.82	0.4770
[t]-[d6]	7.08	5.93	29	1.15	0.1874
[t]-[d8]	7.82	3.71	25	4.11	0.0101
[k]-[g6]	5.02	6.22	29	-1.20	0.1455
[k]-[g8]	5.02	6.00	29	-0.98	0.2279

表 4.15b 宁波塞音后接元音结尾段 $H_1 - F_1$ 均值
（单位：dB）、配对数、差别、P值

塞音	$H_1 - F_1$（清）	$H_1 - F_1$（浊）	配对数	差别	P值
[p]-[b6]	5.76	4.10	30	1.66	0.2415
[p]-[b8]	8.73	4.49	19	4.24	0.0323

塞音	H_1-F_1（清）	H_1-F_1（浊）	配对数	差别	P 值
[t]-[d6]	4.53	2.31	29	2.22	0.0281
[t]-[d8]	4.58	−3.90	25	8.48	<0.0001
[k]-[g6]	2.09	1.53	29	0.56	0.6501
[k]-[g8]	2.09	0.35	29	1.74	0.1400

表 4.15c　宁波塞音后接元音结尾段 H_1-F_3 均值
（单位：dB）、配对数、差别、P 值

塞音	H_1-F_3（清）	H_1-F_3（浊）	配对数	差别	P 值
[p]-[b6]	23.10	21.44	30	1.66	0.1567
[p]-[b8]	24.97	20.61	19	4.36	0.0079
[t]-[d6]	22.71	18.39	29	4.32	0.0003
[t]-[d8]	21.79	11.88	25	9.91	<0.0001
[k]-[g6]	19.33	18.67	29	0.66	0.6988
[k]-[g8]	19.33	17.63	29	1.70	0.2103

　　当出现在音节间时,清不送气塞音依然是清不送气,没有例外;浊塞音[b d]有 80%左右的样本实现为真浊音,但软腭浊塞音[g]只有 10%的样本实现为真浊音。不过,这主要应该不是发音部位的因素,而是因为测试词的结构不同:浊塞音[b d]的测试词是韵律词,结合紧密,发生连读变调;浊塞音[g]的测试词是动宾结构短语,不是韵律词,结合不紧密,不发生连读变调(或者说,不如韵律词一般发生广用式连读变调,只适用窄用式连读变调)。检视表 4.16 中的塞音后元音起始段的三项谱特性参数:浊塞音[g]后的元音起始段气声化显著,而浊塞音[b d]则不那么显著:齿龈塞音[t-d]只有 2 项参数的 P 值小于0.05;双唇塞音[p-b]也有 1 项参数的差别不显著。这说明,如果音节间浊塞音如单念时一般 VOT>或＝0 的话,浊塞音后的元音气声化显著;但如果音节间的浊塞音实现为真浊音,那么,浊塞音后元音的气声化则不一定显著。

表 4.16a　宁波音节间塞音后接元音起始段 $H_1 - H_2$ 均值（单位：dB）、配对数、差别、P 值

塞音	$H_1 - H_2$（清）	$H_1 - H_2$（浊）	配对数	差别	P 值
[p-b]	2.06	4.90	25	−2.84	0.0091
[t-d]	1.15	0.91	26	0.24	0.4169
[k-g]	0.64	5.20	29	−4.56	<0.0001

表 4.16b　宁波音节间塞音后接元音起始段 $H_1 - F_1$ 均值（单位：dB）、配对数、差别、P 值

塞音	$H_1 - F_1$（清）	$H_1 - F_1$（浊）	配对数	差别	P 值
[p-b]	−4.52	−0.87	25	−3.65	0.0066
[t-d]	−4.52	−3.27	26	−1.25	0.0163
[k-g]	−3.80	3.15	29	−6.95	<0.0001

表 4.16c　宁波音节间塞音后接元音起始段 $H_1 - F_3$ 均值（单位：dB）、配对数、差别、P 值

塞音	$H_1 - F_3$（清）	$H_1 - F_3$（浊）	配对数	差别	P 值
[p-b]	17.63	19.77	25	−2.14	0.0726
[t-d]	15.97	18.40	26	−2.43	0.0277
[k-g]	15.01	20.93	29	−5.92	<0.0001

综上，宁波方言的浊塞音在结合紧密的音节间，也就是处于连调的后字位置时，大体上还是保持真浊音的，而在结合不紧密的音节间位置时，只有少部分保持真浊音。在单念或者重读位置时，浊塞音的 VOT 不小于零，而且反而要比相应的清不送气塞音的 VOT 值还要大，这是因为宁波浊塞音引发后接元音强烈的气声化，这种强气声化不仅体现在后接元音起始段的谱特性参数上，而且其至在语图上也可见；但是，宁波方言浊塞音引发的气声化也并不贯穿整个音节。

以上从南至北检视了浙江境内沿海分布的吴语瓯江片、台州片、太湖片的 3 个代表方言，这些方言的浊塞音拥有一些共同点：(1) 音节间较好地保持了真浊音，即使是清化最厉害的临海，也有一半样本维持真浊音;(2)单念或者重度位置中,浊塞音与清不送气塞音一般,VOT＞或者＝0,只有在温州方言的部分发音人的样本中发现实现为真浊音,其他方言的发音人的所有样本全部清化,无一例外;(3)浊塞音引发后接元音的气声化,但一般只体现在后接元音的起始段,这说明元音上的气声化并非元音的属性,而是声母辅音的属性。同时,3个方言也有各自的特色:(1)温州方言的浊音最浊,音节间所有样本均实现为真浊音,单念时也有真浊音样本出现;(2)宁波方言的气声化最强,在语图上也可见,并导致单念时的浊塞音的 VOT 略大于相应的清不送气塞音;(3)临海方言的浊塞音清化最严重,但气声化显著,无论单念还是音节间,浊塞音均引发后接元音的气声化。总而言之,浙江沿海吴语维持塞音清浊对立,但语音实现各有特色。

接下来看浙江内陆吴语。首先是位于浙江中部的金华,吴语婺州片的代表点。金华有 7 个声调:

    1.阴平 33   3.阴上 435   5.阴去 55   7.阴入 5
    2.阳平 323   6.阳去 13   8.阳入 2

测试双音节词同前(无软腭音组),单字如下:

    拜([pa]) 破([pʰa]) 排([ba2]) 败([ba6]) 白([ba8])
    戴([ta])   太([tʰa]) 谈([da2]) 汏([da6]) 特([da8])
    戒([ka])   嵌([kʰa])   懈([ga6])

从表 4.17 可以看到,单念时金华方言的浊塞音的 VOT 与清不送气塞音相似。

表 4.17　金华塞音(单念)嗓音起始时间(VOT)(单位:毫秒)

	[pa]	[ba]	[pʰa]	[ta]	[da]	[tʰa]	[ka]	[ga]	[kʰa]
均值	5.1	5.1	77.0	8.7	6.8	76.5	17.5	15.1	91.5
标准差	2.3	2.8	20.1	3.9	4.2	19.5	7.6	6.5	33.1
样本数	20	60	20	20	60	20	20	20	20

表 4.18 总结了金华塞音后接元音起始段的谱特性参数,与沿海吴语不同。在表中,浊塞音按照声调单列,那是因为如果将不同声调的浊塞音材料放在一起的话,清浊塞音之间没有显著差异。将声调分开之后,我们可以看到:浊塞音在调值为低升 13 的阳去调的音节中,在元音起始段引发显著的气声化;除了双唇塞音[p-b6]的 H_1-H_2 的 P 值略大这一个例外之外,其他配对组的 H_1-H_2、H_1-F_1 的 P 值均显著。不过,除了刚才例外的[p-b6]的 H_1-F_3 的 P 值小于 0.05 之外,其他配对组的 H_1-F_3 的 P 值均不显著。对于另外两个调值为 323 的阳平、调值为 2 的阳入来说,除了[p-b8]的 H_1-F_1 的 P 值一处显著之外,均没有发现显著区别。因此,对于金华方言来说,单念音节中的浊塞音不仅 VOT 与相应的清不送气塞音无异,气声化也几乎消失,只保留在低升的阳去调音节。浊塞音只引发低升调音节的后接元音在起始段发生气声化。此外,我们也没有发现浊塞音的气声化在后接元音的中间段与结尾段有任何体现,为节省篇幅,数据从略。

表 4.18a　金华塞音后接元音起始段 H_1-H_2 均值（单位：dB）、配对数、差别、P 值

塞音	H_1-H_2(清)	H_1-H_2(浊)	配对数	差别	P 值
[p]-[b2]	1.83	1.71	20	0.12	0.7326
[p]-[b6]	1.83	2.73	20	-0.90	0.0606
[p]-[b8]	1.83	1.10	20	0.73	0.0737
[t]-[d2]	2.23	1.97	20	0.26	0.4723
[t]-[d6]	2.23	5.46	20	-3.23	0.0006
[t]-[d8]	2.23	1.25	20	0.98	0.0604
[k]-[g6]	2.07	3.70	20	-1.63	0.0149

表 4.18b　金华塞音后接元音起始段 H_1-F_1 均值（单位：dB）、配对数、差别、P 值

塞音	H_1-F_1(清)	H_1-F_1(浊)	配对数	差别	P 值
[p]-[b2]	-5.64	-5.52	20	-0.12	0.8548
[p]-[b6]	-5.64	-0.73	20	-4.91	<0.0001

塞音	H_1-F_1（清）	H_1-F_1（浊）	配对数	差别	P 值
[p]-[b8]	−5.64	−2.32	20	−3.32	0.0001
[t]-[d2]	−3.79	−3.09	20	−0.70	0.3734
[t]-[d6]	−3.79	1.64	20	−5.43	<0.0001
[t]-[d8]	−3.79	−1.89	20	−1.90	0.0636
[k]-[g6]	−2.21	1.83	20	−4.04	<0.0001

表 4.18c　金华塞音后接元音起始段 H_1-F_3 均值（单位：dB）、配对数、差别、P 值

塞音	H_1-H_2（清）	H_1-H_2（浊）	配对数	差别	P 值
[p]-[b2]	14.66	15.74	20	−1.08	0.1944
[p]-[b6]	14.66	16.47	20	−1.81	0.0109
[p]-[b8]	14.66	16.87	20	−2.21	0.0536
[t]-[d2]	16.89	16.49	20	0.40	0.6254
[t]-[d6]	16.89	18.60	20	−1.71	0.2614
[t]-[d8]	16.89	17.73	20	−0.84	0.6209
[k]-[g6]	16.03	17.78	20	−1.75	0.3746

　　金华方言的浊塞音即使在音节间也是完全没有声带振动的，所有的样本 VOT 均大于或者等于零，与相应的清不送气塞音无异。表 4.19 显示了音节间塞音的谱特性参数，可以看到：阳去调的浊塞音与相应的清不送气塞音的 H_1-H_2 的 P 值完全不显著，只有 H_1-F_1 的 P 值显著，H_1-F_3 的 P 值在 0.05 左右。这说明金华方言在单念时保持了气声化特点的阳去调浊塞音，在音节间位置时的气声化也变得不明显了。

表 4.19a　金华音节间塞音后接元音起始段 H_1-H_2 均值（单位：dB）、配对数、差别、P 值

塞音	H_1-H_2（清）	H_1-H_2（浊）	配对数	差别	P 值
[p-b6]	1.05	1.67	20	−0.52	0.3294
[t-d6]	2.36	3.85	20	−1.49	0.1162

表 4.19b　金华音节间塞音后接元音起始段 $H_1 - F_1$ 均值
（单位：dB）、配对数、差别、P 值

塞音	$H_1 - H_2$（清）	$H_1 - H_2$（浊）	配对数	差别	P 值
［p-b6］	−6.55	−1.66	20	−4.89	0.0004
［t-d6］	−3.18	2.46	20	−5.64	<0.0001

表 4.19c　金华音节间塞音后接元音起始段 $H_1 - F_3$ 均值
（单位：dB）、配对数、差别、P 值

塞音	$H_1 - H_2$（清）	$H_1 - H_2$（浊）	配对数	差别	P 值
［p-b6］	15.23	18.18	20	−2.95	0.0442
［t-d6］	15.79	17.48	20	−1.69	0.0577

　　总的来看,金华方言的浊塞音呈现了与浙江沿海吴语完全不同的特点,浊塞音完全清化,连气声化也基本消失,只在单念的阳去调才保留气声化的特点。那么,金华吴语还能说保留浊塞音么？应该是不能说金华吴语还有浊塞音了。那么,金华的塞音还三分么？就音段层面来说,已经没有三分了;如果非要说三分,那么只能借助于超音段层面的特征——声调了。也就是说,阳平、阳去、阳入与阴平、阴去、阴入不同调,大致维持音高阳低。如果硬要说浊塞音,那么这个“浊”在语音上仅是指浊塞音音节相关联的略低的声调,以及与低升的阳去调相关联的气声化。金华的浊塞音清化与声调相关,也是一个有意思的现象。以中古汉语为参照,金华没有阳上调,这在吴语中不奇怪,奇怪的是,吴语的阳上调一般是与阳去或者阳平调合并的,但是金华的阳上调却是并入了阴上调。这样一来,阳上调的浊塞音声母也就完全清化了,与清不送气塞音完全合并;浊擦音、塞擦音也是同理。这是一个独特的现象:浊音清化以声调为条件。

　　接下来再看地处浙江西南的吴语处衢片代表方言之一丽水方言。丽水也有 7 个声调,但中古全浊上声,即浊阻塞音声母的上声并入阳平:

1. 阴平 24　　3. 阴上 44　　5. 阴去 52　　7. 阴入 5

2. 阳平 11　　　　　　　　6. 阳去 31　　8. 阳入 2

丽水的双音节例字同前,单音节例字如下:

拜([puə])　　　破([pʰuə])　　　牌([buə])

戴([tuə])　　　太([tʰuə])　　　大([duə])

其中,软腭塞音没有合适例字,而且与其他方言中这些例字一般读低元音略有差别,在丽水读双元音[uə]。

从表 4.20 中可以看到,单念时,丽水方言的清不送气与浊塞音拥有类似的 VOT。从表 4.21 中可以看到,丽水清不送气塞音与浊塞音后接元音的起始段的 3 项谱特性参数均有显著差别,说明浊塞音引发后接元音发生气嗓音化。不过,与沿海吴语一样,浊塞音引发的气嗓音化不一定能够持续到后接元音的中间段。如表 4.22 所示,只有 [p-b] 的 $H_1 - H_2$ 的 P 值小于 0.01,$H_1 - F_1$ 的 P 值小于 0.05,其他参数均无显著差异。

表 4.20　丽水塞音(单念)噪音起始时间(VOT)(单位:毫秒)

	[puə]	[buə]	[pʰuə]	[tuə]	[duə]	[tʰuə]
均值	9.6	9.3	93.1	8.3	9.6	77.9
标准差	5.2	4.1	21.2	2.8	4.2	16.3
样本数	20	24	19	20	20	20

表 4.21a　丽水塞音后接元音起始段 $H_1 - H_2$ 均值
(单位:dB)、配对数、差别、P 值

塞音	$H_1 - H_2$(清)	$H_1 - H_2$(浊)	配对数	差别	P 值
[p-b]	−4.53	3.67	20	−8.20	<0.0001
[t-d]	−5.33	4.14	20	−9.47	<0.0001

表 4.21b 丽水塞音后接元音起始段 H_1-F_1 均值
(单位：dB)、配对数、差别、P 值

塞音	H_1-H_2（清）	H_1-H_2（浊）	配对数	差别	P 值
[p-b]	−4.53	6.79	20	−11.32	0.0006
[t-d]	−5.51	0.69	20	−6.20	<0.0001

表 4.21c 丽水塞音后接元音起始段 H_1-F_3 均值
(单位：dB)、配对数、差别、P 值

塞音	H_1-H_2（清）	H_1-H_2（浊）	配对数	差别	P 值
[p-b]	32.44	37.78	20	−5.34	0.0209
[t-d]	22.57	30.46	20	−7.89	<0.0001

表 4.22a 丽水塞音后接元音中间段 H_1-H_2 均值
(单位：dB)、配对数、差别、P 值

塞音	H_1-H_2（清）	H_1-H_2（浊）	配对数	差别	P 值
[p-b]	0.45	2.29	19	−1.84	0.0010
[t-d]	2.62	2.59	20	0.03	0.9362

表 4.22b 丽水塞音后接元音中间段 H_1-F_1 均值
(单位：dB)、配对数、差别、P 值

塞音	H_1-H_2（清）	H_1-H_2（浊）	配对数	差别	P 值
[p-b]	−6.58	−4.22	19	−2.36	0.0281
[t-d]	−5.14	−4.83	20	−0.31	0.5015

表 4.22c 丽水塞音后接元音中间段 H_1-F_3 均值
(单位：dB)、配对数、差别、P 值

塞音	H_1-H_2（清）	H_1-H_2（浊）	配对数	差别	P 值
[p-b]	23.59	26.81	19	−3.22	0.1158
[t-d]	22.97	25.03	20	−2.06	0.2021

当出现在音节间位置时，丽水方言的[p]所有的 18 个样本都是清

音,但[t]的 15 个样本中有 7 个变为浊音;[b]的 20 个样本中只有 4 个是浊音,[d]的 15 个样本中有 7 个是浊音。这说明即使是在音节间,丽水的清不送气与浊塞音之间的 VOT 区别也基本不存在了:清音有可能浊化,而浊音也只有少数保持真浊音,大部分还是实现为清音。检视表 4.23 中的塞音后接元音开始处的谱特性参数发现,清浊之间存在显著的发声态区别,浊塞音的后接元音更加气声化。

表 4.23a　丽水音节间塞音后接元音起始段 $H_1 - H_2$ 均值
(单位:dB)、配对数、差别、P 值

塞音	$H_1 - H_2$(清)	$H_1 - H_2$(浊)	配对数	差别	P 值
[p-b]	−3.13	1.83	18	−4.96	0.0018
[t-d]	−4.18	2.29	15	−6.47	0.0002

表 4.23b　丽水音节间塞音后接元音起始段 $H_1 - F_1$ 均值
(单位:dB)、配对数、差别、P 值

塞音	$H_1 - H_2$(清)	$H_1 - H_2$(浊)	配对数	差别	P 值
[p-b]	−3.94	3.88	18	−7.82	0.0040
[t-d]	−4.30	−0.07	15	−4.23	0.0009

表 4.23c　丽水音节间塞音后接元音起始段 $H_1 - F_3$ 均值
(单位:dB)、配对数、差别、P 值

塞音	$H_1 - H_2$(清)	$H_1 - H_2$(浊)	配对数	差别	P 值
[p-b]	30.59	34.87	18	−4.28	0.0039
[t-d]	25.04	28.56	15	−3.52	0.0163

因此,丽水的情况可以概括为:浊塞音基本清化,只在音节间保存少量真浊音,但与清不送气塞音也很难区分,因为清不送气塞音在音节间也可能出现浊化(弱化)现象;不过,清浊之间的区别体现在发声态,浊塞音引发后接元音的气声化,尤其体现在元音的起始段。

最后看景宁。景宁位于丽水市的西南部山区,是畲族自治县。景宁畲族通行畲话,是畲族人所说的一种客家方言。景宁也通行吴语,这里指的是景宁县城的吴语。景宁吴语的阻塞音的清浊比较复杂。

首先是景宁吴语有浊内爆音[ɓ ɗ]，但这个与畲话没有关系，属于某些吴语的特点，吴语的内爆音最北可以分布到上海，上海的市区方言没有内爆音，但上海的本地话、一些郊区话都有内爆音。吴语的内爆音对应于中古汉语的全清声母，即其他没有内爆音吴语方言中的清不送气塞音。因此，景宁吴语在双唇、齿龈两个发音部位存在内爆、清送气、浊三重塞音对立，在软腭部位存在清不送气、清送气、浊三重塞音对立。不过，景宁吴语的浊塞音已经完全清化，在听感上毫无浊感。虽然如此，对于双唇与齿龈塞音来说，还是维持了三重塞音对立：内爆、清送气、清不送气，只是对于软腭塞音来说，只有清不送气与送气二重对立了。此外，景宁的擦音保持清浊对立，而塞擦音则已经没有清浊对立，因为浊塞擦音已经完全清化了。这里重点检视景宁吴语的双唇与齿龈塞音，记音遵循吴语传统的习惯，中古全浊声母还是记为浊塞音。

景宁有 8 个声调，四声各分阴阳，但是不一定阴高阳低：

1. 阴平 213	3. 阴上 44	5. 阴去 35	7. 阴入 5
2. 阳平 42	4. 阳上 443	6. 阳去 13	8. 阳入 2

双音节例字同前，单音节例字如下：

拜([ɓa5])	派([pʰa5])	排([ba2])	败([ba6])
戴([ɗa5])	泰([tʰa5])		大([da6])

从表 4.24 中可以看到，景宁吴语的浊内爆音[ɓ ɗ]的 VOT 均小于 -50 毫秒，而景宁吴语的浊塞音的 VOT 则大于零，[b]为 7.5 毫秒，[d]为 10.7 毫秒，属于典型的清不送气塞音。从表 4.25 中可以看到，调值 42 的阳平调的[ɓ-b]之间的 $H1 - H2$ 的 P 值不显著，$H1 - F_1$ 与 $H1 - F_3$ 的 P 值为没有物理学上解释意义的伪显著。调值为 13 的阳去调，无论是双唇塞音还是齿龈塞音，$H1 - F_1$ 与 $H1 - F_1$ 的 P 值均小于 0.01，只有 $H1 - F_3$ 的 P 值不显著。因此，塞音后元音起始段的谱特性参数表明：景宁吴语的浊塞音引发低调音节的后接元音起始段的气

声化,但不引发高调音节的元音气声化。而且,气声化只发生在后接元音的起始段,我们没有在元音中间段或者结尾段发现显著性区别,因此数据从略。

表 4.24　景宁塞音(单念)嗓音起始时间(VOT)(单位:毫秒)

	[ɓa]	[ba]	[pʰa]	[ɗa]	[da]	[tʰa]
均值	−51.6	7.5	76.3	−53.7	10.7	70.1
标准差	33.3	4.3	27.8	30.9	3.7	24.7
样本数	30	50	25	25	25	25

表 4.25a　景宁塞音后接元音起始段 H_1-H_2 均值
(单位:dB)、配对数、差别、P 值

塞音	H_1-H_2(内爆)	H_1-H_2(浊)	配对数	差别	P 值
[ɓ-b2]	4.46	4.84	25	−0.38	0.4945
[ɓ-b6]	4.46	9.15	25	−4.69	<0.0001
[ɗ—d6]	5.23	8.31	25	−3.08	0.0002

表 4.25b　景宁塞音后接元音起始段 H_1-F_1 均值
(单位:dB)、配对数、差别、P 值

塞音	H_1-H_2(内爆)	H_1-H_2(浊)	配对数	差别	P 值
[ɓ-b2]	3.45	0.30	25	3.15	0.0001
[ɓ-b6]	3.45	7.22	25	−3.77	0.0001
[ɗ—d6]	5.19	7.01	25	−1.82	0.0047

表 4.25c　景宁塞音后接元音起始段 H_1-F_3 均值
(单位:dB)、配对数、差别、P 值

塞音	H_1-H_2(内爆)	H_1-H_2(浊)	配对数	差别	P 值
[ɓ-b2]	26.69	22.93	25	3.76	0.0031
[ɓ-b6]	26.69	28.39	25	−1.70	0.0994
[ɗ—d6]	29.05	28.03	25	1.02	0.2639

景宁吴语的内爆音在音节间保持浊音,浊音则全部实现为清音,所有的样本均是如此,无一例外。同时,从表 4.26 中可以看到,内爆音与阳去调浊塞音之间的 $H_1 - H_2$ 与 $H_1 - F_1$ 的 P 值均显著,$H_1 - F_3$ 的 P 值不显著,这说明:与单念时类似,音节间的低调音节的浊塞音仍然引发后接元音在起始段发生气声化现象。

表 4.26a　景宁音节间塞音后接元音起始段 $H_1 - H_2$ 均值（单位：dB）、配对数、差别、P 值

塞音	$H_1 - H_2$（内爆）	$H_1 - H_2$（浊）	配对数	差别	P 值
[ɓ-b6]	3.69	8.88	25	−5.19	<0.0001
[ɗ−d6]	4.27	8.27	25	−4.00	<0.0001

表 4.26b　景宁音节间塞音后接元音起始段 $H_1 - F_1$ 均值（单位：dB）、配对数、差别、P 值

塞音	$H_1 - H_2$（内爆）	$H_1 - H_2$（浊）	配对数	差别	P 值
[ɓ-b6]	2.93	6.43	25	−3.50	0.0014
[ɗ−d6]	4.28	7.05	25	−2.77	0.0158

表 4.26c　景宁音节间塞音后接元音起始段 $H_1 - F_3$ 均值（单位：dB）、配对数、差别、P 值

塞音	$H_1 - H_2$（内爆）	$H_1 - H_2$（浊）	配对数	差别	P 值
[ɓ-b6]	27.55	26.36	25	1.19	0.4175
[ɗ−d6]	27.19	27.53	25	−0.34	0.7804

因此,与金华相似,景宁吴语的浊塞音已经基本清化,无论单念还是音节间,VOT 均大于零,而且浊塞音只在低调音节中才可能引发后接元音的气声化;如果声调的起始不是低调,后接元音的起始段并不发生气声化。

从上面的讨论中可以看到:浙江各地的吴语在浊塞音清化的问题上各有特点。而且,沿海吴语与内陆吴语呈现出明显的不同:沿海吴语的浊塞音保留得相对较好,温州在单念时还能发现真浊音,所有的方言在音节间的条件下都还能保留真浊音(虽然也有清化的情况,尤其是临海方言),所有的方言的清浊塞音均有发声态的不同,即浊塞音引发后接元音在起始段发生气声化;内陆吴语的浊塞音正在消失中,无论单念还是音节间都很少可以发现浊塞音 VOT 小于零的情况,而且浊塞音也不一定引发后接元音的气声化,因为要看声调,只有低调才有可能气声化;相应地,与声母清浊相关的阴高阳低其实也在发生变化。

4.2.2 擦音、塞擦音

塞音是声腔或者口腔通道存在完全阻塞的发音。擦音也是阻塞音(obstruents)的一种,只是阻塞的程度与塞音不同,擦音的阻塞在空气动力学上产生湍流,在感知声学上形成摩擦噪声。在语音上,塞擦音是塞音-擦音序列(sequence),即塞音成阻而除阻为擦音;在音系上,塞擦音是两个语音单位的组合,还是一个语音单位,需要根据具体的语言具体分析。对于汉语、汉语方言,以及汉藏语系的语言或者其他一些相关少数民族语言来说,从历时音韵角度看,塞擦音是后起的,但在共时音系层面,塞擦音是一个语音单位,与塞音、擦音对立,而不是塞音＋擦音组合。

以汉语普通话为例,塞音只有双唇、齿龈、软腭 3 个发音部位,而擦音则有唇齿、齿龈、龈后、龈腭、软腭五个发音部位。也就是说,擦音的发音部位比塞音多。塞擦音有齿龈、龈后、龈腭 3 个发音部位。很有意思的是,除了齿龈这个发音部位塞音、擦音、塞擦音都有之外,龈后、龈腭这两个没有塞音只有擦音的发音部位也有塞擦音。总体上说,塞音、擦音、塞擦音一起构成了汉语阻塞音系统。在汉语音系内部,如果把塞擦音处理为语音上带有复杂性的塞音,那么汉语在唇、齿龈、龈后、龈腭、软腭这 5 个发音部位均有塞音对立;而且,在齿龈这个同一发音部位,拥有复杂性的对立。对于汉语阻塞音音系进行这样的分析处理的一个好处是可以避免在共时音系层面无法处理龈腭音的尴尬境地,同时也使得汉语共时音系更好地对应于中古历史音韵。众所周知,汉语中的龈腭音在共时层面与齿龈、龈后、软腭 3 个发音部位的音存在互补关系,音系上可以处理为上述 3 个发音部位之中的任意一个发音部位语音的音位变体。在历史音韵上,汉语龈腭音来源于中古精组、见组之间的尖团合流,同时知照系的历史演变也牵涉在里面,增加了复杂性。因此,以剃刀原则去追求共时音系的简洁性并非一个好的选择。相反,像这里所建议的一样,尽量保留语音细节,保留发音部位对立的多样性的处理,才是汉语音系分析的正确方向。

舌冠音(coronals)众多是汉语阻塞音的一个特点。汉语普通话的舌冠阻塞音有齿龈、龈后、龈腭 3 个发音部位的对立。不过,在中国语言学的传统中,很少用国际音标传统的被动发音器官去描写汉语辅音的发音部位,而是采用一种主动发音器官为主的描写术语体系。这种传统也是始于赵元任、罗常培、李方桂(1940)翻译高本汉的《中国音韵学研究》。高本汉按照被动发音部位区分齿音(dentale,即英文 dental)与齿上音(supradentale,即英文 supradental),它们的主动发音器官都是舌尖。齿上音又分为舌尖-齿龈(apico-alvéolaires,即英文 apico-alveolar。赵、罗、李在文中译为"后齿龈",但在"辅音分类表"中还是归类于"齿龈")与舌尖-前硬腭(apico-prépalatales,即英文 apico-prepalatal)。在以后的发展中,这 3 类音被统一用主动发音器官命名,分别称为舌尖前音、舌尖中音、舌尖后音。而前文 4.1 附注中提到的舌面-齿龈(dorso-alvéolaires)、舌面-前硬腭(dorso-prèpalatales)、舌面-软腭(dorso-vélaires)分别被称为舌面前音、舌面中音、舌面后音(又称舌根音)。中国语言学界流行广泛的这套术语系统的问题在于:用了一套定制的术语系统掩盖了开放的术语体系。这套定制的国际音标无法描写超出定制系统之外的语音现象。因此,随着汉语与中国境内少数民族语言等田野调查的深入,常有学者抱怨国际音标不够用了。其实,并非国际音标不够用了,而是发现的语音现象超出了定制系统的描写能力。比如,这套定制的术语系统用舌尖音去指称被动发音部位从齿至硬腭前的舌冠音类,那是完全错误的,因为这些音都可以是舌叶音(laminal)。而在这套定制的术语系统中,舌叶音仅指舌叶-龈后音。所以,当发现某一语言或者方言中,舌叶发音起区别意义的作用时,定制的术语系统便无法描写。

那么,为什么中国语言学界这套定制的国际音标术语系统流行如此广泛呢？我们认为，那是因为舌尖前、后的描写准确把握了汉语舌冠音的音系对立。而且，在汉语方言与少数民族语言中，舌尖发音（apical articulation）与舌叶发音（laminal articulation）很少构成音系对立。因此，定制系统便比原版的国际音标的开放体系显得更加方便适用。普通话的/t tʰ n l ts tsʰ s/用龈音去描述其实并不十分准确，因为不同的发音人，由于生理解剖或者发音习惯上的不同，可以有龈音、齿音、龈齿之间的发音、甚至齿间音等发音部位的变异，非要用被动发音部位去准确描写的话，就非常费口舌。比如我们采样的电子腭位仪（Electropalatograph，EPG）的四位北京发音人，三位的发音部位大致是齿龈，但有一位的发音部位完全不是齿龈，而是齿或齿间（Hu，2008）。如图4.8所示，这位男性发音人在发[sa]的时候，舌尖（右图）完全没有接触齿龈，而是接触上齿背的端部（左图），意味着发音部位在齿间。因此，如果用被动发音器官所定义的发音部位来描写的话，就需要把所有这些情况都考虑进去。而如果用主动发音器官来描述，舌尖前、后则准确把握了/ts tsʰ s/与/tʂ tʂʰ ʂ/之间的区别对立在于发音动作，即主动发音器官舌尖的前后，而非被动发音器官所定义的发音部位。

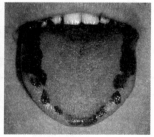

图4.8 一位北京男性发音人[sa]的腭位图（palatogram，左）与舌位图（linguogram，右）

此处用 EPG 材料（EPG 的技术细节与使用请参见第二讲）讨论普通话舌冠音的发音部位问题，在4位发音人中，我们选取了两位相互比较一致的40岁左右的北京发音人，一男一女。所用的电子假腭，参见图4.9（男：左；女：右）。如前文所述，这是8排62个电极的假腭，除了第1排6个电极之外，其余7排都是8个电极。每个假腭根据不同发音人定制,前 4 排电极紧密,后 4 排稀疏。大致上,1—2 排对应齿龈这一发音部位,3—4 排对应龈后,5—8 排对应硬腭。EPG 的采样率是 100 赫兹,同步的单声道声音采样率是 22 050 赫兹,16 位。

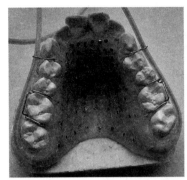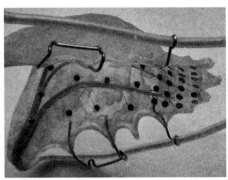

图 4.9　一位北京男性发音人(左)与女性发音人(右)的电子假腭

例字采用/aCa/无意义但合音系的形式,大写的 C 代表目标舌冠辅音:拼音为/d t z c s n l j q x zh ch sh r/,国际音标分别为/t tʰ ts tsʰ s n l tɕ tɕʰ ɕ tʂ tʂʰ ʂ ʐ/。因为[tɕ tɕʰ ɕ]不能拼[a],因此发音人会插入-i,实际拼[ia]。录音重复 5 遍。录制的 EPG 材料转换为 Praat 标注文件形式,因此所有的标注、分析、计算、绘图均在 Praat 里面完成,所用的版本为 Praat4.6.0.0。

腭位图(吴宗济)	累计舌腭接触	最大舌腭接触	最后舌腭接触
(A) "搭"/ta/			
(B) "搭"/ta/			

腭位图(吴宗济)	累计舌腭接触	最大舌腭接触	最后舌腭接触
(A) "他"/t'a/			
(B) "他"/t'a/			
(A) "咂"/tsa/			
(B) "咂"/tsa/			
(A) "擦"/ts'a/			
(B) "擦"/ts'a/			
(A) "仨"/sa/			
(B) "仨"/sa/			

腭位图(吴宗济)	累计舌腭接触	最大舌腭接触	最后舌腭接触
(A) "那"/na/			
(B) "那"/na/			
(A) "拉"/la/			
(B) "拉"/la/			
(A) "加"/tɕia/			
(B) "加"/tɕia/			

腭位图(吴宗济)	累计舌腭接触	最大舌腭接触	最后舌腭接触
(A)"掐"/tɕʰia/			
(B)"掐"/tɕʰia/			
(A)"暇"/ɕia/			
(B)"暇"/ɕia/			
(A)"札"/tʂa/			
(B)"札"/tʂa/			
(A)"插"/tʂʰa/			
(B)"插"/tʂʰa/			

腭位图(吴宗济)	累计舌腭接触	最大舌腭接触	最后舌腭接触
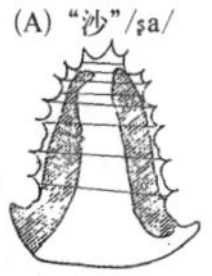 (A) "沙"/ʂa/ 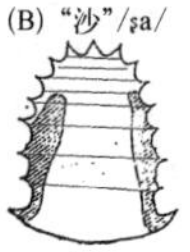			
(B) "沙"/ʂa/			
 (A) /ʐa/ 			
(B) /ʐa/			

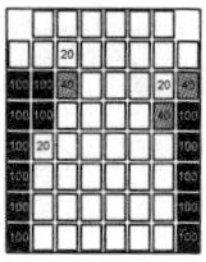

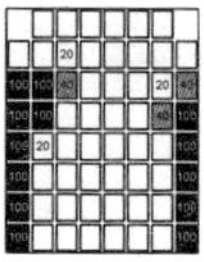

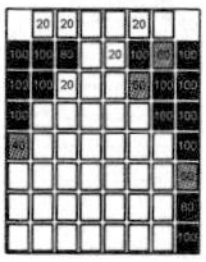

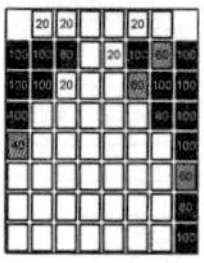

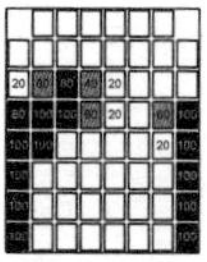

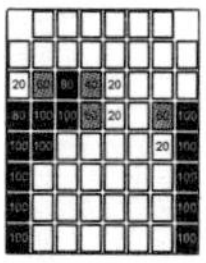

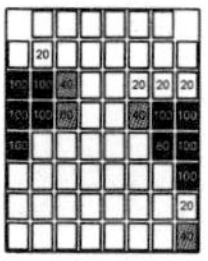

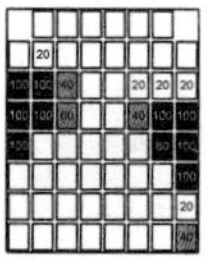

图 4.10　一位北京男性发音人(A、上)与女性发音人(B、下)的电子腭位图

对于目标舌冠辅音,如图 4.10 所示,第 2 列与第 3 列分别显示了其阻塞段的累计舌腭接触与最大舌腭接触。对于有完全阻塞的舌冠音类,即除了擦音之外,在图的最后一列显示了其最后舌腭接触,即完全阻塞段的最后一帧接触模式图。图中最左列引用的是吴宗济先生当年做的腭位图(Palatogram,参见 Ladefoged & Wu,1984;吴宗济、林茂灿主编,1989);其中,A 是一名男性发音人,B 是一名女性发音人。因此,后面的 3 列电子腭位图也相应地排列:上与 A 对齐为一名男性发音人,下与 B 对齐为一名女性发音人。电子腭位图根据的是 5 次采样,每个采样点显示的数字表示舌腭接触的百分比:如果 5 次采样中接触是 4—5 次,即 80% 以上,采样点为黑色;如果接触是 2—3 次,即 40%—60%,采样点为灰色;如果接触是 1 次,即 20%,采样点为白色;如果没有接触,采样点完全空白。

从图中可以看到,电子腭位图中的累计舌腭接触与最大舌腭接触基本一致,而且二者与文献中的腭位图也相当一致。这里重点讲舌冠音之间的发音部位区别。

首先是舌尖前音,舌尖前音最多,有 7 个,[t tʰ n l ts tsʰ s]。在电子假腭上,它们的舌腭接触大多在前 1—2 排,尤其是看最后舌腭接触。如果看累计舌腭接触与最大舌腭接触,那么两个发音人之间略有不同:该女性发音人的[t tʰ n]的前 1—3 排均有舌腭接触,即舌腭接触面较大,显示可能是舌叶发音,而非单纯的舌尖。而这位女性发音人的咝擦音[ts tsʰ s]的主要接触还是在第 1 排或前 2 排,与那位男性发音人无异,显示它们都是舌尖发音。因此,就这两位发音人的发音来说,这些舌尖前音都是典型的龈音。对于塞音[t tʰ n]来说,可以是舌尖的发音,也可以是舌叶的发音;对于塞擦音、擦音来说,则一般都是舌尖的发音。结合前文所述,就被动发音器官来说,舌尖前音既可以是齿音,也可以是龈音;就主动发音器官来说,舌尖前音既有舌尖音,也有舌叶音。

然后是舌尖后音[tʂ tʂʰ ʂ ʐ]。在电子假腭上,舌尖后音的舌腭接触主要在第 3—4 排,第 1 排很少有接触,第 2 排也较少接触,不过女性发音人的[tʂ ʂ]的第 2 排接触较多。总之,无论哪种情况,舌尖后音与舌尖前音形成一个明显的舌腭接触位置前后的区别:与舌尖前音相比,舌尖后音的发音明显偏后。此外,[ʐ]的第 3—5 排均有舌腭接触,两位发音人相当一致。这说明[ʐ]的发音部位比其他几个舌尖后音要略后一些。从被动发音位置来说,舌尖后音大致都可归类于龈后音,以主动发音器官来说则主要是舌尖音。不过,这里重要的不是去定义这个龈后究竟是在齿龈之后多少后的一个部位,而是舌尖后音的发音需要与舌尖前音形成前、后的区别。这也是中国语言学的传统所命名的这两个术语的精要之处,因为它们准确把握了普通话这两类舌冠音之间的音位对立。

下面看舌面前音[tɕ tɕʰ ɕ]。国际音标的辅音表中并没有列这组辅音,[ɕ]出现在"其他符号"(other symbols)中,是龈腭音(alveolo-palatal)。Hu(2008)明确指出:在普通话中,龈腭音的发音部位是从齿龈一直到硬腭,而不是龈腭之间的某一个位置。从这里的图4.9中也可以看到,[tɕ tɕʰ ɕ]的舌腭接触从第1排一直延伸到第4排、甚至后面的第5—6排。

因此,我们用电子假腭的材料进一步证实,用中国语言学传统的主动发音器官为主的方式来描写普通话的舌冠音声母是恰当的。不过,这里也要重申,这并不能成为一个理由,甚至用这套定制的术语系统去取代国际音标开放的描写框架。

4.3 响　　音

如果说阻塞音(obstruents)是原型的辅音,那么响音(sonorants)就是辅音中接近元音的那个类别。典型的响音都是浊音,虽然有阻塞,但总是有持续的气流出来,因此在声学上拥有与元音类似的共振峰结构。响音分为鼻音、边音、r音,边音与r音又合称流音(liquids)。本节不是对响音的全面讨论,而是分别讨论汉语中的相关现象。

4.3.1 鼻　　音

鼻音是口腔内完全阻塞,气流经咽腔,从鼻腔通道涌出的发音。从鼻腔通道的角度来说,鼻音就是声门之上鼻咽腔通道构成的一个发音管,而且大小、长短是相对固定的。因此,从口腔通道的角度来讲,鼻音也是塞音(stop),全称鼻塞音(a nasal stop)。鼻音的发音部位是根据口腔内的阻塞部位来定义的,因为鼻咽腔通道的尺寸是相对固定的,口腔内的阻塞部位的不同改变了反共振发音管的长度,因而在声学上起到了区别音质的作用。

鼻腔通道的一个重要特点是比口腔通道要长。如果说一个成年男性经口腔出口的声腔通道大约有17厘米的话,那么经鼻腔出口的声腔通道则约为21.5厘米;其中,小舌至鼻孔约12.5厘米,小舌至声门约9厘米(Fant,1960)。依此可以计算鼻音的共振峰为:$F_1 = c/$

$4l=35\,000/4F_1=c/4l=35\,000/4\times21.5=407$ Hz, $F_2=1\,221$ Hz, $F_3=2\,035$ Hz, $F_4=2\,849$ Hz。不过,鼻音的共振峰实际值要比这个理论值要低,因为鼻孔的出口对声音构成一个类似于永久性的"圆唇"效果。此外,与口腔通道相比,鼻腔通道的阻力更大,因此,共振峰的带宽也更大。

鼻腔通道的另一个重要特点是口腔内的阻塞对于经鼻腔出口的发音管来说构成了一个发音岔道。这个岔道产生反共振,根据口腔内阻塞部位的不同,反共振频率各异。以双唇鼻音为例,口腔岔道约8厘米,因此它的首二个反共振峰为 $A_1=c/4l=35\,000/(4\times8)=1\,094$ Hz、$A_2=3\,281$ Hz。齿龈鼻音的口腔岔道约为5.5厘米长,因此首二个反共振峰为 $A_1=1\,600$ Hz、$A_2=4\,800$ Hz。不过,在实际语言中,测量到的鼻音反共振峰要比声学模型预测的要小一些。比如,对于男性英语说话人来说,[m n]的第一个反共振峰分别为750 Hz 和1\,400 Hz(Qi, 1989),[ŋ]的反共振峰为1\,500 Hz 左右。此外,与鼻腔通道相连的上颌窦(maxillary sinus)、额窦(frontal sinus)等岔道也会贡献反共振峰(Lindqvist-Gauffin & Sundberg, 1976),实际情况要比简化的理论模型复杂得多。

综上,鼻音在声学上有三个重要特点:(1)第一共振峰很低,一般在250 Hz 左右有一个鼻音共振峰;(2)共振峰排列较为紧密,一般在3千赫兹以下有4条共振峰;(3)有反共振峰。关于鼻音的声学分析,可以参见 Fujimura(1962)。

与塞音一样,语言中最常见的鼻音是双唇、齿龈、软腭3个发音部位[m n ŋ]。汉语中常见的还包括龈腭鼻音[ȵ],但一般龈腭鼻音与齿龈鼻音不构成对立,处于互补分布状态。此外,唇齿鼻音[ɱ]作为双唇鼻音的变体,也是常见的。鼻音总是与同部位的其他辅音一起出现,因此在有卷舌辅音的语言中出现卷舌鼻音[ɳ],在有硬腭辅音的语言中出现硬腭鼻音[ɲ],在有小舌辅音的语言中出现小舌鼻音[ɴ]都是可能的。与阻塞音的常态是清音不同,响音的常态是浊音。清鼻音虽不常见,但汉语方言与少数民族语言中也有报道。

本节讨论一类复杂鼻辅音(complex nasal consonants)的情况,

Ladefoged & Maddieson(1996)称为部分鼻化辅音(partially nasal consonants),也就是一个音段之中,鼻音只占其中一部分。根据加州大学洛杉矶分校音段库藏数据库(UCLA Phonological Segment Inventory Database, UPSID),454种世界语言中:55种语言拥有鼻音部分＋非鼻音部分结构的音段。其中,非鼻音部分可以是塞音、塞擦音、擦音、滚音等,属于常见;7种语言拥有非鼻音部分＋鼻音部分结构的音段,一般都是前塞鼻音(prestopped nasals),属于不常见;2种语言拥有前后均为非鼻音部分,鼻音部分出现在中间的音段,属于罕见(Maddieson, 1984)。汉语方言中的部分鼻化辅音属于常见的类型,即鼻音部分＋非鼻音部分,其中非鼻音部分有塞音、塞擦音、擦音等情况。

汉语方言材料最有意思的地方在于清晰表明了鼻音作为鼻塞音的变异可能性。鼻音在发音中存在口腔内的完全阻塞,所以必然存在一个口腔除阻的过程。只不过,在一般的情况下,鼻音的口腔除阻是听不见的,在语音学上属于不可闻除阻(no audible release)。因此,当鼻音的口腔除阻可闻时,部分鼻化辅音便产生了,这个语音/音系过程便是后口化过程(post-oralization)。其中,汉语晋语、粤语、客家等一些方言处于后口化的早期(Hu, 2007),而闽南方言则处于后口化的晚期(胡方,2005)。

汉语中存在部分鼻化辅音的方言可以分为3个片区:晋语、粤语(以及部分客家话)、闽南话。最早注意到汉语方言中存在部分鼻化辅音的是高本汉(1915—1926),他所调查的8个山西方言中有5个方言有鼻冠塞音(prenasalized stop)。文水、平阳(今临汾)、兴县有[mb nd ŋg];而太古和归化(今属内蒙古呼和浩特一部分)则只有[ŋg]。侯精一、温端政(1993)指出,在新近的调查中发现晋语不仅有鼻冠塞音,晋中的文水、平遥等地还有鼻冠擦音。赵元任则是最早报道粤语中山、台山一带方言的鼻音存在口除阻现象,他把这些辅音命名为后塞鼻音(poststopped nasals)[m^b n^d $ŋ^g$](赵元任,1948,1951)。陈洁雯对中山、开平等地粤语的鼻音声母进行了声学分析,并将开平粤语的鼻音声母与Malagasy语的鼻冠音进行了对比研究,其结果支持赵元任的看法,即后塞鼻音与鼻冠音在语音上是不同的(Chan,1980;Chan & Ren,1987)。不过,Maddieson & Ladefoged(1993)与Ladefoged & Maddieson(1996:127)对此还是表示怀疑,认为这种细微的差别不一定具有意义,因为陈洁雯的声学研究并没有给出后塞鼻音与鼻冠音的具体差异。闽南话中来自中古鼻音声母的[b l ɡ]是不是部分鼻化辅音存在争议,其源头在于高本汉认为没有鼻音成分(1915—1926)。罗常培(1930)在《厦门音系》中坚定地认为这些辅音没有鼻音成分,即使有时候听到了,那也只是幻觉。因而,在一些方言学者的描写中,闽南话的[b l ɡ]声母是没有鼻音成分的(比如杨秀芳,1991;周长楫,1996,1998;竺家宁,1999)。不过,也有不少学者认为闽南话的[b l ɡ]声母是带有鼻冠音色彩的(董同龢,1958;袁家骅,等,1960;张振兴,1983)。

2005至2007年间,我们对晋语、中山附近的粤语、闽南话等进行了较为系统的声学与空气动力学数据采样。在山西,我们对39个县的51位发音人进行了声学采样,经过筛选,又对其中19个县的28位发音人进行了空气动力学数据的采样,使用Scicon公司的PCQuirer录制了口鼻气流材料。在广东,我们录制了中山地区的6位发音人的声学材料与口鼻气流数据。此外,承蒙庄初升教授告知客家话也有类似情况,因此还录制了1位清新客家话男性说话人的声学与口鼻气流材料。对于闽南话,我们主要采样了潮汕地区的6位男性发音人的声学与口鼻气流数据。除了上述田野调查取得的材料之外,我们也使用了侯精一主编的"汉语方言音档"中的录音材料,比如厦门话(周长楫,1996)、汕头话(施其生,1997)、平遥话(乔全生、陈丽,1999)。录音使用有意义的单音节词,目标音段包括所有的鼻辅音及相应的阻塞音对比项。测试词考虑了元音类型与音节结构的平衡性。最后,山西晋语共计51个测试词,闽南话62个测试词,粤语与客家话66个测试词。每一个测试词录制了3遍。

结果发现,后接口元音触发的鼻音声母的后口化音变在这些方言中呈现两种状态:在晋语、粤语、客家话中,音变处于早期;而在闽南话中,音变处于晚期。这是从历时的角度总结的,而所依据的是共时的变异情况。在晋语、粤语、客家话中,部分鼻化的辅音基本上还是鼻音,只在除阻处取得了口音性(orality)。也就是说,这些鼻音带有一个可闻的口除阻,可以称为口除阻鼻音(orally released nasals)。各片区方言都有后塞鼻音,尤其是双唇、齿龈、软腭 3 个部位的[mᵇ nᵈ ŋᵍ],晋中方言如平遥、文水、临汾、汾阳等地还可能有更多发音部位的后塞鼻音[ɳᵈ ȵᵈ ɲʲ],文水、汾阳等地另外还有后擦鼻音[nᶻ],而且后擦鼻音、部分发音部位的后塞鼻音[ɳᵈ ɳᵈ]还可能变异为同部位的后塞擦鼻音。而闽南话的部分鼻化辅音不仅除阻是口音性的,而且辅音持阻的相当一部分都获得了口音性;有些甚至全部获得了口音性,也就是说,[ᵐb ⁿd ᵍg]完全变成了[b l g]。除了鼻冠塞音之外,潮汕地区的闽南话另外还有一个鼻冠擦音[ⁿz]。

我们的材料完全证实了赵元任当初对后塞鼻音的描写。在口鼻气流材料中,口除阻鼻音与鼻冠音之间的区别非常直观。图 4.11 对比了口除阻鼻音与鼻冠音的声波、未滤波的口气流、鼻气流(左侧栏从上至下),以及与声波同步的宽带语图(右侧栏)。其中,a 图是晋语平遥方言的[mᵇu]“木”,b 图是闽南话汕头方言的[ᵐbi]“米”。

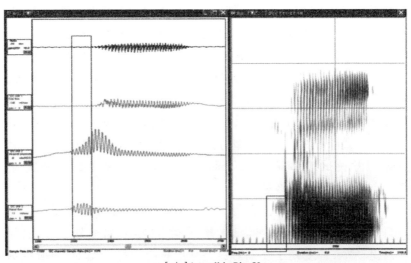

a. [mᵇu] 'wood' in PingYao

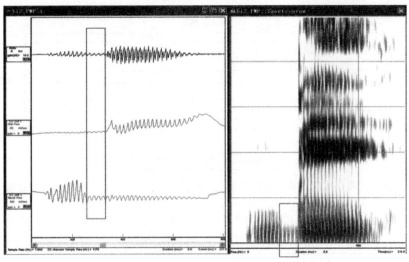

b. [^{m}bi] 'rice' in Shantou

图 4.11　口除阻鼻音（a：晋语平遥方言"木"）与鼻冠音（b：闽南话汕头方言"米"）例图：声波、口间气压（仅 1a）、未滤波口气流、鼻气流（左栏从上至下）与同步宽带语图

　　从图中同步叠加的长方形框可以看到，在平遥方言"木"所例示的音节中，后塞鼻音的鼻气流一直持续至鼻音除阻，而且从语图中清晰可见除阻的冲直条。也就是说，口除阻鼻音在持阻阶段完全是鼻音属性，只在除阻时具有口音性。相对比，在汕头方言"米"所例示的音节中，鼻冠塞音声母首先是鼻气流持续，然后鼻气流消失而声带继续振动；也就是说，鼻冠塞音声母的持阻段清晰分为鼻音段（图中长方形框之前的部分）与塞音段（图中叠加的长方形框）。

　　图 4.12 总结了潮汕地区闽南方言的三个鼻冠塞音的时间结构。条形图中的横条代表鼻冠塞音的鼻音部分、塞音闭塞段、后接韵母，横条上面的数字是具体的时长均值（单位：毫秒），但横轴的时长用百分比做了归一。均值来自 6 位发音人的所有采样样本。需要说明的是，[^{n}d]只有 8 个样本，因为其他的样本均实现为[l]。

　　口除阻鼻音与鼻冠塞音的另一个区别是鼻音部分的鼻化程度（nasality），这可以从鼻音段的时长与鼻化度两项参数来进行描写。

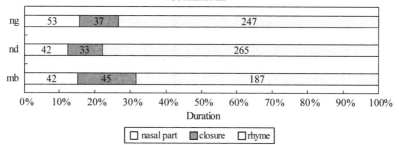

图 4.12   潮汕闽南话鼻冠塞音声母[ᵐb ⁿd ᵑg](样本数 n=46，8，41)的时间结构

表 4.27 与 4.28 分别总结了粤语、客家话、晋语中的后塞鼻音
[mᵇ nᵈ ŋᵍ]与闽南话中的鼻冠塞音[ᵐb ⁿd ᵑg]的鼻音段时长(单位:毫
秒)与鼻化度(单位:毫升每秒)。其中,山西晋语的材料基于来自平
遥、文水、临汾、汾阳的 6 位发音人(Hu,2007)。首先,从表中可以看
到,口除阻鼻音的鼻音段比鼻冠塞音要长:粤语是 89—99 毫秒,清新
客家话是 74—80 毫秒,晋语是 73—94 毫秒,而闽南话只有 42—53 毫
秒。其次,鼻冠塞音的鼻化度也较小:闽南话的单位时间鼻气流是
52—86 毫升每秒,而粤语是 160—227 毫升每秒,清新客家话是 352—
512 毫升每秒,晋语是 166—483 毫升每秒。因此,口除阻鼻音的鼻化
程度较高,而鼻冠塞音的鼻化程度较低。

表 4.27   粤语、客家话、晋语后塞鼻音[mᵇ nᵈ ŋᵍ]的时长
(单位:毫秒)与鼻化度(单位:毫升/秒)

		粤语			客家话			晋语		
		均值	标准差	n	均值	标准差	n	均值	标准差	n
[mᵇ]	时长(ms)	99	28	141	78	23	21	73	23	87
	鼻化度(ml/sec)	160	53		402	134		222	155	
[nᵈ]	时长(ms)	89	30	117	74	21	9	94	30	96
	鼻化度(ml/sec)	227	91		512	149		286	160	
[ŋᵍ]	时长(ms)	91	34	100	80	21	12	91	26	87
	鼻化度(ml/sec)	190	87		352	84		268	166	

表 4.28　闽南话鼻冠塞音[ᵐb ⁿd ᵍg]的时长(单位：毫秒)

表 4.28　闽南话鼻冠塞音[ᵐb ⁿd ᵍg]的时长(单位：毫秒)
与鼻化度(单位：毫升/秒)

闽　南　话		均值	标准差	n
[ᵐb]	时长(ms)	42	13	46
	鼻化度(ml/sec)	57	27	
[ⁿd]	时长(ms)	42	6	8
	鼻化度(ml/sec)	52	16	
[ᵍg]	时长(ms)	53	16	41
	鼻化度(ml/sec)	56	22	

　　汉语方言中的后口化鼻音一般不与相应的普通鼻音构成音位对立。在闽南话厦门方言中,鼻冠塞音只出现在口元音前,而普通鼻音则出现在鼻化元音前,二者形成互补分布。在晋语、粤语、客家话中,口除阻只是普通鼻音的一个变体现象。从历时演变的角度看,闽南话中的后口化鼻音处于演变晚期,因此鼻冠[ᵐb ⁿd ᵍg ⁿz]与相应的演变目标音段[b l g z]变异,相当一部分样本已经实现为后者。而晋语、粤语、客家话等方言中的口除阻鼻音处于演变早期,因此口除阻鼻音[mᵇ nᵈ ŋᵍ nᶻ]与相应的演变初始音段[m n ŋ n]变异。不过,也有一些方言的后口化鼻音与相应的普通鼻音构成音位对立。比如,在闽南话汕头方言中,[ᵐbak]"木"与[mak]"目";在晋语平遥方言中,[nᶻɑŋ]"喃"与[nᵈɑŋ]"南"。

4.3.2　边　　音

　　边音(lateral),顾名思义,是声腔的中间通道阻塞,气流从边侧通过的发音。理论上,边音可以是双侧的(bilateral),也可以是单侧的(unilateral)。事实上,语言中,尤其是边擦音的情况下,单侧发音并不少见。不过,除非是描写病理语音的需要,一般不细究这个问题。也就是说,在对待正常言语的时候,人们倾向假设边音是双侧对称的,或者认为所观察到的单侧性不具有语言学上的意义。

　　很多语言有且只有一个边音,而且一般是一个齿或者齿龈部位的边近音(lateral approximant)(Maddieson，1984)。国际音标辅音表上列了4个发音部位的边近音：齿龈附近的[l]、卷舌的[ɭ]、硬腭的[ʎ]、软腭的[ʟ]；但事实上，在实际语言中，舌冠音还可能结合舌尖(apical)发音、舌叶(laminal)发音、下舌叶(sub-laminal)发音等主动发音器官的区别，情况更加复杂。部分语言拥有2个发音部位的边音，而拥有3个甚至4个发音部位边音的语言则较为少见。大部分边音都是舌冠音，甚至于SPE经典音系理论认为只有舌冠音才可能是边音(Chomsky & Halle，1968)。不过，从语音学的角度看，软腭、甚至更后的小舌部位都可以有边音。目前，还没有语言发现有小舌边音。但是软腭边音是有的，存在于新几内亚、非洲的一些语言中，只是它们不一定是浊近音的形式(Ladefoged & Maddieson，1996)。

语言中的边音除了最常见的浊近音之外，还有边擦音。与近音相比，边擦音的边通道更为收窄。边擦音可能的发音部位与边近音相同，但是国际音标上只列了齿龈部位的清浊两个边擦音[ɬ ɮ]，这说明在世界语言中并未发现其他发音部位的有音位意义的边擦音。粤语有些方言有清边擦音[ɬ]，来自中古心母，对应于其他粤语方言的[s]，比如广州话的"三"[sam]在有边擦音的方言中是[ɬam]。因此，在这些方言中，边擦音与边近音是构成音位对立的；也就是说，这些方言有两个边音。少数民族语言中，壮侗语、南岛语、苗瑶语等均有边擦音。

语言中最常见的齿龈边近音[l]作为响音，在汉语方言中有一个有意思的现象，就是容易和同部位的鼻音[n]相混。长江流域的方言，西南官话、新湘语、赣语、江淮官话等，很多都有这个所谓[n l]不分的现象。而且，有些方言以/ n /为音位，自由变读为[l]；而另一些方言则基本上都是[l]了，如果还有[n]的话，只保留在某些拼细音的条件下。粗略地说，长江中上游的西南官话、新湘语多以前者为特点；而长江中下游的赣语、江淮官话则基本上属于后者。这里面有发音生理的原因，是由于鼻边音[n l]在发音时的空气动力学设置的关系。齿龈鼻音[n]在发音时需要用舌尖阻塞齿龈部位，同时需要保持小舌下垂，腭咽口(velopharyngeal port)打开，这样气流才不会走口腔通道，而是从鼻腔通道涌出。需要注意的是：发音人并不控制气流的走向，气流走哪个通道是由口、鼻腔通道的空气动力学设置决定的。口腔的阻抗小，气流就走口腔;鼻腔的阻抗小,气流就走鼻腔。也就是说,发音人通过发音器官控制的是口、鼻通道的阻抗。而且,发音人用小舌关闭或者打开腭咽口并非一个有意识的直接的肌肉控制;发音人有意识控制的应该是发音目标,与实现发音目标相关的肌肉动作是运动神经控制的结果。因此,鼻边音[n l]的交替变异只是一个腭咽口的控制程度问题:当腭咽口趋向于闭合时,鼻腔通道的阻抗增加,气流涌向口腔,但由于口腔内舌尖与齿龈构成了阻塞,气流无法从阻塞最强的中间通道通过,从而取道阻塞相对较弱的侧翼。而且,也存在口、鼻腔通道的阻抗相对平衡,都有气流通过的情况,也就是产生鼻化的边音。据Ladefoged & Maddieson(1996)综合多家发音材料的研究,边音的侧翼通道只局限于门牙或者最多前臼齿后面的齿龈两侧几厘米长度,而不会延伸到后面的臼齿。但这个侧翼通道引入反共振峰,如 Fant(1960)的模型所述,边音[l]的产生可以模拟为一个拥有分支的单一均匀发音管,这个支管就像是在舌上的一个口袋;其中,支管的长度为4 厘米,单一发音管的长度为 16 厘米(从声门到侧翼通道为 10 厘米,侧翼通道 6 厘米)。因此,边音[l]的理论预测的前三个共振峰为531 Hz、1 594 Hz、2 656 Hz,类似于央元音;口袋支管的反共振峰为2 125 Hz。

Fant(1960)的模型是简化的,主要有两点。其一,侧翼通道的直径比较小,边音[l]的发音实际上并不是一个单一均匀发音管,因此边音[l]的第一共振峰实际上要比预测的低。其二,更复杂的是,边音[l]的两侧通道存在不对称性(Stone, 1991; Johnson, 1997),这可能在1 kHz 左右引入额外的反共振峰(Johnson, 1997)。不过,无论如何,边音[l]在声学上的两大特点构成它的独特性:(1) 共振峰类似央元音;(2) 第二与第三共振峰之间有反共振峰。而边音[l]与鼻音[n]在声学上的最大的区别也在于[l]在 3 000 Hz 以下只有 3 条共振峰,而[n]则有 4 条,因为[n]的共振峰之间的平均间隔为 800 Hz,而[l]则是1 000 Hz。比如图 4.13 中所示的一位男学生的英语发音的声波(上)与宽带语图(下)。从宽带语图中可以看到,图中虚横线大约是3 000 Hz 的位置,左图的 line[lain]有三条共振峰,而右图的 nine[nain]则有四条共振峰。

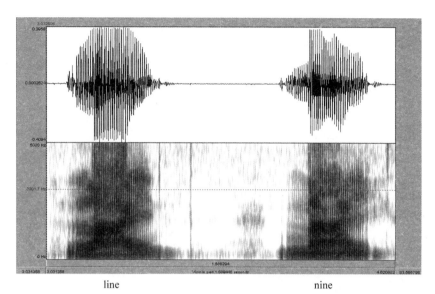

line   nine

图 4.13　一位男学生的英语发音的声波(上)与宽带语图(下)：line(左)与 nine(右)

图 4.14—4.17 给了一些香港粤语的例子。其中,图 4.14—4.16 来自一位男性发音人,图 4.17 来自另一位男性发音人,年龄都是 20 岁左右。粤语原来是区分[n l]的。粤语不区分[n l]在粤语的代表方言广

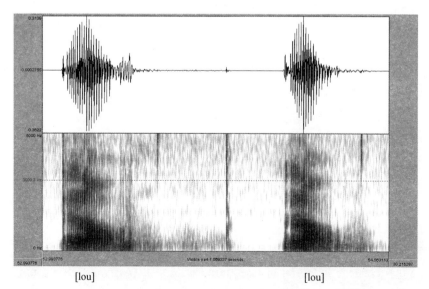

[lou]   [lou]

图 4.14　一位男性发音人香港粤语的声波(上)与宽带语图(下)：奴(左)与老(右)

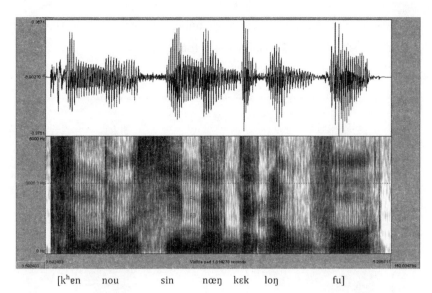

[kʰen   nou   sin   nœŋ   kɛk   loŋ   fu]

图 4.15 一位男性发音人香港粤语的声波(上)与宽带语图(下):勤劳善良的农夫

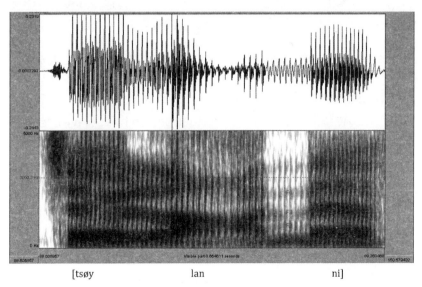

[tsøy   lan   ni]

图 4.16 一位男性发音人香港粤语的声波(上)与宽带语图(下):最难呢

州话,以及与广州话最接近的香港粤语中是最近几十年的新发展。粤语的趋势是/n/并入/l/,也就是说,一般的情况下,原来读[n]声母的,现在都是[1]声母,只有一个/l/音位。最引人注意的例子就是日常高频的第二人称代词"你",原来是[nei],现在是[lei]。这里图 4.14 中给的例子是"奴"与"老"同音,都是[lou];从图中可以清楚地看到: 3 000 Hz 以下只有三条共振峰。

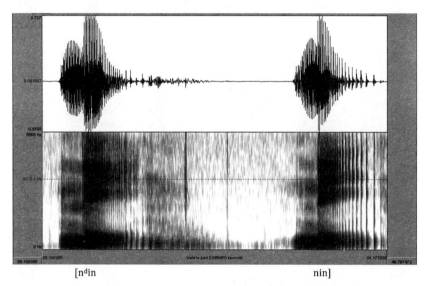

[nᵈin   nin]

图 4.17   一位男性发音人香港粤语的声波(上)与宽带语图(下):年(左)与连(右)

粤语的/n/并入/l/,/n/虽然在音系层面消失了,但在语音层面依然存在。传统的说法是/l/可以自由变读为[n],因为[n]不是严格的条件变体,而且因人而异。不过,哪些条件下容易出现[n]还是有一些规律可循:(1)前面是鼻音韵尾;(2)细音韵母。图 4.15 与图 4.16 的例子都来自语流中的语句,图 4.15 是"勤劳善良的农夫",图 4.16 是"最难呢……"。从图中可以看到:"农""难"都读为[l]声母,3 000 Hz 以下只有三条共振峰;前接鼻音韵尾的"劳""良""呢"都读为[n]声母,3 000 Hz 以下有四条共振峰。图 4.17 给的是后接细音韵母的例子,说话人读[n]声母的概率相对比较高。需要注意的是,这里的"年"给了一个出现频率相对比较低的例子,鼻音[n]实现为后塞鼻音。

事实上,[n l]不分的情况经常会出现既不像[n]又不像[l]的发音,这种情况下,往往是一个部分鼻化的发音或者是完全鼻化的边音[l]。毕竟在说话人的音系中只有一个/l/或者/n/音位,所有从[n]至

[l]的发音全部存在于说话人的可能变异形式之中。有研究表明,汉语方言中不区分[n l]的说话人,通过语音训练可以提升[n l]的区分度,但这种区分往往在感知层面更加有效,在产出层面比较困难(Li,2006;Li et al.,2012)。

4.3.3　r　　音

r 音(rhotic)并非汉语的特色,但是汉语普通话有 r 音,拼音就写为/r/。不过,r 音的音值有些争议,有些学者将之描写为卷舌浊擦音[ʐ](高本汉,1915—1926;袁家骅等,1960;吴宗济、林茂灿主编,1989),而另一些学者则认为这是一个近音(approximant)[ɻ][1](Chao,1948,1968;Lee & Zee,2003)。但无论如何,r 音与普通话的卷舌阻塞音[tʂ tʂh ʂ]同属一类,因此也有些学者将它在音系上处理为[ʐ],而同时说明在语音上其实现为[ɻ](林焘等,1998;北京大学中文系,2003)。普通话或者北京话的情况大致如此,但是 r 音在官话区的变异还是挺大的:在一些官话与晋语方言中是擦音[z]或[ʐ],在一些中原官话与齐鲁官话中是边音,在另外一些中原官话中甚至会发展为零声母,比如"儿"在晋语与官话方言中可能读为[zɿ]/[ʐʅ]、[lə]/[lə]/[l]、[ɻ]/[ɯ]等音。

有意思的是,汉语的 r 音与鼻音有关系。从历史音韵上讲,北方汉语中的 r 音来自中古的鼻音。从共时音系来讲,北方汉语中的 r 音在一些汉语南方方言、安南译音中是鼻音;而在另一些汉语南方方言、日译吴音或汉音中则是两可的情况:文读层是 r 音,白读层是鼻音。高本汉(1915—1926)观察到了中古的"日"母的这一演变情况,但解释不了鼻音与擦音之间的演变关系,因此为日母构拟了 */ȵz/。但事实上,空气动力学材料可以证明,汉语方言中广泛存在着鼻音的后口化音变(post-oralization),北方汉语中的 r 音就来自于中古日母 */ȵ/ 的鼻音擦化(Hu,2007,2013)。本文不专门讨论历史演变,此处就普通话的 r 音的语音特点作一简要描述。此外,简要讨论 r 音在

---

①　在赵元任的年代,国际音标还未通用 approximant,而是用 continuant 这个术语,汉语一般译为通音。

吴语杭州方言中的表现。

首先是普通话的 r 音的发音。普通话有三组塞擦音、擦音对立 [ts tsh s]、[tʂ tʂh ʂ]、[tɕ tɕh ɕ]。r 音与[tʂ tʂh ʂ]同发音部位，在早期文献中被描写为卷舌音(retroflex)(高本汉，1915—1926；Chao，1948，1968)。不过，普通话的卷舌音并非典型的卷舌，语音学的研究发现它们并非下舌尖(subapical)或者下舌叶(sublaminal)的发音，而是舌尖-龈后音(apical postalveolar)(Ladefoged & Wu，1984；Lee & Zee，2003)。图 4.18 总结了 4 位北京发音人的电子腭位仪(EPG)材料，三个目标辅音 / s sh r /([s ʂ ɻ])均出现在三种元音环境下[-i/ ʅ/ ɿ -u -a]，录音重复 5 遍，因此总共有 3×5×4＝60 个样本。图中格子里的上排数字显示了接触比例，下排数字显示了接触数/样本总数，从图中可以看到，[s ɻ]各剔除了 2 个无效样本。图中最上面一排只有 6 个有效格子，其他每排均有 8 个格子，从上到下代表从齿龈至软腭部位与舌发音的接触情况；[s]的舌腭接触比例偏低，那是因为 4 位发音人之中有一位发音人的[s]不是龈音，而是齿音(dental)，因此在齿龈部位(图中最上面第一排)没有接触。

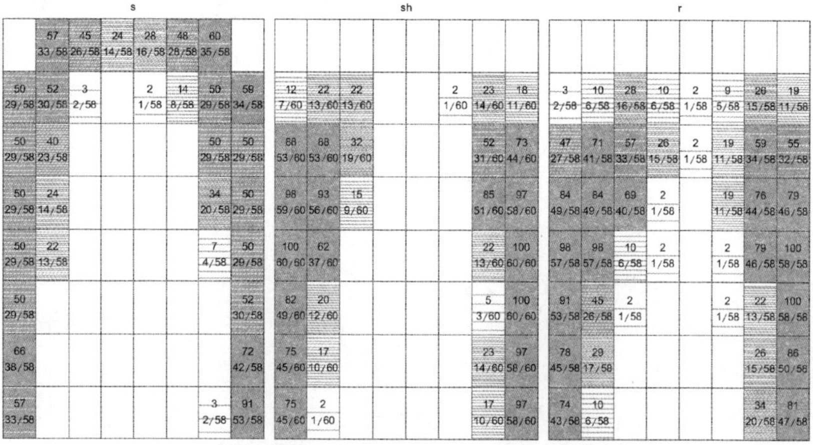

图 4.18 普通话/s sh r/([s ʂ ɻ])的舌腭接触图
接触比例(格子中的上排数字)；接触数/总样本(格子中的下排数字)

从图中可以看到，[s]的最大舌腭接触在第一排，说明是龈音(alveolar)，上面指出的是齿音的一位发音人除外；而[ʂ ɻ]的最大舌腭接触在第三至第五排，说明发音位置靠后，是龈后音(postalveolar)。

也就是说,[ʂ ɻ]的发音部位相同。同时,舌腭接触材料也暗示了二者的阻塞方式可能有差异。从图中可以看到,三至五排最大接触部位,[ʂ]的接触比例明显大于[ɻ],不过[ɻ]比[ʂ]拥有更多的阴影面积,这说明[ʂ]的窄缩更紧,而[ɻ]虽然窄缩更靠中间,但程度较松,这刚好符合[ʂ]是擦音、[ɻ]是近音的特点。

不过,EPG发音的材料也说明,单纯以被动发音器官区分普通话的[ts tsh s]与[tʂ tʂh ʂ]可能不是一个理想的办法,因为所采样的2男2女4位发音人中有一位男发音人的[ts tsh s]是齿音,其他三位大体上是龈音。但是,无论发音人之间,还是发音人内部,都存在较大的变异,[tʂ tʂh ʂ ɻ]也是有类似的情况。根据我们对于EPG材料、EMA材料的检视,普通话[ts tsh s]与[tʂ tʂh ʂ ɻ]之间的区别性主要在于主动发音器官,[ts tsh s]是舌尖或舌叶接触齿龈或更前的位置,而[tʂ tʂh ʂ ɻ]是舌尖接触龈后或者更后的位置(参见 Hu,2008)。因此,如前文所述,中国语言学界的传统术语体系中的舌尖前音与舌尖后音的区分大体上很好地概括了这两组辅音的区别性。从主动发音器官上看,[tʂ tʂh ʂ ɻ]的发音就像是卷舌没有卷到位。尤其是元音 r音化的情况下,即当 r 音出现在元音后的时候,卷舌动作明显,功能性核磁共振的材料证实了这一看法,如图 4.19 所示。

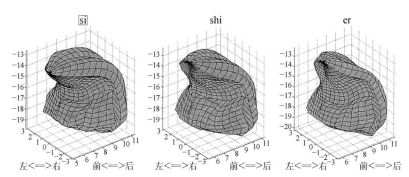

图 4.19　根据一位北京男发音人 fMRI 材料构建的普通话 /s sh er /([s ʂ ɚ])的舌发音模型

北方的 r 音在吴语方言中存在文白异读、白读鼻音、文读浊擦音。吴语的文读层最早可以追溯到隋唐以来科举考试制度的影响,而宋室南迁无疑加剧了北方汉语对吴语的影响。杭州是南宋(公元1127—1279年)的首都,因此杭州方言虽属吴语,但带有官话方言的特点(鲍士杰,1988,1998;钱乃荣,1992;Simmons,1992;王启龙,1999)。杭州方言在吴语中具有特殊性,r音就是其中一个特点。杭州的r音既不是鼻音,也不是浊擦音,而是一个边音。在语音分类上,r音与边音统称流音(liquids),[r l]二者存在一定程度的相似性。杭州方言不仅有r音,"儿"读为[ḷ](或者按照方言学家的记音习惯为[əl]),而且还有儿化。只不过,杭州的儿化与普通话或者北京话不同,只是一个词汇过程,无须进行音节重组,重新划分音节,而是将"儿"[ḷ]直接附着在词干后面。而且,杭州的儿化构词遵循一般的连读变调规则。不过,儿化之后,单念音节中的两个双元音[ei ou]会单元音化为[e o](Yue & Hu,2019)。

也有学者对杭州的r音是不是边音存在疑义。史瑞明(即史皓元,Simmons,1989)就认为杭州的儿尾读音不像边音,更像美国英语的[ɚ]或者闪音[ɾ]。徐越(2002)进一步指出杭州的儿尾读音可能受到韵律条件与社会语言学因素的影响,在非重音条件下年轻的说话人更倾向使用卷舌发音。我们(Yue & Hu,2019)使用生理与声学材料,指出杭州方言的r音确实是一个边音,但同时带有卷舌色彩。

首先,一位男性发音人的腭位图与舌位图显示,杭州方言的r音确实是一个边音。图4.20比较了单念的r音音节[ḷ²³]"儿"(中)与同部位的齿龈塞音[ta⁵³]"打"(右)、塞擦音[tsa³³]"榨"(左)的腭位图(上)与配对的舌位图(下)。图中的黑色物质代表发音时舌腭接触留下的痕迹。其中,腭位图表示发音时舌接触上齿与硬腭的情况,舌位图则表示发音时的舌接触部位。配对的腭位图与舌位图是分别录制的。下图同例。从图中可以观察到[ḷ]与[ts t]之间有三点不同。其一是发音方式的不同。[ḷ]是边音,只在中矢平面(midsagittal plane)有舌腭接触,两侧是空的,显示气流可以通过;相比较,[ts t]的舌腭接触是完整的,显示完全阻塞气流。其二是发音部位的不同。[ḷ]的发音部位是龈后(postalveolar);而[ts t]基本上是齿龈(alveolar)。其三,主动发音器官也不同。[ḷ]是舌尖的(apical);而[ts t]则要相对舌叶(laminal)一些。图4.21比较了单念的r音[ḷ²³]"儿"(中)与儿缀位置

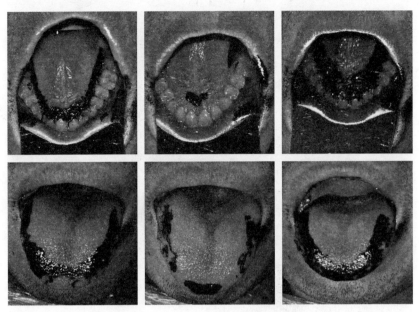

图 4.20　杭州男发音人的腭位图(上)与舌位图(下)：[tsa³³](左)、[l̩²³](中)、[ta⁵³](右)

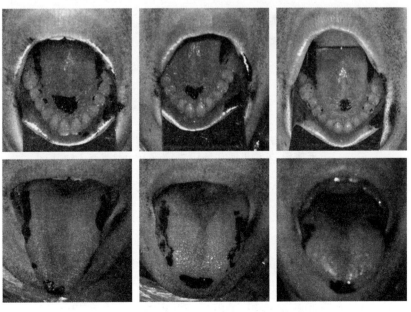

图 4.21　杭州男发音人的腭位图(上)与舌位图(下)：
[a²³əl²³](左)、[l̩²³](中)、[u²³əl²³](右)

的 r 音[ɦaʔ²l²³]"盒儿"(左)、[ɦu²³l²³]"壶儿"(右)的腭位图(上)与舌位图(下)。从图中可以看到：处于儿缀中的 r 音与单念的 r 音并无本质区别。

其次,声学研究发现:杭州儿尾引起前接音节的元音的第三共振峰下降。也就是说,[l̩]带有 r 音卷舌特点。图 4.22 显示了杭州方言的 r 音[l̩]在单念音节中(图中用 l 标示)与儿尾音节中(图中用-l 标示)的声学元音图:左图基于 6 位男性发音人,右图基于 6 位女性发音人的录音材料。图中单念音节的[l̩]基于 30 个数据点(每人 5 次重复×6 位发音人),儿尾音节的[l̩]基于 300 个数据点(10 个元音的后接儿尾×每人 5 次重复×6 位发音人),作为参照的标杆单元音[i y a u]基于 60 个数据点(2 个例字×每人 5 次重复×6 位发音人)。声学元音图的其他技术细节参考"元音"章节。从声学元音图中可以看到,单念的与儿尾音节中的[l̩]差别不大,均占据央元音的位置。但作为儿尾的[l̩]降低前接元音的第三共振峰(F_3)。

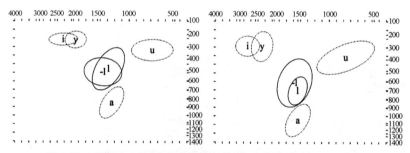

图 4.22　杭州方言[l̩]在单念音节中(l)与儿尾音节中(-l)的声学元音图：6 位男性发音人(左)与 6 位女性发音人(右)

表 4.29 比较了杭州方言 10 个单元音在有或者没有后接儿尾的情况下的第三共振峰均值,F_3 的值在元音的最后 70%—100% 音段时长处采样。从单向方差分析的 P 值结果中可以看到:在大多数情况下,元音在后接儿尾时拥有更小的 F_3 值。少数例外主要来自高元音与舌尖元音。也就是说,杭州方言的儿尾 r 音[l̩]对于前接元音(尤其是非高元音)具有降低 F_3 的作用,虽然它们并不处于一个音节之中。总结来说,杭州方言的 r 音[l̩]不仅是一个边近音,同时带有卷舌色彩,是一

个边 r 音(a lateral rhotic)。

表 4.29 杭州方言儿尾前接元音与相应的单元音的第三共振峰比较

	男性发音人		女性发音人	
	均值	P 值	均值	P 值
il	2 864	0.157	3 202	<0.0001
i	2 958		3 478	
ul	2 732	0.0007	3 051	0.1
u	3 049		3 175	
yl	2 195	0.01	2 195	0.11
y	2 367		2 759	
ɿl	2 673	0.007	3 227	0.326
ɿ	2 909		3 181	
ʮl	2 777	0.007	3 056	0.03
ʮ	3 022		3 202	
al	2 626	0.008	2 975	<0.0001
a	2 798		3 235	
εl	2 486	0.015	2 605	<0.0001
ε	2 605		2 894	
el	2 404	0.0007	2 868	<0.0001
e	2 585		3 089	
ol	2 674	0.004	3 095	<0.0001
o	2 950		3 433	

参考文献

鲍士杰 1988 《杭州方言与北方话》,载复旦大学中国语言文学研究所吴语研究
 室编《吴语论丛》第 282—288 页,上海:上海教育出版社。
鲍士杰 1998 《杭州方言词典》,南京:江苏教育出版社。
曹剑芬 1982 《常阴沙话古全浊母的发音特点》,《中国语文》第 4 期,第 273—

278 页。

曹剑芬　1987　《论清浊与带音不带音的关系》,《中国语文》第 2 期,第 101—109 页。

Cao, J., & Maddieson, I. 1992. An exploration of phonation types in Wu dialects of Chinese. *Journal of Phonetics*, 20, 77 - 92.

Chan, M. 1987. Post-stopped nasals in Chinese: An areal study. *UCLA working papers in Phonetics*, 68: 73 - 119.

Chan, M., & Ren, H. 1987. Post-stopped nasals: An acoustic investigation. *UCLA working Papers in Phonetics*, 68: 120 - 129.

Chao, Y. R. 1928. *Studies in the Modern Wu Dialects*. Peking: Tsinghua University Research Institute Monogragh, 4.

赵元任　1935　《中国方言当中爆发音的种类》,《"中研院"历史语言研究所集刊》第 8 卷,第 515—520 页。

赵元任　1948　《中山方言》,《"中研院"历史语言研究所集刊》第二十一本,第 49—73 页。

赵元任　1951　《台山语料》,《"中研院"历史语言研究所集刊》第二十三本,第 25—76 页。

Chao, Y. R. 1967. Contrastive aspects of the Wu dialects. *Language*, 43: 92 - 101.

Chirkova, K. 2012. The Qiangic Subgroup from an areal perspective: A case study of languages o Muli. *Language and Linguistics*, 13(1): 133 - 170.

Chirkova, K., & Chen, Y. 2013. Lizu. *Journal of the International Phonetic Association*, 43(1), 75 - 86.

Delattre, P. C., Liberman, A. M., & Cooper, F. S. Acoustic loci and transitional cues for consonants. *Journal of the Acoustical Society of America*, 27, 769 - 773.

Dell, François & Elmedlaoui, Mohamed 2002. *Syllables in Tashlhiyt Berber and in Moroccan Arabic*. Dordrecht: Kluwer.

Edmondson, J. A., Esling, J. H., Harris, J. G., & Huang, T.-C. A laryngoscopic study of glottal and epiglottal/ pharyngeal stop and continuant articulations in Amis — an Austronesian language of Taiwan. Unpublished Manuscript.

Fant, G. 1960. *Acoustic theory of speech production*, The Hague: Mouton.

Fowler, C. 1994. Invariants, specifiers, cues: An investigation of locus equations as information for place of articulation. *Perception & Psychophysics*, 55, 597 - 610.

傅国通、蔡勇飞、鲍士杰、方松熹、傅佐之、郑张尚芳　1986　《吴语的分区》,《方言》第 1 期,第 1—7 页。

Fujimura, O. 1962. Analysis of nasal consonants. *Journal of the Acoustical Society of America*, 32, 1865 – 1875.

胡方 2001 《温州话浊塞音的声学分析》,《新世纪的现代语音学》(蔡莲红等主编),第 142—145 页,北京:清华大学出版社。

Hu, F. 2007. Post-oralized nasal consonants in Chinese dialects — Aerodynamic and acoustic data. In *Proceedings of the 16th International Congress of Phonetic Sciences*, pp. 1405 – 1408, Saarbrücken, Germany.

Hu, F. 2008. The three sibilants in Standard Chinese. In *Proceedings of the 8th International Seminar on Speech Production* (*ISSP 2008*), pp. 105 – 108, Strasbourg, France.

Hu, F. 2013. Post-oralization of nasal initials and the emergence of rhotic and vowel rhotization in Mandarin Chinese. Keynote speech at *the 4th International Symposium on Rhotics* (*R-atics4*), Grenoble, France. Oct 29 – 31, 2013.

Iskarous, K., Fowler, C. A., & Whalen, D. H. 2010. Locus equations are an acoustic expression of articulaor synergy. *Journal of the Acoustical Society of America*, 128, 2021 – 2032.

蒋冰冰 2000 《宣州片吴语古全浊声母的演变》,《方言》第 3 期,第 243—249 页。

Johnson, K. 1997. *Acoustic and auditory phonetics*, Cambridge, MA: Blackwell.

Ladefoged, P. 1975. A Course in Phonetics. New York: Harcourt Brace Jovanovich.

Ladefoged, P., & Johnson, K. 2015. *A Course in Phonetics*, 7th ed., Cengage Learning.

Ladefoged, P., & Maddieson, I. 1996. *The Sounds of the World's Languages*. Cambridge, MA: Blackwell.

Ladefoged, Peter & Wu, Zhongji. (吴宗济) 1984. Places of articulation: An investigation of Pekingese fricatives and affricates. *Journal of Phonetics*, 12. 267 – 278.

Lee, W. (李蕙心), & Zee, E. (徐云扬) 2003. Standard Chinese (Beijing). *Journal of the International Phonetic Association*, 33. 109 – 112.

Li, B. 2006. *Perception and Production of English* [n] *and* [l] *by Chinese Dialect Speakers*. Ph. D. Dissertation, University of Florida.

Li, B., Zhang, C., & Wayland, R. 2012. Acoustic characteristics and distribution of variants of /l/ in the Nanjing dialect. *Journal of Quantitative Linguistics*, 19 (4), 281 – 300.

Lindblom, B. 1963. Spectrographic study of vowel reduction. *Journal of the Acoustical Society of America*, 35, 1773 – 1781.

Lindqvist-Gauffin, J., & Sundberg, J. 1976. Acoustic properties of the nasal tract. *Phonetica*, 33, 161 - 168.

Lisker, L., & Abramson, A. S. 1964. A cross-language study of voicing in initial stops: Acoustical measurements. *Word*, 20, 384 - 422.

罗常培 1930 《厦门音系》,《"中研院"历史语言研究所单刊》,甲种之四。

Maddieson, I. 1984. *Patterns of Sounds*. Cambridge: Cambridge University Press.

Maddieson, I., & Ladefoged, P. 1993. Phonetics of partially nasal consonants. In Huffman and Krakow (eds.) *Nasals, nasalization, and the velum*. pp. 251 -301. San Diego, CA: Academic Press.

Maddieson, I., & Wright, R. 1995. The vowels and consonants of Amis — a preliminary phonetic report. *Fieldwork Studies of Targeted Languages III*. *UCLA Working Papers in Phonetics*, 91: 45 - 65.

Qi, Yingyong 1989. *Acoustic features of nasal consonants*. Ph.D. dissertation, Ohio State University.

钱乃荣 1992 《当代吴语研究》,上海:上海教育出版社。

Ren, N. 1992. *Phonation Types and Stop Consonant Distinctions: Shanghai Chinese*. Ph.D. Dissertation, the University of Connecticut.

Rose, P. 1989. Phonetics and Phonology of Yang Tone Phonation Types in Zhenhai. *Cahiers de Linguistique Asie Orientale*, 18: 229 - 245.

石锋 1983 《苏州浊塞音的声学特性》,《语言研究》,第 49—83 页。

史瑞明(Simmons, R. V.) 1989 《杭州方言里儿尾的发音》,《方言》第 3 期,第 180—181 页。

Simmons, R. V. 1992. *The Hangzhou Dialect*. Ph.D. dissertation, The University of Washington, Seattle.

Stone, M. 1991. Toward a model of three-dimensional tongue movement. *Journal of Phonetics*, 19, 309 - 320.

孙宏开 1981 《羌语简志》,北京:民族出版社。

Sussman, H. M., Hoemeke, K. A., & Ahmed, F. S. 1993. A cross-linguistic investigation of locus equations as a phonetic descriptor for place of articulation. *Journal of the Acoustical Society of America*, 94, 1256 -1268.

Sussman, H. M., McCaffrey, H. A., & Mathews, S. A. 1991. An inves-tigation of locus equations as a source of relational invariance for stop place categorization, *Journal of the Acoustical Society of America*, 90, 1309 - 1325.

Wang, F. 2006. *Comparison of Languages in Contact: The Distillation Method and the Case of Bai*. Language and linguistics monograph series B. Frontiers in linguistics Ⅲ. Institute of Linguistics, Academia Sinica.

王启龙 1999 《杭州方言音系》,《清华大学学报(哲学社会科学版)》,第 1 期,第 57—67 页。

吴宗济、林茂灿(主编) 1989 《实验语音学概要》,北京:高等教育出版社。

徐越 2002 《杭州方言儿缀词研究》,《杭州师范学院学报(社会科学版)》第 3 期,第 93—97 页。

徐云扬 1995 《上海话古浊音声母今读语图仪之研究》,载徐云扬编《吴语研究》,香港中文大学新亚书院,第 279—300 页。

杨秀芳 1991 《台湾闽南语语法稿》,台北:大安出版社。

袁家骅等 1960 《汉语方言概要》,北京:文字改革出版社。

Yue, Y., & Hu, F. 2019. Phonetics and phonology of the — er suffix in the Hangzhou Wu Chinese dialect. In Sasha Calhoun, Paola Escudero, Marija Tabain & Paul Warren (eds.) *Proceedings of the 19*th *International Congress of Phonetic Sciences* (*ICPhS 2019*), paper ID 305. Melbourne, Australia. Canberra, Australia: Australasian Speech Science and Technology Association Inc.

张振兴 1983 《台湾闽南方言记略》,福州:福建人民出版社。

Zeng, Ting. 2015. Devoicing of historically voiced obstruents in Xiangxiang Chinese. *Journal of Chinese Linguistics*, 43(2), 638–667.

Zeng, Ting. 2019. The Xiangxiang dialect of Chinese. *Journal of the International Phonetic Association*, 50 (2), 1 – 24. doi: 10. 1017/ S002510031800035X.

郑张尚芳 1986 《皖南方言的分区》,《方言》第 1 期,第 8—18 页。

周长楫 1996 《厦门话音档》,上海:上海教育出版社。

第五讲　声　　调

5.1　声调与声调语言

首要的问题是,什么是声调? 什么样的语言有声调? 什么是声调语言? Pike(1948)给过一个定义:声调语言在每个音节上拥有区别词汇意义、对立的相对音高。这个定义有四重意思。首先,音高区别词汇意义(lexically significant pitch)。也就是说,音高的不同不仅区别意义,而且区别的是词汇意义,这便将声调语言与英语这种语调语言区分开来了。在英语中,音高也区别意义,但那种区别作用于整个短语或者句子,并不是区别词汇意义(lexical meaning)。其次,音高区别构成音位对立(contrastive),Pike 称为调位(toneme)。第三,音高是指相对音高,而非绝对音高。这里不仅要排除因个体差异而造成的绝对音高差别,而且要排除语言学因素的影响。尤其是在有降阶(downstep)现象的非洲平调语言中,一个句子中处于后面的高声调往往比前面的低升调的实际音高要低。第四,音高对立必须是音节性的(syllable pitch)。也就是说,每一个音节至少对应一个调位;一个音节有 2 个调位也是可以的。但是,如果一个多音节的词或者语素只有一个区别词义的调位,而不是每个音节都有调位,那么就不属于 Pike 所定义的声调语言。这主要是把音高重音(pitch accent)语言,或者叫词调(word tone)语言排除出去了。

Pike 的这个定义奠定了语言学界对于声调与声调语言的一般看法。声调语言主要分布在三个区域:(1)中国与东南亚;(2)非洲的埃塞俄比亚以西、撒哈拉以南地区;(3)美洲的印第安语。Pike 进而区分平调语言(register-tone languages)与拱度调语言(contour-tone languages)。平调语言也就是平调调域系统(level-pitch register systems)。在 Pike 的术语里,调域的概念非常清楚,就是高低,指平调之间的高低对立①。平调语言系统中,最多可以有多少调域,也就是多少个相互对立的平调呢？ Pike 讨论了二调域、三调域、四调域的情况。赵元任的五度标调法里最多是五个高低调域(Chao,1930)。拱度调语言也就是变化音高的拱度系统(gliding-pitch contour systems)。Pike 认为,拱度的不同可以是:(1) 变化方向的不同,比如升、降、平、升降的结合等;(2) 变化起点的不同;(3) 变化起点与终点都不同;(4) 变化幅度的不同;(5) 时长不同;(6) 时长与幅度结合关系的不同;(7) 音高变化结合重音的不同;(8) 音高变化结合喉塞音的不同;等等。非洲语言是典型的平调语言,中国与东南亚语言则是典型的拱度调语言。不过,正如 Pike 所指出的,真实的语言中很少存在泾渭分明的类型分别,声调也不例外。因此,有些语言以平调调域系统为主,结合拱度系统的特点,而另一些语言以拱度系统为主,结合平调系统的特点,都是可能的。此外,平调可以合成变化音高;换句话说,有一些拱度调可以分解为平调的序列。因此,同样是一个音高变化的拱度调,在拱度调语言中,其拱度本身带有区别性,而在平调语言中,其只是平调组合而成的一个复合声调。

Pike(1948)也进一步叙述了声调语言与词调语言(word-tone languages)、语调语言(intonation languages)的区别。词调语言,也就是音高重音语言,词汇义也通过音高区别来实现,但这种区别只作用于一些特定的音节,或者只作用于词的特定位置。比如,在北欧的瑞典语或者挪威语中,词语可以通过重音音节的音高的不同,升调或者降调,来区别词义。典型的声调语言,尤其是像汉语及东南亚拱度调声调语言,几乎每个音节都有内在的、固定的音节;而词调语言则只有一部分音节有音高区别,而且这种音高常常不是内在的,而是根据位置、重音等条件确定的。还有一些词调语言,比如日语,只有一部分词具有高-低词调区别,高调的词被认为是带有音高重音(pitch accented)的,但是大部分词是没有这种词调区别的。前面提到,一般认为,非洲的声调语言属于平调语言,不是音高重音语言。不过,随着

①　When a language has a small, restricted, number of pitch contrasts between level tonemes, these contrastive levels are conveniently called REGISTERS (Pike, 1948: 5).

研究的深入,学者们发现平调语言与音高重音语言之间很难划定清晰的界线,因为很多非洲语言只有一部分音节有声调。其中最关键的一点是,非洲语言的声调,往往并非如 Pike(1948)所定义的那样以音节为属性,每个音节都是声调承载单位(Tone bearing Unit,TBU),而是以语素为属性。因此,在 Welmers(1959,1973)看来,只要语言中的一些语素运用音高来区别意义,这个便是声调。Hyman(2001,2011)沿用 Welmers 的定义,认为只要音高区别作用于一些语素的词汇实现,那么这个语言就是声调语言。这个定义是基于对非洲的声调语言的深入研究的基础上的,厘清了 Pike(1948)时期人们对非洲声调语言的模糊认识:非洲的声调语言并非如汉语一般是以音节为基础的,其与汉语的区别并非只是拱度调与平调的区别。比如,不同的语法意义通过声调实现在词汇的构词中,在非洲的声调语言中是常见的。不过,这个定义的代价就是模糊了声调语言与音高重调语言之间的区别。

  事实上,根据 Hyman(2001,2011)的定义,音高重调语言也是声调语言的一类。因此,人类语言中运用音高的可以分为两类:声调语言与语调语言。语调不是声调。Pike(1948:15)认为声调与语调有三大区别。其一,声调分布在音节上,语调分布在短语上。其二,声调是音位,本身没有意义,遵循语言约定俗成的原则;语调则有投射义(shades of meaning),音高本身投射了说话人的意思、态度等。其三,声调音位,即调位,是词汇项的内在属性,而语调则是话语外在的、附加的部分。因此,声调是语言内在的一部分,与音段一样,本身不具有意义,高调并非表示开心,低调也并非表示难过。声调的形式(音高)与意义(所区别的词项义)之间是约定俗成的(conventional),具有任意性(arbitrariness)。而语调则不具有语言学意义,是外在的说话人的交际义附加在了语句或者短语之上。语调承载的是言语的交际义(communicative meanings),比如升调可能具有话语没有结束、表示疑问、期待回应等意义,而降调则往往表示结束、肯定等语气。一般认为,语调属于泛语言学或副语言学的(paralinguistic)范畴、非语言学的(nonlinguistic)范畴;不过,自从语调研究的深入,尤其是 1980 年代以来 ToBI 标注系统在研究中的广泛运用,很多学者主张语调的音系意义(比如 Pierrehumbert, 1980; Ladd, 1980, 1983; Beckman &

Pierrehumber，1986 等）。比如，Ladd(2008)的书名就叫《语调音系学》；又比如，2019 年在澳洲墨尔本举行的国际语音科学大会上，国际语音学会副主席 Arvaniti(2019)发表的大会报告就极力主张语调是音系的组成部分、语法的组成部分。不过，争论语调的重要性并非本文的关注点，我们的兴趣是讨论音高在语言中的行为表现。语调作为交际义的载体，其音高行为是全局性的(global)；而声调作为词汇项的属性，其音高行为是局部的(local)。如果语调进入音系，成为语法属性，那么它会不会发展成为声调呢？

下文 5.3 的讨论将涉及语调与声调在音高上显示形式的区别。此处简述约定俗成的问题。语调带有投射义，那么声调有没有音义象征性(sound symbolism)或称象似性(iconicity)的问题呢？ 也就是，音高本身有没有意义呢？ 音高本身的这种意义在语言学的声调中有没有体现呢？ 其中，最为人所知的大概就是高调表示小巧亲切、而低调表示高大威武。这种现象在动物界具有一定的普遍性，在人类语言中也普遍存在，比如在表亲昵时人们会不自主地提高音调，而表示冷漠时则压低音调。除了社会语言学、言语交际层面的现象，声调的音义象征性是否进入语言学的核心层面呢？ Ohala(1983,1984,1994)曾系统探讨了语言中包括语调在内的音高象似性问题，他引用非洲语言与汉语粤方言的声调材料，指出高调与小称相关(1994：329 - 330)。汉语方言的小称调问题，是学者们很早就注意到的一个现象，比如粤语(Chao，1947)，也是在汉语方言中比较常见的一个现象(朱晓农，2004)。我们认为汉语方言中的小称调问题是音高象似性进入语言学核心层面的一个典型，这里以吴语方言中的例子略述一二。

吴语方言的小称现象丰富。最早应该是儿尾，因为"儿"在吴语中读鼻音，因此儿化小称便是[-n]尾，现在典型的比如义乌方言(方松熹，1986,1988)。其次，也有应用音段手段的，比如宁波方言的[ɛ]类词(徐通锵，1985)。不过，[ɛ]类词在方言中已经是残迹现象。[-n]尾小称现象在其他方言中也已经不常见，比如，在宁波方言中只保留在"五角屋儿[ŋ¹³ koʔ⁵ oŋ⁴⁴]"(传统住宅，相对于大宅"七角屋"[tɕiɿʔ⁵ koʔ⁵ oʔ⁵]的小房子)等一些词中。最值得注意的是第三类，小称声调现象在一些吴语以及其他方言中比较普遍，而且具有能产性。比如宁波方言[ɛ]类词表小称的,不管原来这个词是什么声调,都读如阴上,是个升调。不过,宁波方言的小称调只是[ɛ]类词的伴随现象,本身并不表小称。在吴语台州片的方言中,用小称调则是常见现象;而且,也都是用阴上调或者与阴上接近的调值。不过,各方言中的阴上调的调值可能不同,比如临海方言是降调[42],而小称调则是[51];而黄岩方言的阴上是一个升调,因而小称调就是[15],与临海方言的调形刚好相反。举个例子,"花"正常读为阴平的时候表示"植物的花",而读为小称调(即阴上调的调值)的时候则表示带有小称义的"(衣服上绣的)花儿"。小称调的存在说明了音义象征性可以进入语言中的声调系统,而小称调与阴上调的关系则还是属于一个未知的问题,这也为声调的象似性问题添加了复杂性。

总之,Pike(1948)描述了声调语言的经典理论,奠定了人们对于声调语言的一般认识。声调的区别必须是音节性的,与音高重音语言相区别。Welmers(1959,1973)与 Hyman(2001,2011)等则揭示了声调语言的全貌。声调语言与音高重音语言在现实中并非泾渭分明、截然二分,二者都属于声调语言。或者诚如莎士比亚所言,比如"玫瑰",无论你叫它什么名字,都同样芬芳[①]。因此,重点不是争论如何分类,如何命名,而是描写这些声调语言中的各种声调现象,揭示声调的本质。汉语是声调语言的典范,也是拱度调语言的典范。但是,汉语的声调之间的对立的性质究竟如何,拱度调是否可以分解为平调等关于声调的基本问题,还是可以进一步讨论的。例如吴语方言,尤其是北部吴语普遍存在着右向蔓延式(right spreading)连读变调(tone sandhi)。如果说北部吴语的单字调是典型的拱度调,与其他汉语方言并无二致,那么它们的连读变调就是典型的平调序列。而且,以连调组或韵律词为单位的连读变调现象同时具有词调的特点,还有诸多待解之谜。最后,需要指出的是,站在典范的声调语言的立场,人们往往强调声调语言的特别之处:声调与音段的不同,声调与重音的不同,等等。而且,往往会认为这

---

① 莎士比亚《罗密欧与朱丽叶》: What's in a name? That which we call a rose by any other name would smell as sweet.

些不同是截然的。而从声调语言的全貌出发,我们必须重新思考声调的性质,而且必须将音高重音这种语言中的音高运用模式也纳入思考,进而思考更为一般的韵律凸显作为区别特征或语言学特性进入语法的问题。由于声调语言的地域跨度大,学者们各有关注的领域,在研究传统上,亚洲的声调语言研究与非洲的声调语言研究往往各自为政,很少有学者的研究兴趣兼顾二者,这在一定程度上也阻碍了人们对声调与声调语言问题的探索。本章安排如下:5.2 简述声调的基本概念,并以汉语方言为例阐述声调的特征;5.3 结合藏语的声调起源阐释声调在人类语言的音节结构中的地位。

5.2 声 调 的 特 征

声调是大脑对音高的感知与范畴化,其声学关联物是基频。在汉语与少数民族语言的声调描写中,广泛使用赵元任的五度标调法(Chao,1930)。但是,声调在语言学上是如何表征的,声调的特征是什么,却不是容易回答的问题。Chomsky & Halle(1968)奠定的生成音系学 SPE 经典学说在声调方面只引用了一篇文献,即 Wang(1967)。Wang(1967)是将区别特征理论运用到声调的一个尝试,根据的主要是汉语的材料,主要的特点是保留拱度调特征。也就是说,初创的生成音系学曾经尝试用汉语的眼光去看世界语言的声调。但是,结果是失败的。Woo(1969)便开始质疑拱度调的存在,认为并没有足够的音系学证据表明拱度调是必须的。换句话说,所有的拱度调都可以被分解为平调的组合。此后,随着非洲声调语言研究的深入与自主音段音系学的兴起,以平调为基础的声调观占据了音系学界的主流(Leben,1973;Goldsmith,1976)。而且,不仅是非洲的声调语言表述为平调,包括汉语在内的亚洲声调语言也被表述为了平调或平调的序列,或者更准确地说,首先是从高低的平调调域中去检视声调(Yip,1980,2002;Bao,1990)。也就是说,生成音系学界完全使用了非洲语言的眼光来看汉语。

自主音段理论的兴盛决定了以平调为基础观察声调现象的基

调,声调的区别特征问题不再是讨论的重点。由于自主音段理论突出声调作为自主音段在音系行为上的独立性,因此讨论的重点主要落在了声调行为与载调单位之间的连接。当然,在汉语声调的音系讨论中,尤其是关于汉语方言中的连读变调现象的讨论,拱度调的问题也一直是关注的重要内容之一(Chen,2000;Wee,2019)。不过,声调的区别特征作为一个重要的音系理论问题并未消失。即使是声调语言中研究最多的汉语普通话,即使是普通话的单字调,它们之间如何区别,至今也没有定论。普通话的 4 个声调[55 35 214 51]是任何提到声调或者声调语言的教科书或学术著作都喜欢举的例子,但并不是所有的学者都认为普通话的声调特征完全在于调形拱度的区别:平调[＋平]、升调[＋升]、曲折调[＋凹]、降调[＋降]。首先一个问题是普通话的上声,即第三声[214]的性质问题。普通话上声性质的争论由来已久,有升调、降调、曲折调等种种观点。大家都观察到的一个关键的事实是:上声在语流中一般实现为[21],即赵元任(1932,1933)所谓的"半上",王力(1979)直接指出半上就是一个低平调,至此之后,普通话的上声是一个低调就成为一种主流观点。不过,这个说法并非没有问题。比如曹文(2010)的感知研究明确指出将普通话的上声的特征描写为低平是有问题的,因为平调受到参照调的影响。而且,将上声描述为低平在语音上不准确,总是差点意思。不过,低调论者并不买账,比如石锋、冉启斌(2011)认为普通话的上声是个低平调几成定论,在他们看来,[214]中的[2]是生理调头,[4]边界调尾,只有[1]是真正属于上声自身的。曹文、韦丽平(2016)进一步指出:普通话的上声应该是一个低凹调。也就是说,不仅要低,而且要凹下去,这样在语音上才完美。我们认为这是一个非常有意思的观察,用前文描写元音的动态理论来看,普通话的上声的区别特征确实是低,但它并不是一个静态的低(平),而是一个动态的低(凹)。因此,普通话的 4 个声调并非完全是调形的对立,阴平与上声之间是高、低的对立。其次,便是拱度调的问题了:上声的升与去声的降,它们的拱度是内在的动态特性,还是可以分解为平调序列?对这一问题的回答需要全面检视普通话声调的音系行为,这个不是本文的兴趣所在。

在没有其他证据之前,我们将升、降视为普通话声调之间的拱度特征对立,即普通话的 4 个声调存在高、低、升、降四个对立。Llanos et al.(2020)在研究成人学习二语的神经机制的过程中发现,英语母语者在感知、学习汉语声调时将阴平与上声归类为容易的声调类别,将阳平与去声归类为困难的声调类别,因为前者是平调,二语者只需要感知高低,而后者则涉及拱度,二语者需要感知音高的动态变化。这项研究从认知神经加工的侧面角度反映了平调与拱度调的不同。

从汉语普通话的例子可以窥见声调作为语言学现象,它的声学关联物——基频曲线看似简单,但其区别特征却不容易把握。而且,上面的例子还仅仅是简述了普通话单字调,并未考虑连读变调的情况。拿普通话最常见的上声变调来说,在上声之前出现的上声变成阳平,所谓"上上相连变阳平",普通的教科书中一直是这样说的。其一,上声的区别特征是"低",怎么解释变调为"升"。其二,这个变读的上声(也称"变上")究竟与阳平完全相同,还是略有不同,也是有争议的。比如变调的"美酒"与原调的"梅酒",完全一致吗,还是略有不同?此外还有不同的结构中,上声变调规则的运用问题,比如"走走"遵循上声变调规则,但"姐姐"不遵循上声变调规则。普通话的连读变调不算是复杂的,邻近的天津方言的变调更为复杂。而且,南方方言中的吴语、闽语方言中的连读变调与北方方言中的又有很大的不同。汉语的连读变调一般都是用共时(synchronic)音系-语音模型去解释的,我们认为应该更适用泛时(panchronic)音系-语音模型。而且,吴语的连读变调还涉及与词调语言的类型关系问题,展开讨论超出本文范围。本文讨论单字调的情况。

音高来自人耳对基频的感知,声调的声学关联物是基频,也就是音高。但声调并不等于音高。这是一个需要反复强调的重点,因为文献中此类误解很多,比如将基频曲线处理一下就折算成了五度制,认为这个就是声调的调值。其中最主要的理由是,声调的基频曲线中,并不是所有的内容都是声调目标。比如前文提到石锋、冉启斌(2011)认为普通话上声[214]中的[2]是个生理调头,也就是说,这个调头并没有语言学意义。如果说,这个说法只是一部分人同意,那么可以举另一个例子,还是普通话的声调——阳平。普通话阳平[35]的基频曲线事实上也有一个降的调头,在普通话的五度标调中并没有标出来。这个调头的生理属性就会得到更多的人的支持,因为大部分人会认为普通话的阳平是一个升调[35],很少人主张它是一个降升曲折调[435],虽然有些人能够感觉到阳平的开始有个降的调头(参见 Shen & Lin,1991 中关于普通话的阳平与上声的感知的研究)。此外,我们在第一讲通过徽语祁门方言的例子也说明,基频曲线反映了声调实现的过程,但基频曲线本身并不一定是声调的目标。比如,在三个平调的语言中,高调可能实现为升降调,低调则实现为一个降调;这种现象在非洲的 Yoruba 语(Hombert,1976a、b)、泰语(Abramson,1962)、汉语方言中都可以观察到。

其二,声调范畴的复杂性还在于:音高之外,还存在其他的因素。首先是音段。Hombert(1978)对于音段与声调之间的关系做了一个比较全面的总结。其中,最重要的是辅音声母的清浊:清辅音声母关联高基频起始,浊辅音声母关联低基频起始。清浊辅音声母对于基频的干扰在声调的发展中非常重要,而且这种干扰可能是普遍的,无论在声调语言或者非声调语言中都存在。辅音声母的送气也会对基频产生干扰,但究竟是升高基频还是降低基频,在不同的语言中并没有统一的规律。其他的讨论包括诸如韵尾辅音对于声调的影响、元音与音高的关系,以及音高对于音段的反作用等。就汉语与方言的情况来说,重要的是清浊辅音声母的影响、送气声母的影响、(喉)塞音韵尾的影响等。中古汉语区别“平、上、去、入”四声,随着全浊声母——即浊阻塞音声母的清化,四声按阴阳——即声母的清浊分化为八调;这是关于中古汉语至现代方言的声调发展的一般假设。而且,汉语与方言中的四声分化为八调一般遵循阴高阳低——即清高浊低的原则,少数违反这一原则的方言或现象,比如客家话声调中的阳高阴低的现象,被称为颠倒(flip-flop)。其次是发声态,虽然汉语方言中的发声态往往来源于辅音声母。第四讲 4.2 分析了吴语的阻塞音声母的性质,主要便是涉及发声态。此外,没有展开讨论的是:吴语浊音的感知与声调也交织在一起,而且基频与发声态都是产生于喉部的控制。在不同的方言,由于处于不同的发展阶段,这种语音范畴、次生范畴之间的交互现象以及物理关联物之间的关系问题相当复杂,比如对吴语上海方言的考察可以参见 Zhang & Yan(2018)。此外,从泛时的角度观察,语音范畴与次生范畴之间的交互作用可能导致语音演变,在发展中,原先的区别特征成为伴随特征或者甚至消失,而次生范畴反而成为主导的区别特征。音高与声母、发声态的交互作用也不例外。在声调的发展过程中,原先增生的不重要的基频曲线成为声调之间区别特征的一部分也是可能的。

这里我们通过徽语祁门箬坑方言的例子(Zhang & Hu,2018)谈一个更常见的声调与发声态的关系问题。在声调语言或者方言中,声调与发声态经常一起出现。而且,由于声母清浊对立的消失或者其他演变条件的不可追踪,人们往往无法知悉发声态的来源。一方面,发声态可以是对音高目标的某种加强(enhancement),尤其是为了实现那些相对较为极端的声调目标。比如,第一讲1.1指出,假声可以出现在徽语祁门方言的高平调中,尤其是男性发音人,因为他们产出特别高的音高有困难,所以更多地运用假声(Zhang & Hu,2015)。相反,嘎裂声(creaky voice)经常作为低调目标出现,比如普通话的上声,尤其是女性发音人,因为她们产出特别低的音高有困难。另一方面,发声态也可以独立于音高成为语言中的声调目标(Kuang,2013a,b)。总之,语言中的声调对立可以是包括音高、发声态等因素在内的多方面的(Gandour & Harshman,1978;Kuang,2013a)。因此,关于声调的语音理论需要提供足够的维度去充分解释语言中声调的音系对立与语音实现(Anderson,1978)。

箬坑方言主要涉及声调与喉化(glottalization)的交互作用。我们采集了5男5女共10位发音人的声学材料,并提取了检视音高与发声态的这种声学参数,包括基频(F_0)、时长、第一谐波与第二谐波能量差($H_1 - H_2$)、第一谐波与第一、二、三共振峰最强谐波的能量差($H_1 - A_{1/2/3}$)、倒谱峰突(Cepstral Peak Prominence, CPP)、谐噪比(Harmonic-to-Noise Ratio, HNR)、次谐比(Subhamonic-to-Hamonic Ratio, SHR)、基频抖动与扰动(Jitter and Shimmer)等。每个声调有五个 CV 音节的单音节词作为例字,其中 C 均为塞音。例字嵌入载体句[X_1. ηa^{35} $t^h u^{33}$ X_2 $f\varepsilon^{31}$ n^{35} $t^h \tilde{\varepsilon}^{31}$] "$X_1$,我读 X_2 给你听"。也就是说,对于同一个例字 X,我们得到一个单念的样本 X_1 与一个句中的样本 X_2。录音重复 5 遍,由 E-MU 0404 USB 外置声卡通过 SHURE SM86 话筒直接录入笔记本电脑,采样率为 11 025 赫兹。此处分析单念的 5 个样本,每个声调共有 25 个样本。标注在 Praat 6.0.36 中进行(Boersma,2001)。我们将韵母定义为载调单位(TBU)。当存在基频抖动与扰动时,每个样本被切分为 4 等份、即 5 个取样点;其他情况下,每个样本被切分为 10 等份、即 11 个取样点。参数提取在 Praat 或 VoiceSauce(Shue,2010)中进行,其中,H_1^*、$H_1^*-H_2^*$、$H_1^*-A_{1/2/3}^*$ 等数据用共振峰进行了校准。为了消除性别与个体差异,基频 F_0 等声学参数进行了归一处理。基频的 5 度值转化采用校准 D 值(凌锋,2016),其他声学参数采用 Z 值法。如公式(1)所示,STi 是每个 F_0 采样点的半音值,STmin 与 STmax 分别是每个说话人常态嗓音的音高域内的最低与最高半音值。

$$Di = 0.5 + (8 \times STi - 9 \times STmin + STmax) / \qquad (1)$$
$$(2 \times (STmax - STmin))$$

我们的材料支持喉化是渐变的(gradient)视角(Garellek,2013),可以实现为各种程度的嘎裂声(creaky voice)、完整或者不完整的喉塞音等(Keating et al.,2015),其变异性是发声态连续统的一个组成部分(Gordon & Ladefoged,2001)。我们尝试用声学参数去描写喉化的变异细节,并以此来观察声调产生中的发声态与音高的交互。箬坑方言有 6 个声调:T1 阴平[31]、T2 阳平[44]、T3 上声[35]、T4 阴去[42]、T5 阳去[33]、T6 入声[323]。图 5.1 显示了箬坑声调的基频曲线图:每个声调由 10 等份时长上的 11 个数据点组成(横轴:时长),数据用校准 D 值进行了归一(纵轴:音高),每条曲线的阴影部分显示了 D 值均值的 ±1 个标准差范围。其中,右图单独显示了 T4,左图显示了其他 5 个声调。表 5.1 显示了 10 个发音人每个声调的标准差均值。

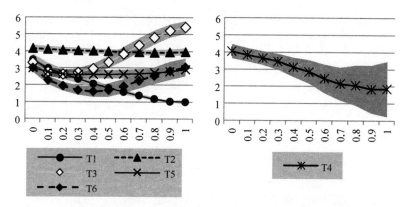

图 5.1　徽语箬坑方言声调的基频(10 位发音人均值±1 标准差)曲线图

表 5.1　徽语箬坑方言声调的 D 值标准差均值

	男 1	男 2	男 3	男 4	男 5	女 1	女 2	女 3	女 4	女 5
T1	0.27	0.50	0.21	0.37	0.44	0.31	0.35	0.39	0.44	0.28
T2	0.36	0.49	0.27	0.24	0.41	0.32	0.44	0.27	0.49	0.30
T3	0.29	0.51	0.28	0.36	0.46	0.38	0.35	0.35	0.44	0.33
T5	0.29	0.33	0.32	0.32	0.39	0.37	0.37	0.34	0.32	0.36
T6	0.33	0.76	0.42	0.49	0.40	0.35	0.53	0.30	0.44	0.27
T4	**0.91**	**0.88**	**0.79**	**0.62**	**0.76**	**1.06**	**0.61**	**0.84**	**0.96**	**0.77**

　　结合图 5.1 中的基频曲线,我们可以观察到箬坑方言有 2 个平调(T2[44]与 T5[33])、2 个降调(T1[31]与 T4[42])、1 个升调(T3[35])、1 个曲折调(T6[323])。如图所示,T4 的标准差较大,其他 5 个声调的标准差较小;表示 T4 的人际变异(inter-speaker variation)较大,其他 5 个声调的人际变异较小。相应地,从表 5.1 中可以观察到:每个发音人的 T4 的样本之间的变异(inter-token variation)较大,而其他 5 个声调的样本间变异较小(标准差均值均小于 0.5)。也就是说,在声调产生的过程中,T4 的音高曲线控制得不好,与其他声调不一样。

　　进一步的检视发现,这是因为 T4 的产生中,除了音高之外,还有发声态在起作用。图 5.2 显示了一位男性发音人不同声调的目标音节[pa pʰa pɛ]在载体句中的宽带语图。这是在发音人中观察到的典型例子,T4 的 4 个例子展示了喉化的一些不同情况,其他声调各显示了一个例子。之所以选择载体句中 X_2 位置的例子,是为了更加便于观察喉化。从图 5.2 的 T4a/b/c/d 等 4 个例子中可以观察到 T4 声调的音节末尾处存在着声带的不规则振动周期,并且能量急剧衰减,如阴影部分所示。这是箬坑方言的 T4 所呈现的喉化渐变性的 4 个典型情况:其中,T4a 和 T4b 都是嘎裂(creaky voice),因此标了国际音标[~],而 T4c 和 T4d 则分别表示不完整喉塞音[ʔ]与完整的喉塞音[ʔ]。从图中可以直观地看到,喉化发生时,无论是嘎裂还是喉塞音,音高测量往往失去意义,因为大多是不规则的、极低的基频。与 T4 不同,其他 5 个声调的音节的韵母一般均实现为规则的声带常态振动周期。

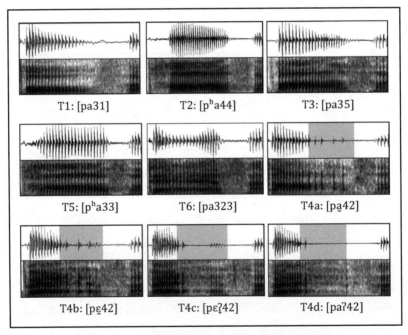

图 5.2　徽语箬坑方言不同声调音节的宽带语图

图 5.3 显示了箬坑方言的 T4 与其他 5 个声调的 9 种声学参数 (H_1^*、$H_1^*-H_2^*$、$H_1^*-A_1^*$、$H_1^*-A_3^*$、CPP、HNR_{35}、SHR、Jitter 和 Shimmer)的曲线。前文提到,Jitter 和 Shimmer 有 5 个数据点,因此显示在一张分图中,其他参数都是 11 个数据点,每张分图各显示 1 种

参数的曲线。T4 用黑色,其他 5 个声调用灰色显示均值。从图中可以观察到,T4 与其他 5 种声调的 9 种声学参数均显示了明显的不同。与其他 5 个声调不同,(1) T4 拥有更小的 H_1 相关的参数,显示了相对更小的声门接触商(contact quotient)与更温和的声门关闭的突然性(abruptness of glottal closure);(2) T4 拥有更小的 CPP 与 HNR_{35},显示了存在较强的噪声;(3) T4 拥有较大的 SHR、Jitter 和 Shimmer,但更小的 CPP,显示了存在更多的不规则振动。这些声学参数所展示的都是典型的喉化的声学属性。也就是说,箬坑方言的 T4 与其他声调存在着清晰的发声态的不同:T4 是典型的喉化,而其他 5 个声调则是常态嗓音。

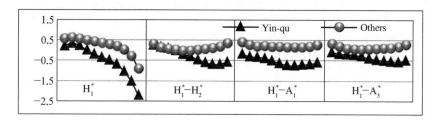

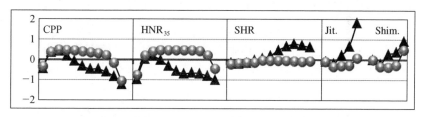

图 5.3　徽语箬坑方言 T4(黑色)与其他 5 个声调(均值,灰色)的 9 种声学参数曲线

至此,对箬坑方言声调产出的声学分析证明了 T4 存在喉化,可以表现为各种嘎裂发声(原型嘎裂、多脉冲发声、不规则振动等)、完整或者不完整的喉塞音,其后果就是引入基频的不稳定性,在声学测量中难以追踪,也会造成基频感知的困难。因此,我们很自然就会认为喉化在箬坑声调的音系中会有贡献,比如帮助区别 T4 与另一个降调 T1。同时,问题也随之而来:音高与发声态,哪一个才是声调的区别特征?还是二者都很重要?为了回答这一问题,我们对音高与发声态相关的 9 项声学参数做了基于 Fisher 方法的线性判别分析(Linear

Discriminant Analyses, LDA)：Z 值归一的半音(ST)、H_1^*、$H_1^* - H_2^*$、$H_1^* - A_1^*$、$H_1^* - A_3^*$、CPP、HNR_{35}、SHR、Jitter、Shimmer。每一项 LDA 分析选择一项声学参数作为分析对象,其中的 11 个或者 5 个数据点被定义为自变量。从结果中,我们选择了最能区分声调类别的 3 项参数列为表 5.2。

表 5.2　徽语箬坑方言最能区分声调类别的 3 项 LDA 参数

T1		T2		T3		T5		T6		T4		均值	
ST	96	ST	96	ST	97	ST	94	ST	86	H_1^*	76	ST	89
$H_1A_1^*$	78	Jit.	74	HNR_{35}	73	H_1^*	57	H_1^*	65	Jit.	71	H_1^*	64
$H_1A_2^*$	77	CPP	68	HNR_{25}	71	HNR_{15}	56	CPP	62	CPP	68	$H_1H_2^*$	62

首先可以看到：音高是 5 个常态嗓音声调的最重要分类参数,近 90%的样本可以用半音(ST)单个参数来准确分类。其次,T4 的 3 项最有效分类参数(H_1^*、Jitter、CPP)都是发声态相关的,它们反映了喉化的 2 项基本特性：收缩的声门(constricted glottis)与声带不规则振动。而音高仅解释 62%的材料,并没有进入 T4 最有效分类参数的前三项。

我们将音高与发声态在声调分类上的有效性继续图形化为如图 5.4。箬坑方言的声调对立中的音高(左)与发声态(右)因素均表述为两项因素各自定义的 95%置信椭圆。其中,音高对立定义为基频曲线的平均斜率(mean slope, x1)和平均音高值(mean height, y1),发声态对立则用 Z 值(x2)和 H_1^* 的均值(y2)来量化。图 5.4 提供了基于 LDA 的箬坑方言声调分类图,并且清晰地展示了音高与发声态各自的贡献。如左图所示,5 个常态嗓音的声调可以用音高区分；唯一的例外是 T4,它的椭圆分散,与其他声调重叠。如右图所示,5 个常态嗓音的声调的椭圆高度重叠,无法用发声态区分,但是发声态可以将 T4 与其他 5 个声调区分开来。因此,箬坑方言的声调的 LDA 分析表明：喉化区分 T4,音高区分其他 5 个常态嗓音声调。这也是音高与发声态在语言中交互的一种常态：音高与发声态在声调对立中均起作用,不过音高是主要的,区分常态嗓音的大部分声调,而发声态则局限于

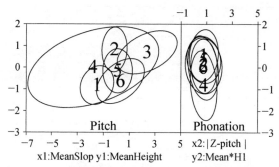

图 5.4 徽语箬坑方言声调对立的音高(左)与发声态(右)因素的 95% 置信椭圆(每个声调的椭圆基于 250 个数据)

区分特定声调(Kuang, 2013a)。

前文提到喉化是渐变的,一个相关的问题是喉化出现的时间也存在很大的变异性。当然,这个对基频曲线的影响也很大。图 5.5 统计了箬坑方言 T4 调 250 个样本的喉化时间结构,并例示了 6 类典型的情况:完全喉化(Full)1.2%、音节首喉化(Onset)0.4%、中间喉化(Middle)3.6%、音节尾喉化(Offset)56%、双重喉化(Double)2.4%、没有喉化(Non)36.4%。例图来自发音人 W1、W5、W1、M1、M2、W2 的[ta]"带"或[kuːɐ]"过":第 1 排与第 3 排显示的是 T4 音节的宽带语图;第 2 排与第 4 排显示的是与之对应的基频曲线。喉化的部分在图中用阴影标示。根据统计可以看到,T4 最常见的是在音节尾出现喉化,次常见的是不出现喉化,其他类型的喉化均属于少见的现象,不出现喉化就意味着常态嗓音,也就是说,36.4%的箬坑方言的 T4 调完全由音高实现。

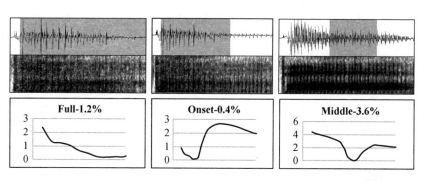

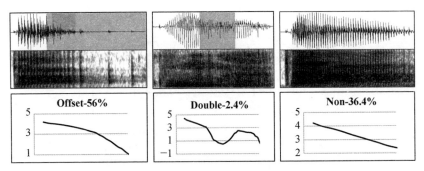

图 5.5　徽语箬坑方言 T4 的喉化的时间结构模式：例图来自发音人 W1、W5、W1、M1、M2、W2 的[ta]"带"或[kuːɐ]"过"

5.3　声调作为音节产生的一个组成部分

声调不是自古就有的，声调是语言发展的结果，这是关于声调的常识，但往往被人忽视。一则是因为语言学被二分为共时语言学与历时语言学，谈共时的时候很少有人去关注历时。二则是因为与音段相比，声调是如此地特别，因此重点很容易放在强调声调的种种特性之上。其实，就算是最为典型的声调语言——汉语，大家一般也认为上古汉语基本上是没有声调的，极端一些的观点甚至认为汉语的声调是六朝之后随着格律诗一起才发展起来的。本节不以讨论汉语声调的起源问题为目的。之所以强调声调并非古已有之的目的在于说明声调并非语言中的"外星生物"。声调是从音段发展而来的。我们提倡泛时的视角，声调与音段一样，属于音节产生的一个有机组成部分。

Goldsmith（1976）之后，音系学建立了自主音段理论（autosegmental theory），将超音段视为独立于音段的自主音段。简略地说，音段就是元音与辅音，超音段主要是韵律特征，包括声调、重音、时长等。在一些语言的鼻化、元音和谐等音系过程中，附加在音段主发音（primary articulation）之上的次发音（secondary articulation）修饰成分也会被处理为自主音段。自主音段理论强调声调行为的独立性。物理上，基频是喉部发音，与属于喉上发音的（supralaryngeal）音段属于相对独立的关系。音系上,诸如漂浮调(floating tone)、声调蔓延(tone spreading)等的声调现象不以它们所依附的音段为条件。也就是说,声调与音段处于平行空间层,因而相互自主。不过,自主音段理论对于声调等自主音段如何与音段连接着墨不多,只是将其视为一种抽象的连接,受到良构条件(Well-Formedness Condition)制约(参见 Yip, 2002:65 - 104 中的概述)。

在韵律研究中,无论是偏工程的模型研究,还是偏文科的经验研究,语言的基频行为一般也是独立于音段进行研究的(比如 Tseng et al., 2005; Fujisaki et al., 2005; Tao et al., 2006)。然而,音段与基频(声调)的关系并不是抽象的。相反,语音学的研究揭示了在声调语言中,基频行为与音段之间存在着稳定坚实的时间结构关系(Xu, 1998,1999,2005)。事实上,这种关系证实了传统语言学对于声调是音节内在组成部分的看法(Chao, 1968)。而在非声调语言中,语调与音段之间也存在着稳定的时间结构关系,不过与声调语言中的声调与音段之间的关系有所不同(D'Imperio et al., 2007; Mücke et al., 2009)。

在近期的研究中,发音音系学(Articulatory Phonology)重新讨论了声调在音节中的结构位置问题。在发音音系学(Browman & Goldstein, 1986,1988,1992)的研究框架中,个体发音器官的个体发音是最基本单位——发音动作(gesture);发音动作既是音系单位,也是动作单位(action unit),涉及声腔内一个具体的发音窄缩的成阻与除阻行为。不同于传统的音系学强调语言内部的(linguistic internal)自治性(autonomy),发音音系学的发音动作遵循(发音)运动学与动力学的普遍原则,可以用动态任务系统(a task dynamic system)的时空特性来定义(Saltzman, 1986; Saltzman & Kelso, 1987; Saltzman & Munhall, 1989)。运动学的动态规律具有普遍性,发音运动学也不例外:如果发音动作之间是同相位结合的(in-phase coupled)时间关系,即同步的(synchronized),或者是反相位结合的(anti-phase coupled)时间关系,即次序的(sequential with each other),那么这些发音动作之间的时间关系是稳定的(Browman & Goldstein, 1988, 2000; Goldstein et al. 2006)。Browman &

Goldstein(1988)发现,发音动作在音节产生遵循两个基本准则:(1)音节首的辅音均与后面的元音同相位结合,即同时发音;(2)音节首的辅音之间处于反相位同步关系,即次序发音。比如在一个C_1C_2V音节中,由于两个辅音C_1C_2需要与元音 V 同时发音但两个辅音之间又需要次序发音,因此第一个辅音C_1的发音只能比 V 早些开始,而第二个辅音C_2的发音则推后一些开始(Browman & Goldstein, 2000)。于是,如图 5.6 所示,在理想状况下,元音的发音动作在音节首的辅音丛的发音动作的中间开始;而这个辅音中间效应(the C-center effect),是经常在语言的音节产生中观察到的一个现象(Browman & Goldstein, 1988, 2000)。

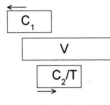

图5.6 音节产生的辅音中间效应:音节首辅、元音的时间结构关系示意图

声调不是例外。声调作为喉发音动作,在音节产生中与其他发音动作如何结合? Gao(2008)检视了汉语普通话音节产生的时间结构关系,发现普通话 CV 音节与声调 T 一起构成辅音中间效应:V 出现在 C 与 T 中间。也就是说,在普通话音节的时间结构关系中,声调 T 就像是图 5.6 中的第二个辅音C_2。因此,带调的普通话 CV 音节事实上可以表征为 CTV。这样一来,声调语言的音节结构与非声调语言就有了可比拟性,此外也解决了声调作为自主音段悬浮在音段之上的结构问题:声调不是抽象的自主音段,而是结合在音节产生的时间结构关系中的一个发音动作。不过,具体的声调如何表征,是需要探讨的,尤其是像汉语一样的拱度调语言。在 Gao(2008)中,拱度调是平调成分结合而成的。具体说,普通话的阴平是一个 H 声调动作(tone gesture),阳平是一个 L 和一个 H 声调动作,上声是一个 L 声调动作,去声是一个 H 和一个 L 声调动作。有意思的是,Gao(2008)观察到阳平的 LH 是同相位结合的,即 L 与 H 同时发音,而去声的 HL 则是反相位结合的,即 H 与 L 次序发音。在 Gao(2008)的基础上,Hsieh(2011)进一步指出普通话的上声应该是反相位结合的 LH,这样可以解释其在单念的时候实现为曲折调而在上上变调的时候实现为升调。Yi & Tilsen(2015)则进一步检视了普通话上声的变调形式与阳平调之间的产出上的异同,对如何在发音音系学框架内对普通话声调进行表征做了探讨。

Hu(2012)来自 2008 年夏天在慕尼黑大学召开的"辅音丛与结构复杂性"专题会议的会后同名论文集。与 Gao(2008)类似,Hu(2012)关注声调在音节产生中的结构位置;不同的是,基于藏语拉萨话的材料,Hu(2012)采用泛时的视角讨论藏语的声调起源问题。文章检视了藏语拉萨话音节产生中辅音声母、元音、声调之间的时间结构关系,认为声调是音节结构内在的一部分,并从结构上解释了藏语声调来自藏语辅音的简化路径。从发音动作的视角观察藏语声调起源问题的意义在于其能建立起非声调语言与声调语言之间的直接的联系,而不是简单地将它们分成仿佛是截然不同的两类。藏语诸方言为检视声调发展提供了一个很好的平台:简要地说,随着辅音丛的简化,藏语方言呈现了声调性的连续统,从典型的无声调语言到典型的有声调语言,中间则是那些不容易截然说清楚有没有声调的语言(黄布凡,1994;Sun,2003)。拉萨话是没有争议的声调语言,而且它的声调发展在藏语中很有典型性。大家没有争议的是拉萨话有高低调对立,不过对于拉萨话到底有多少个声调,还是有争议的(瞿霭堂,1981;Sun,1997)。这主要可以归因于拉萨声调的拱度与音节结构密切相关,因此调形之间的区别究竟是音位性的,还是冗余的语音特性,大家的看法有分歧(Hu & Xiong,2010)。

图 5.7 给出了藏语拉萨话 3 位女性发音人的 8 种音节结构与声调的组合的平均基频曲线,样本数介于 20 至 30 次($n = 2$ 个测试词×10 至 15 次重复)。由于在基频曲线平均的时候,时长未作归一,因此图中基频曲线的结尾部分不一定可靠,可以忽略。我们将基频曲线的模式归纳为表 5.3。3 位发音人的基频曲线的模式相当一致。首先是四类音节结构均具有明显的高低调对立。高低不同最显著的是在音节的起始部分,高调的基频起点在 270—320 赫兹左右,而低调的基频起点在 190—240 赫兹左右。正因为所有的低调音节都有一个低的基频起点,因此所有的低调也就都有一个低升的起始调形。其次,声调调形与音节结构高度相关,这为拉萨声调的音系描写留下了相当大的自由空间。在文献中,拉萨话

有 2 个、4 个或者 6 个声调的不同说法。二声调说只强调高低调域对立（register contrast），视所有的调形拱度为冗余（Sprigg，1954，1990）。四声调说要么将时长视为音系对立，要么将喉塞尾视为音系对立（Sun，1997）。六声调说则是将时长与喉塞尾均视为音系对立（胡坦等，1982）。

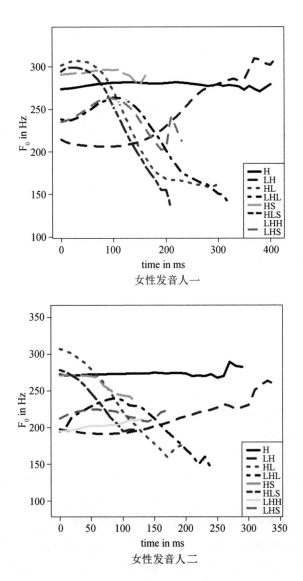

女性发音人一

女性发音人二

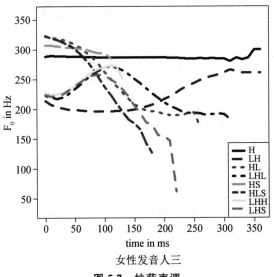

女性发音人三

图 5.7　拉萨声调

CVS 高调：H；CVS 低调：LH；CVh 高调：HS；CVh 低
调：LHH；CV? 高调：HLS；CV? 低调：LHS；CVN? 高调：
HL；CVN? 低调：LHL

表 5.3　藏语拉萨话的音节结构与声调调形

声调类别	音节结构	基频曲线	标　　调
高	CVS	长、平	H
低		长、升	LH
高	CVh	短、平	HS
低		短、升	LHH
高	CV?	短、降	HLS
低		短、升降	LHS
高	CVN?	短(?)降	HL
低		短(?)升降	LHL

　　此处不纠缠于拉萨话声调的音系分析,而是将目标放在拉萨声调在
音节产出中的时间结构问题。音节产生涉及辅音、元音、声调等发音动
作之间的结合与协同。为了获取自然语料,我们将有意义的单音节词作
为测试词。为了便于观察,我们将目标辅音限定为只涉及双唇发音的塞

音或鼻音声母[p m],将目标元音限定为易于观察舌体运动的低或者半低元音[a ɛ],声调则考虑前文所述的 8 个音节结构与声调组合。测试词放在载体句"X, ji keʔ藏文 ti这 X sa是""X,这是 X 藏文"中,均用藏文书写,顺序随机,用 LCD 屏幕显示给发音人。录音采用 Carstens AG500 系统电磁发音仪,声音文件同步采录。一共录制了 3 位女性发音人的材料,录音重复 10 至 15 遍。她们均是拉萨本地人,无听力与言语障碍病史,录音时约 20 岁左右,为中央民族大学一年级或二年级大学生。传感器沿着发音人的中矢平面粘贴在舌体、舌尖、下颚、上下唇;此外,参照传感器粘贴在双眉间下方鼻梁中与双耳后。发音数据的采样率为 200 赫兹。采样的数据经过头部校准,并将坐标旋转至水平轴与发音人咬合面一致,发音数据用 12 赫兹低通滤波平滑处理。

　　电磁发音仪的使用方法详参第二讲,这里主要说明发音动作的定义。目标音节中的双唇辅音声母的发音动作以唇开度(lip aperture)来定义,也就是电磁发音仪所采样的上下唇发音点的直线距离。低或者半低元音的发音动作以舌体采样点的运动信息来定义。声调的发音动作用基频定义:高调前接的基频低谷为高调发音动作的起始,低调前接的基频高峰则是低调发音动作的起始。图 5.8 例示了高调音节[par]的标注。其中,上图显示了声学标注的情况,包括 3 层标注:音节、声调目标、声调,以及相应的声学信号:声波、宽带语图、基频。声学层的标注依据声学信号:音节标注整个音节,即声母与韵母;声调标注韵母;因此,音节的开始与声调的开始之间未标注的音段便是声母。单念位置的目标音节只做了声学标注,前文的拉萨声调的基频曲线图依据的便是这个数据。声调目标标注了音节间目标声调的起始点,如前文所述,高调前接的基频谷底是目标高调的起始,从这里开始,基频开始上升至目标音高。从图 5.8 上图的光标停留处可以看到,即使是一个目标音节是塞音声母,目标音节的基频与前音节的基频是断开的,但趋势是相连的,因此采样目标中的塞音、鼻音声母之间的数据是一致的:基频谷底出现在前一音节的结尾处、目标音节的起始处附近。图 5.8 下图显示了发音标注的情况,发音层的标注只针对载体句中的目标音节,包括 3 层标注:音节、唇开度(LA)、舌体(TB),以及相应的声音与发音信号:声波、LA 速度、LA 位置、TB 位置、TB 速度

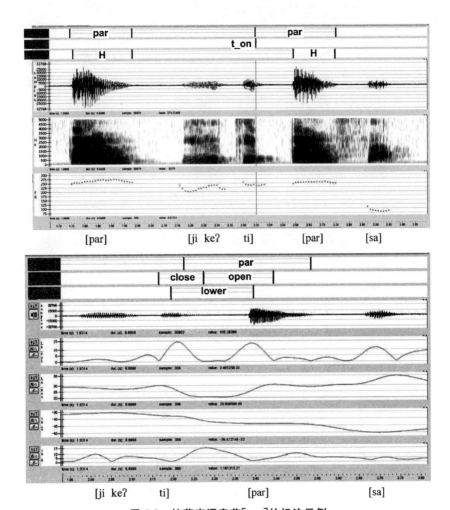

图 5.8 拉萨声调音节 [par] 的标注示例

上图 3 层声学标注与信号:音节、声调目标、声调、声波、宽带语图、基频。下图 3 层发音标注与信号:音节、唇开度(LA)、舌体(TB)、声波、LA 速度、LA 位置、TB 位置、TB 速度

等。双唇辅音 [p m] 的发音以唇开度来定义,包括嘴唇的关闭(close)与打开(open);低元音 [a] 与半低元音 [ɛ] 的发音都是一个舌体降低(lower)的动作。发音动作标注依据的是发音器官的位置信号,但发音动作确切的开始与结束时点参考相应的速度信号,执行最小切线速度准则(the criterion of tangential velocity minimum)。如图 5.8 下图所示,从 LA 位置的波峰到它的第一个波谷是嘴唇关闭(close)的动

作;相应地,从这个波谷到下一个波峰是嘴唇打开(open)的动作,一闭一开完成双唇音的发音。LA 位置的波峰、波谷的具体位置是由相应的切线速度信号确定的:双唇一闭一开的过程中有两个切线速度波峰、3 处速度波谷(事实上有 4 处,中间双唇打开处的波谷可以视为前面双唇关闭处波谷的持续,因此不计),这 3 处速度波谷即可以确定相应的 LA 位置的地标。TB 位置也是如此来定义。需要注意的是,如果是停顿的变异大的话,更宜采用切线速度 20%处的准则来定义位置的地标;此处的目标音节均处于载体句中,因此直接采用切线速度波谷准则。

图 5.9 显示了藏语拉萨话音节产生的时间结构。图中的条形总结了每个发音人各自的均值($n = 20 - 30$, 2 个测试词×10 至 15 次重复)。音节(syllable)层的条形显示了辅音声母[p m]和韵母的时长,以及用基频曲线来定义的目标声调起始点(t_on),在图中用虚直线标示。从图中可以看到,3 位发音人展示了相当一致的发音动作间协同

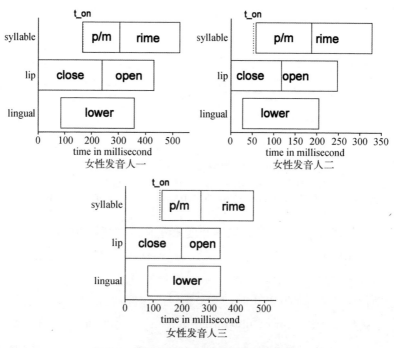

图 5.9　藏语拉萨话音节产生的时间结构

的音节产生模式。首先,辅音声母的双唇发音动作与元音的舌体发音动作均早于双唇塞音或者鼻音闭塞的开始,即[p m]的声学起始。其次,声调动作的起始大致与音节的声学起始同步。第三,大概在[p m]音段的中间,双唇开始打开;大概在韵母的中间,完全打开(打开动作结束)。第四,舌体在韵母的前半段即已下降到目标位置。

从图5.9中可以观察到拉萨话的发音动作之间大致符合音节产生的辅音中心组织结构:元音的发音动作开始于辅音发音动作与声调发音动作之间。表5.4a–c总结了3位发音人的CV间隔(consonant-to-vowel lags,即辅音与元音起始之间的时间间隔)与VT间隔(vowel-to-tone lags,即元音与声调起始之间的时间间隔)的均值(单位:毫秒)与标准差(括号内),并显示了对CV间隔与VT间隔进行成对t检验的结果P值(显著的格子显示为阴影)。成对t检验的结果显示:发音人一只有2处、发音人二只有1处显著,其他的均显示CV间隔与VT间隔之间差别不显著。不过,发音人三的所有情况都显著。

表5.4a 藏语拉萨话女性发音人一的CV间隔与VT间隔

音节结构	声母	CV间隔	VT间隔	P值	n
CVS	p	76(36)	74(25)	0.5849	86
	m	80(37)	75(23)	0.1630	87
CVNʔ	p	85(34)	77(29)	0.1975	30
	m	92(39)	70(17)	0.0579	14
CVʔ	p	87(32)	80(31)	0.1721	29
	m	88(41)	67(22)	0.0017	30
CVh	p	86(34)	75(32)	0.0206	29
	m	93(34)	73(23)	0.0004	30

表5.4b 藏语拉萨话女性发音人二的CV间隔与VT间隔

syllable type	initial	CV lag	VT lag	p-value	n
CVS	p	24(10)	26(7)	0.4367	57
	m	26(9)	25(8)	0.607	60

syllable type	initial	CV lag	VT lag	p-value	n
CVNʔ	p	28(7)	24(8)	0.1928	18
	m	29(10)	26(9)	0.63	9
CVʔ	p	30(8)	24(5)	0.0137	20
	m	31(12)	28(8)	0.5333	19
CVh	p	25(10)	23(8)	0.5806	20
	m	27(7)	27(9)	0.8233	20

表 5.4c　藏语拉萨话女性发音人三的 CV 间隔与 VT 间隔

syllable type	initial	CV lag	VT lag	p-value	n
CVS	p	81(33)	42(26)	<0.0001	58
	m	74(34)	49(22)	<0.0001	60
CVNʔ	p	101(50)	39(26)	0.0001	22
	m	70(33)	39(13)	0.0147	10
CVʔ	p	80(36)	37(14)	0.0002	20
	m	82(46)	46(27)	0.0067	20
CVh	p	70(23)	30(10)	<0.0001	20
	m	87(33)	44(18)	<0.0001	19

我们的实验材料是三因素设计：4 种音节结构（CVS、CVNʔ、CVʔ、CVh）、2 种辅音声母（[p m]）、2 个声调（高、低）。为了检验这 3 个因素是否影响辅音中心结构，我们进一步对 CV 间隔与 VT 间隔的差异进行了三因素方差分析（3-way ANOVA）。发音人一的结果显示 3 项因素均不显著：音节结构 $F_{(3,320)}=0.6463$，$p=0.5858$；辅音声母 $F_{(1,320)}=0.0272$，$p=0.8692$；声调 $F_{(1,320)}=0.0519$，$p=0.8200$。发音人一的 3 项因素之间的交互也不显著：音节结构与辅音声母 $F_{(3,320)}=0.5314$，$p=0.6611$；音节结构与声调 $F_{(3,320)}=1.0751$，$p=0.3598$；辅音声母与声调 $F_{(1,320)}=0.1604$，$p=0.6890$；音节结构与辅音声母与声调 $F_{(2,320)}=1.2462$，$p=0.2890$。发音人

二的结果也显示 3 项因素均不显著：音节结构 $F(3,208)=0.7506$，$p=0.5231$）；辅音声母 $F(1,208)=1.0917$，$p=0.2973$；声调 $F(1,208)=0.0855$，$p=0.7703$。发音人二的结果显示 3 项因素之间的两两交互也不显著：音节结构与辅音声母 $F(3,208)=1.6034$，$p=0.1897$；音节结构与声调 $F(3,208)=0.2495$，$p=0.8616$；辅音声母与声调 $F(1,208)=0.1123$，$p=0.7379$；但是，音节结构与辅音声母与声调之间的交互显著：$F(2,208)=3.3392$，$p=0.0374$。发音人三的结果显示音节结构（$F(3,214)=3.7871$，$p=0.0112$）与辅音声母（$F(1,214)=8.9015$，$p=0.0032$）因素显著，但是声调因素不显著（$F(1,214)=1.4429$，$p=0.2310$）。而且，发音人三的 3 项因素之间的交互均不显著：音节结构与辅音声母 $F(3,214)=2.0283$，$p=0.1109$；音节结构与声调 $F(3,214)=0.9170$，$p=0.4335$；辅音声母与声调 $F(1,214)=0.0282$，$p=0.8668$；音节结构与辅音声母与声调 $F(2,214)=0.0339$，$p=0.9667$。因此，藏语拉萨话音节产生中辅音声母、元音、声调的发音动作符合 C 中心结构关系大致是成立的。

就像前文图 5.7 中所描述的，在藏语拉萨话中，以发音动作在时间结构上的结合协同关系来看，声调也像是音节结构中的第二个辅音声母。这便为建立声调语言与非声调语言之间的关系奠定了音节结构上的基础。在历时上，发音动作的理论解释为音系演变提供了直接的观察方法（Goldstein et al.，2006）；在共时上，发音动作理论使得评估声调语言与非声调语言之间的结构复杂性成为可能。总之，声调并非只是抽象的自主音段，而是音节产生中与辅音、元音一起结构化的一个喉部发音动作。我们知道，藏语声调来自辅音声母清浊对立的消失。可以设想，清浊辅音声母对于音高的扰动在清浊这一喉部发音——发声对立消失之后被保留了下来，并在时间结构上固化。因此，低调的拉萨音节都有一个起始的升调，因为低调音节并非整个音节都是低调，而只是音节起始部分的音高较低。从泛时的角度看，藏语拉萨话的缺省调值（default tone）是高调，低调是有标记的（marked）。进一步追溯历史，古藏语（Old Tibetan）是明确的非声调语言，藏文显示了复杂的辅音丛结构，现在的许多藏语方言也没有声调，从拥有复杂的辅音丛的无声调藏语发展为带声调的藏语，不同程度的辅音简化与声调起源交织在一起发展。安多藏语至今是没有声调的,但在夏河方言中,前加字阻塞音和响音声母合并为一个喉音或者小舌音;而同时,所谓的"习惯调",也就是固定的习惯性的音高调形开始从带喉或者小舌音前字的音节与相应的不带前字的普通音节的对立之中出现,比如:[ŋa]带低调 < *[ŋa]"我"、[hŋa]带高调 < *[lŋa]"五"(江荻,2002)。因此,藏语声调的发展可以清晰地看到声调作为发音动作来源于发声(phonation)、来源于喉、小舌等后部发音(glottal/uvular articulations)、来源于辅音丛声母的简化,最后固化在音节结构之中,如图 5.10 所示。

图 5.10　藏语拉萨话辅音声母、元音、声调
的发音动作结构关系:实线为同
相位结合;虚线为反相位结合

在声调语言中,作为声调的音高行为是语法的一部分,在音节产生中是与辅音、元音等存在时间结构上的结合关系的发音动作之一,是词汇项的一个内在特性。然而,句子层面的音高行为,即非声调语言中的语调,则展示出不同的基频与音段之间的结合关系。比如在加泰罗尼亚语与德语中,语调引起的音高凸显是一个后词汇(post-lexical)事件,音高凸显作为发音动作连接在相关的音节上并不影响该音节辅音与元音等音段的发音动作之间固有的结合关系(Mücke et al., 2012)。因此,从类型比较的角度看,同样是音高,在非声调语言中,其行为是全局的(global),不会对局部的(local)的音节内部的发音动作之间的时间结构产生影响;而在声调语言中,音高行为是局部的,是音节结构内在的一部分,受到发音动作结合关系的控制。而非声调语言至声调语言的演变,可以视为全局的音高行为局部化为音节内在结构的一个过程。不过,总体上说,从发音动作的角度去看声调还是一个比较新的视角,需要来自更多语言的实证研究来丰富我们对于声调的知识。

参考文献

Abramson, A. S. 1962. The vowels and tones of Standard Thai: Acoustic measurements and experiments. *International Journal of American Linguistics*, 28 (2), Part II; Also *Publication Twenty of the Indiana University Research Center in Anthropology*, *Folklore*, *and Linguistics*, Bloomington.

Anderson, S. R. 1978. Tone features. In V. A. Fromkin (ed.) pp. 133 – 175.

Arvaniti, A. 2019. Crosslinguistic variation, phonetic variability, and the formation of categories in intonation. In Sasha Calhoun, Paola Escudero, Marija Tabain & Paul Warren (eds.) *Proceedings of the 19th International Congress of Phonetic Sciences*, Melbourne, Australia 2019, pp. 1 – 6. Canberra, Australia: Australasian Speech Science and Technology Association Inc.

Beckman, Mary E., & Pierrehumbert, Janet B. 1986. Intonational Structure in Japanese and English, *Phonology Yearbook* 3, 255 – 309.

Boersma, P. 2001. Praat, a system for doing phonetics by computer. *Glot International* 5: 9/10, 341 – 345.

Browman, C. P., & Goldstein, L. 1986. Towards an articulatory phonology. *Phonology Yearbook*, 3, 219 – 252.

Browman, C. P., & Goldstein, L. 1988. Some notes on syllable structure in Articulatory Phonology. *Phonetica*, 45, 140 – 155.

Browman, C. P., & Goldstein, L. 1992. Articulatory Phonology: An overview. *Phonetica*, 49, 155 – 180.

Browman, C. P., & Goldstein, L. 2000. Competing constraints on intergestural coordination and self-organization of phonological structures. *Bulletin de la Communication Parle*, 5, 25 – 34.

曹文　2010　《汉语平调的声调感知研究》,《中国语文》第 6 期,第 536—543 页。

曹文、韦丽平　2016　《什么是理想的第三声? ——纪念林焘先生(1921—2006)》,《华文教学与研究》第 4 期,第 1—15 页。

Chao, Yuen-Ren. 1930. A system of tone letters. *Le maitre phonetique* 45, 24 – 27.

Chao, Y.-R. 1968. *A Grammar of Spoken Chinese*, Berkeley, CA: University of California Press.

Chen, M. Y. 2000. *Tone Sandhi: Patterns across Chinese Dialects*. Cambridge: Cambridge University Press.

Chomsky, N., & M. Halle. 1968. *The Sound Pattern of English*. New York:

Harper & Row.

D'Imperio, M., Loevenbruck, H., Menezes, C., Nguyen, N., & Welby, P. 2007. Are tones aligned to articulatory events? Evidence from Italian and French. In Cole, Jennifer and Hualde, José Ignacio (eds.), *Laboratory Phonology*, 9, 577 – 608. Berlin, New York: Mouton de Gruyter.

方松熹 1986 《浙江义乌方言里的"n"化韵》,《中国语文》第 6 期,第 442—446 页。

方松熹 1988 《浙江义乌方言里的"n"化韵》,复旦大学语言文学研究所吴语研究室编《吴语论丛》,第 249—255 页,上海:上海教育出版社。

Fromkin, V. A. (ed.) 1978. *Tone: A Linguistic Survey*. New York: Academic Press.

Fujisaki, H., Wang, C., Ohno, S., & Gu, W. 2005. Analysis and synthesis of fundamental frequency contours of Standard Chinese using the command-response model. *Speech Communication*, 47, 59 – 70.

Gandour, J. T., & Harshman, R. A. 1978. Crosslanguage differences in tone perception: A multidimensional scaling investigation. *Language and Speech*, 21(1), 1 – 33.

Gao, M. 2008. *Mandarin Tones: An Articulatory Phonology Account*. Ph.D. Dissertation, Yale University.

Garellek, M. 2013. *Production and perception of glottal stops*. Ph.D. dissertation, University of California, Los Angeles.

Goldsmith, J. A. 1976. *Autosegmental phonology*. Ph.D. dissertation, MIT.

Goldstein, L., Byrd, D., & Saltzman, E. 2006. The role of vocal tract gestural action units in understanding the evolution of phonology. In Michael A. Arbib (ed.) *Action to language via the mirror neuron system*, pp. 215 – 249, Cambridge: Cambridge University Press.

Gordon, M., & Ladefoged, P. 2001. Phonation types: a cross-linguistic review. *Journal of Phonetics*, 29, 383 – 406.

Hombert, J.-M. 1976a. Consonant types, vowel height, and tone in Yoruba. *UCLA Working Papers in Phonetics*, 33, 40 – 54.

Hombert, J.-M. 1976b. Perception of tones of bisyllabic nouns in Yoruba. *Studies in African Linguistics*, Supplement 6, 109 – 121.

Hsieh, F.-Y. 2011. A gestural account of Mandarin tone 3 variation. In *Proceedings of ICPhS XVII*, Hong Kong.

Hu, F. 2012. Tonogenesis in Lhasa Tibetan — Towards a gestural account. In Hoole, P. et al. (eds.) *Consonant Clusters and Structural Complexity*, pp. 231 – 254. Mouton De Gruyter.

Hu, F., & Xiong, Z. 2010. Lhasa tones. In *Proceedings of Speech Prosody 2010*, 100163: 1 – 4, Chicago, USA.

胡坦、瞿霭堂、林联合　1982　《藏语(拉萨话)声调实验》,《语言研究》第 1 期,第 18—38 页。

黄布凡　1994　《藏语方言声调的发生和分化条件》,《民族语文》第 3 期,第 1—9 页。

Hyman, Larry M. 2001. Tone systems. In Haspelmath, M., König, E., Oesterreicher, W. & Raible, W. (eds.), *Language typology and language universals: An international Handbook*, vol. 2, 1367 – 1380. Berlin & New York: Walter de Gruyter.

Hyman, Larry M. 2011. Tone: Is it different? In John Goldsmith, Jason Riggle & Alan Yu (eds.), *The Handbook of Phonological Theory*, 2nd edition, 197 – 239. Blackwell.

江荻　2002　《藏语语音史研究》,北京:民族出版社。

Keating, P., Garellek M., & Kreiman, J. 2015. Acoustic properties of different kinds of creaky voice. In *Proceedings of the 18th International Congress of Phonetic Sciences*, August 10 – 14, Glasgow, Scotland.

Kennedy, G. 1953. Two tone patterns in Tangsic. *Language*, 29, 367 – 373.

Kuang, J. 2013a. *Phonation in Tonal Contrasts*. Ph.D. dissertation, University of California, Los Angeles.

Kuang, J. 2013b. The tonal space of contrastive five level tones. *Phonetica* 70 (1 – 2), 1 – 23.

Ladd, D. R. 1980. *The Structure of Intonational Meaning: Evidence from English*. Indiana University Press.

Ladd, D. R. 1983. Phonological features of intonational peaks. *Language* 59, 721 – 759.

Ladd, D. R. 2008. Intonational Phonology (2nd ed.). Cambridge: Cambridge University Press.

凌锋　2016　《跨方言声调对比的基频数据处理方法比较》,《吴语研究》第 8 辑,第 47—52 页,上海:上海教育出版社。

Llanos, F., McHaney, J. R., Schuerman, W. L., Yi, H. G., Leonard, M. K., & Chandrasekaran, B. 2020. Non-invasive peripheral nerve stimulation selectively enhances speech category learning in adults. *npj Science of Learning* 5, 12.

Mücke, D., Grice, M. Becker, J., & Hermes, A. 2009. Sources of variation in tonal alignment: evidence from acoustic and kinematic data. *Journal of Phonetics*, 37, 321 – 338.

Ohala, J. J. 1983. Cross-language use of pitch: an ethological view. *Phonetica* 40: 1 – 18.

Ohala, J. J. 1984. An ethological perspective on common cross — language utilization of F_0 of voice. *Phonetica* 41, 1 – 16.

Ohala, J. J. 1994. The frequency code underlies the sound symbolic use of voice pitch. In Hinton, L., Nichols, J. & Ohala, J. J. (eds.), *Sound symbolism*. Cambridge: Cambridge University Press, 325 – 347.

Pierrehumbert, J. 1980. *The phonology and phonetics of English intonation*. Ph. D. thesis, MIT. Distributed 1988, Indiana University Linguistics Club.

Pike, K. L. 1948. *Tone languages: A technique for determining the number and type of pitch contrasts in a Language, with studies in tonemic substitution and fusion*. Ann Arbor: The University of Michigan Press.

瞿霭堂 1981 《藏语的声调及其发展》,《语言研究》第 1 期,第 177—194 页。

Saltzman, E. L. 1986. Task dynamic coordination of the speech articulators: a preliminary model. In H. Heuer and C. Fromm (eds.) *Generation and Modulation of Action Patterns*, Berlin: Springer-Verlag, pp. 129 – 144.

Saltzman, E. L., & Kelso, J. A. S. 1987. Skilled actions: A task dynamic approach, *Psychological Review*, 94, 84 – 106.

Saltzman, E. L., & Munhall, K. G. 1989. A dynamical approach to gestural patterning in speech production. *Ecological Psychology*, 1(4), 333 – 382.

Shen, X-N. S., Lin, M. 1991. A Perceptual Study of Mandarin Tone 2 and 3. *Language and Speech*, 34 (2), 145 – 156.

Sprigg, Richard K. 1954. Verbal phrases in Lhasa Tibetan. *Bulletin of the School of Oriental and African Studies* 16.

Sprigg, Richard K. 1990. Tone in Tamang and Tibetan, and the advantage of keeping register-based tone systems separate from contour-based systems. *Linguistics of the Tibeto-Burman Area* 13.1: 33 – 56.

Sun, Jackson T.-S. 1997. The typology of tone in Tibetan. *Chinese Languages and Linguistics IV: Typological Studies of Languages in China* (Symposium Series of the Institute of History and Philology, Academia Sinica, Number 2), 485 – 521. Taipei: Academia Sinica.

Sun, Jackson T.-S. 2003. Variegated tonal developments in Tibetan. In Bradley, David, Randy LaPolla, Boyd Michailovsky and Graham Thurgood (eds.) *Language variation: papers on variation and change in the Sinosphere and in the Indosphere in honour of James A. Matisoff*, pp. 35 – 51.

石锋、冉启斌 2011 《普通话上声的本质是低平调——对〈汉语平调的声调感知研究〉的再分析》,《中国语文》第 6 期,第 550—555 页。

Shue, Y.-L. 2010. *The voice source in speech production: Data, analysis and models*. Ph.D. dissertation, University of California, Los Angeles.

Tao, J., Kang, Y., & Li, A. 2006. Prosody conversion from neutral speech to emotional speech. *IEEE Transactions on Audio, Speech, and Language*

Processing, 14(4), 1145 – 1154.

Tseng, C., Pin, S., Lee, Y., Wang, H., & Chen, Y. 2005. Fluent speech prosody: framework and modeling. *Speech Communication*, 46, 284 – 309.

Welmers, W. E. 1959. Tonemics, morphotonemics, and tonal morphemes. *General Linguistics* 4, 1 – 9.

Welmers, W. E. 1973. *African language structures*. Berkeley: University of California Press.

徐通锵　1985　《宁波方言的"鸭"[ε]类词和"儿化"的残迹》,《中国语文》第 3 期, 第 161—170 页。

Xu, Y. 1998. Consistency of tone-syllable alignment across different syllable structures and speaking rates. *Phonetica*, 55, 179 – 203.

Xu, Y. 1999. Effects of tone and focus on the formation and alignment of f0 contours. *Journal of Phonetics*, 27, 55 – 105.

Xu, Y. 2005. Speech melody as articulatorily implemented communicative functions. *Speech Communication*, 46, 220 – 251.

Yi, H., & Tilsen, S. 2015. Gestural timing in Mandarin tone sandhi. *Proceedings of Meetings on Acoustics*, 22, 060003.

Yip, Moira. 1980. *Tonal phonology of Chinese*. Ph. D. dissertation, MIT, Cambridge, MA.

Yip, M. 2002. *Tone*. Cambridge, U.K.: Cambridge University Press.

Zhang, J., & Yan, H. 2018. Contextually dependent cue realization and cue weighting for a laryngeal contrast in Shanghai Wu. *Journal of the Acoustical Society of America* 144(3), 1293 – 1308.

后　记

　　《语音讲义》是我从事学术工作以来的一个阶段性的总结。一方面我想致谢。首先感谢所有的师友,尤其是我的硕博导师游汝杰、许宝华、徐云扬三位老师。其次感谢我的学生们,无论是我名下的,还是不在我名下的。在此期间的合作,文中引用时都已标明;不过,可能难免会有疏漏,尤其是当时未发表的工作,比如普通话 EPG 的材料很多都是李云靖帮助分析的。此外,感谢上海教育出版社的徐川山老师和我的责编周典富老师。我在复旦读研的时候便认识徐老师,当时帮上教社审读"汉语方言音档"的不少书稿,颇多往来;而周老师则尚未谋面。另一方面,我想交代一下自己走上学术研究道路的过程。想起所里曾约我写过一个学术自述,刊在本所微信号"今日语言学"(2017 年8 月23 日),里面的主体内容今代为"后记"倒也合适。

　　我从小就是典型的"好学生",学前就会四则运算,小学读《水浒》《三国》,初中作古典诗词,年年"三好"学生,不是班长就是团支部书记。父亲并不直接指导我的学习,而是实行简单的绩效管理:100 分是好的,95 分是不可以的,98—99 分可以接受。我不可以说:这次题目比较难,别人才考了70 多分,我90 分;因为父亲说,你读书不是为了跟别人比,做好自己,永远不要去跟其他人比。这个对我的影响很大。

　　我们那个年代,成绩好的学生通常是不会选择读文科的,在高中分班时,我本来是读理科的;但后来为什么考了中文系呢,这就要说到我的中学。我的家乡在宁波乡下,镇海中学是浙江名校,校名碰巧是郭沫若先生的题词。外人一般只看到镇海中学高考升学率高,其实我们的校园生活是很丰富的,比如我创办过文学社,学校还专门给配了办公室。镇海中学的图书馆非常好,虽然高考压力大,但我还是有时间看闲书,莎士比亚全集就是那时候读的。不过,我当时最着迷的是西方现代派文学与哲学,20世纪80年代末期又刚好是西方思潮的一个译介高潮,所以就囫囵吞枣地读了许多加缪、萨特、卡夫卡、叔本华、尼采、安部公房等等,中国社会科学院哲学所、文学所、外文所的一些专家学者也在那个时候进入了我这个年轻学子的视野。我就是因为当时读到尼采立志梳理西方哲学体系,幡然觉得自己此生也应如是梳理东方思想体系,于是便改读文科了。我把课桌从理科班搬去文科班的教室的那一天是1989年12月12日,这是我人生的第一次自主选择。第二次选择就是填高考志愿了,本来是要填北大的,但父母担忧,觉得还是复旦吧,上海离家近一些。

我走上语言学研究的学术道路,便是在复旦大学开始的。一开始是准备做文学研究的,但几个原因使我放弃。首先是我对文学有偏好,比如我不喜欢读《红楼梦》,从二十来岁读到四十多岁的时候才把它读完。比如修骆玉明先生的古代文学史课程,我兴致勃勃地读先秦两汉魏晋南北朝,读到屈原,发现文学史上如此有地位的诗人,竟在人性上索然无味,课程作业我写了一篇《论诗人屈原的自杀没有本体论上的意义》,全班讨论了两堂课。又比如读现代文学作品,我喜欢鲁迅先生,读全集;觉得郭沫若先生少年时的激昂文字也不错;读到茅盾先生的时候,《林家铺子》还好,《子夜》的结构就怎么看怎么别扭,不过也读完了;但是巴金先生的《家》,我怎么都没有读完;而且,一任性,"鲁郭茅、巴老曹",后面两位也不读了。于是我便知道阅读是非常个性化的事情,自己对文学的偏好在逻辑上排除了去做客观研究的可能性,这是放弃的第一个理由。

20世纪90年代初期,各种思潮在大学里交锋,诗歌与个性化写作首当其冲,学生社团有机会与思想激进的作家学者接触,年轻人有热血,坚持相信自己是对的,因此,一年左右的时间里,复旦诗社的社长换了三个,我是第三个,因为我个性相对温和。改革开放是现代中国的潮流,我们这代人刚好处于改革的一个浪潮中。比如说,我们考大学的年代是一个"造原子弹不如卖茶叶蛋,拿手术刀不如拿剃头刀"的年代,但是,社会思潮非常活跃,就如Bob Dylan的歌里唱的:"The times they are a-changin"。大学生永远是思潮的前锋,因为少年人有理想。我们组织了很多社团活动,其中有一次邀请了沪上以及当时路过沪上的十多位作家、评论家,在学生自己经营的 80 年代校园文化著名蒲点"大家沙龙"进行文学对话,一时盛况,反响热烈。不过,这也是我第一次清楚觉知原来文学也首先是个圈子,人们关心名利地位甚于作品与思想。这是我放弃的第二个理由,因为不是自己想要的生活。

我选择了语言学作为学术生涯的第三个理由最简单直接,我被录取的专业就是"汉语言学"。复旦大学中文系在本科阶段即分语言与文学专业,前两年一起上基础课程,后两年分开上各自的专业课程。我们的辅导员是当时刚刚博士毕业留校的戴耀晶先生,他后来是复旦语言学学科的学术带头人,惜天不悯才,英年早逝。戴师虽大我们十多岁,但长相年轻,虽自性严谨,但待人亲和,与我们学生的关系自然融洽,亦师亦友亦兄长。戴师的专长是现代汉语语法,给我们讲中文系的基础课"现代汉语"。他的课程并没有太多亮点,但听下来居然一点都不枯燥,于是我便觉得语言是个比文学更加理想的研究对象。由于 1990 级至 1992 级的学生入学时需要在陆军学院参加一年军训,1994 年整个学校没有毕业季,只是给了极少量的可以提前一年毕业或直升研究生的名额,中文系有两个研究生名额,文学、语言各一个,我幸运地得到了这个机会。本校嫡系照例有挑选导师的便利,戴师兴致勃勃地对我说,他可以去说服退休已久的胡裕树先生,收我做关门弟子,他本以为可以收下我这个"小师弟",但没想到我不知天高地厚,竟然一口拒绝。不过,他也没有以我为忤,我们的师生关系就是如此简单。

我有自己的选择,因为我认为做语言学研究必须从调查具体的语言或者方言开始,语言学家需要拥有调查研究任何语言的能力。我在复旦先后师从游汝杰、许宝华先生,传承的是许、游二师以及汤珍珠先生一脉的基于田野调查的语言学研究传统。我在复旦并没有获硕士或者博士文凭,1999 年,我去了香港城市大学中文、翻译及语言学系(现翻译及语言学系)攻读语音学方向的哲学博士学位,因为我认为实验研究室是语言学更加重要的一个方向。实验研究框架是一种证据为基础的(evidence-based)研究旨趣,与功能或者形式语言学归纳推理为基础的(generalization-based)研究旨趣不同。当时的城大名师如云,我师从徐云扬先生,学术上传承的是 Peter Ladefoged 一系的语言学语音学(linguistic phonetics)研究传统。虽然叫"语音学",事实上是用实验的方法研究语言的音系问题,也就是 John Ohala 所倡导的实验音系学(experimental phonology)。方法论的不同必然带来理论的革新。在结构主义或描写语言学派中,语言的最基本单位是音位,在形式学派中,音位被进一步分析成区别特征束,语言学研究的旨趣是以此为基础观察语言现象并总结规律。在实验学派的研究范式中,语言的基本单位并非是直观抽象的,他们的物理性质为何? 如何产生与感知? 这些都是需要研究的。比如,从生理的角度,发音音系学(articulatory phonology)认为发音动作(gesture)才是语音的最基本单位,而且,发音动作之间是存在时间结构关系的;又比如,从心理的角度,范例理论(exemplar model)发现人脑对语音范畴的感知呈现的是范例式的特点,并非区别特征性的。

我的研究旨趣一方面着重于用现代科学技术手段描写汉语及相关方言、语言中的语音现象,另一方面则着眼于在人类语言的语音多样性中寻找普遍性。《语音讲义》便是我这些年来对汉语方言与相关少数民族语言研究的一个阶段性总结。待见到样书的时候,我也将迎来 50 岁生日,迎来人生的下半场。子曰"三十而立,四十而不惑,五十而知天命",而我愚钝,仍然满是困惑。上半场有老师指路,个人只要努力即可;下半场却如但丁所描述的,犹如身处暗黑的森林,面前,所有笔直的道路均已消失。面对这个多样化的世界,历经着急剧变化的时代,也许,诚如里尔克所言,哪有什么胜利可言,挺住便意味着一切。

2021 年 9 月 5 日凌晨

图书在版编目（CIP）数据

语音讲义 / 胡方著. — 上海：上海教育出版社，
2021.11
ISBN 978-7-5720-1078-1

Ⅰ.①语… Ⅱ.①胡… Ⅲ.①汉语方言－方言研究
Ⅳ.①H17

中国版本图书馆CIP数据核字(2021)第204369号

责任编辑　周典富
封面设计　周　吉

语音讲义
胡　方　著

出版发行　上海教育出版社有限公司
官　　网　www.seph.com.cn
地　　址　上海市闵行区号景路159弄C座
邮　　编　201101
印　　刷　上海展强印刷有限公司
开　　本　640×965　1/16　印张 19
字　　数　274 千字
版　　次　2021年11月第1版
印　　次　2021年11月第1次印刷
书　　号　ISBN 978-7-5720-1078-1/H·0036
定　　价　68.00 元

如发现质量问题，读者可向本社调换　电话：021-64373213